LA FUENTE HISPANA

Second Edition

LA FUENTE HISPANA

RANDALL G. MARSHALL / CONRAD J. SCHMITT / PROTASE E. WOODFORD

McGraw-Hill Book Company

*New York   St. Louis   San Francisco   Auckland   Bogotá   Düsseldorf
Johannesburg   London   Madrid   Mexico   Montreal   New Delhi
Panama   Paris   São Paulo   Singapore   Sydney   Tokyo   Toronto*

Designed by Joan O'Connor
Illustrations by Carlos Antonio Llerena
Produced by Dennis J. Conroy

Photographs by Editorial Photocolor Archives (EPA), New York

LA FUENTE HISPANA
Second Edition

5 6 7 8 9 0   VHVH   7 8 4 3 2 1 0 9

Library of Congress Cataloging in Publication Data

Marshall, Randall G
  La fuente hispana.

  1. Spanish language—Grammar—1950–
I. Schmitt, Conrad J., joint author.   II. Woodford,
Protase E., joint author.   III. Title.
PC4112.M27 1977   468'.2'421   76-20440
ISBN 0-07-040580-8

DEDICATORIA
A la memoria de Teresa de Escoriaza,
querida amiga, consejera y profesora nuestra.

ABOUT THE AUTHORS

Randall G. Marshall, Publisher, Fine Arts and Humanities with the Webster Division of McGraw-Hill Book Company, is an experienced foreign language instructor at all academic levels. He was formerly Editor-in-Chief of Foreign Language Publishing at McGraw-Hill and Consultant in Modern Foreign Languages with the New Jersey State Department of Education. Mr. Marshall has served as methods and demonstration teacher at Iona College, New Rochelle, New York, at Rutgers University, and at the University of Colorado. He is coauthor of *Español: A Descubrirlo* and *Español: A Sentirlo* and has traveled extensively throughout Spain, Mexico, and the Caribbean.

Conrad J. Schmitt, Editor-in-Chief of Foreign Language Publishing with McGraw-Hill Book Company, is the author of the *Let's Speak Spanish* series and *Español: Comencemos* and *Español: Sigamos*. He is coauthor of *Español: A Descubrirlo* and *Español: A Sentirlo*. Mr. Schmitt has taught at all levels of instruction, elementary school through college. He has taught Spanish and French at Upsala College, East Orange, New Jersey, and Montclair State College, Upper Montclair, New Jersey. He also taught methods at the Graduate School of Education, Rutgers University. He served as Coordinator of Foreign Languages for the Hackensack, New Jersey, Public Schools. Mr. Schmitt has traveled extensively throughout Spain, Mexico, the Caribbean, Central America, and South America.

Protase E. Woodford, Director of Language Programs, Higher Education and Career Programs Division, Educational Testing Service, Princeton,

New Jersey, has taught Spanish at all academic levels. He has served as Department Chairperson in New Jersey high schools and most recently has worked extensively with Latin American ministries of education in the areas of tests and measurements. He has taught Spanish at Newark State College, Union, New Jersey, and methods at the University of Texas. Mr. Woodford has traveled extensively throughout Spain, the Caribbean, Central America, and South America. He is coauthor of *Español: A Descubrirlo, Español: A Sentirlo,* and *Español: Lengua y Letras.* He is also the author of *Spanish Language, Hispanic Culture.*

ACKNOWLEDGMENTS

The authors would like to thank the following persons or institutions for granting permission to use literary works contained in the text: Doris Dana and Joan Daves for *Meciendo* by Gabriela Mistral; Edición Magisterio Español for *El regreso* by Jesús Navarro and *El forastero* by Angela C. Ionescu; Fondo de Cultura Económica for *Una Escena de Nochebuena* by Manuel Gutiérrez Nájera; El Nacional for *La Mujer: valor económico* by Miguel Ángel Asturias; Peer International Corporation for *Lamento Borincano* by Rafael Hernández; and Fernando de Unamuno for his father's *Abel Sánchez*.

Our sincere thanks go also to Ms. Suzanne Shetler and Ms. Teresa Chimienti for their untiring efforts and great assistance in the preparation of the manuscript.

The authors are also indebted to the Spanish National Tourist Office for permission to include the photographs on pages 310, 314, 316, 320, 321, 389, and 390; to United Press International (UPI) for the photograph on page 385; to MAS for the photograph on page 233; and to the United Nations for the photograph on page 349.

PREFACE

Every town or village that boasts of a Hispanic heritage also places in a prestigious location its central square, dominated by a *fuente*. It seems most appropriate that *fuente* in Spanish should carry not only the meaning "fountain" but also "source." The *fuente* of most Hispanic towns is a source, not only of water but also of local news, gossip, personal relationships, entertainment, and knowledge.

This second edition of LA FUENTE HISPANA is another source of knowledge for students of Hispanic culture and language. This text combines language and culture for students who have studied the basic concepts of Spanish. In this new edition, all lessons have been shortened for quick mastery of small, intensive units of material. Alternating units are either cultural or historical narratives or conversations dealing with practical tourist or career-oriented vocabulary and expressions. Every fifth unit is an optional literary selection for those students ready or able to read literature. These units are truly optional, as they contain no structure practice and are not included in the tests. A major goal in this second edition of LA FUENTE HISPANA has been the promotion of cultural insight with minimal language difficulty.

Each section of each chapter has been organized to assist students of Spanish to grow in language ability and cultural understanding. LA FUENTE HISPANA, *Second Edition,* provides a rich source of vocabulary expansion and development, interesting, useful, and relevant reading, and a comprehensive review of grammatical concepts and useful conversation.

The following is a description of the elements to be found in the 24 non-literature units:

VOCABULARIO

Individual words and expressions have been selected from the reading selection for pre-reading introduction. Each expression is identified and explained. In all cases the expression or word is defined in Spanish. When necessary, the English equivalent is also included. It is helpful for the students to become familiar with these new expressions so that they may be read with greater facility and, therefore, greater enjoyment.

LECTURA O CONVERSACIÓN

Each cultural or historical reading selection has been chosen or written to provide greater cultural insights for the students of Spanish. High interest level has been a prime requisite in determining the selections to be included. Important vocabulary has been sidenoted for students' reading pleasure. High-frequency words are indicated by a bullet.

Each conversation unit provides active, useful vocabulary and idiomatic expressions which will be of assistance in traveling and living in Spanish-speaking countries. Career focus has been included in many of them. The conversation is not intended to be memorized. High interest level and people rather than place orientation have been a prime requisite in creating the selections to be included. This feature, combined with easy readability, will motivate your students with a feeling of success. As in the cultural or historical readings, the sidenotes which accompany each conversation will enable the students to read with greater facility. Here again certain sidenotes have been marked with a bullet. This sign is an indication for the instructor that these are high-frequency words or expressions worthy of further practice for active use.

CUESTIONARIO

These questions assist the instructor in checking the students' comprehension. The questions appear in the same order as the events of each reading selection or conversation so that they may be asked either during reading practice in class or used for individual work outside of class.

EJERCICIOS DE VOCABULARIO

The purpose of these exercises is to assist the students to gain active mastery of the vocabulary which was presented before the reading selection. There are normally three or four exercises. The first two are for oral practice and the rest are for written practice or oral practice with the books open.

ESTRUCTURA

LA FUENTE HISPANA, *Second Edition,* provides a comprehensive review of the grammatical concepts of the Spanish language. There are ample oral drills to reinforce each concept. The drill material is organized logically to help the students learn without unnecessary complications. Each presentation of a concept is followed by a brief explanation in English. Whenever charts are helpful, they are included. After most grammatical explanations there are one or more exercises which act as a resumé and reinforcement of the concept being taught. Many writing exercises appear in the accompanying *Cuaderno de ejercicios.*

TEMAS DE COMPOSICIÓN

Each *Lectura* ends with *Temas de composición*. These theme suggestions and specific composition questions are included to guide the students into correct composition based on the reading selection. These suggestions and questions offer a variety of difficulty levels to permit success for all types of students.

TEMAS DE CONVERSACIÓN

Each *Conversación* ends with *Temas de conversación*. These conversation suggestions are included to make use of the vocabulary presented in the unit and to stimulate improvised conversation on a related theme. Here, too, a variety of difficulty levels will be apparent.

The *Literatura* units (every fifth unit) include an introduction to the theme of the literary unit, the literature itself, a *Cuestionario,* and *Ejercicios de vocabulario.* An activity called *Interpretación y análisis* is included to provide students with practice in discussing or writing about larger issues suggested in the literary selections.

LA FUENTE HISPANA, *Second Edition,* has been created to provide an effective teaching tool as well as an interesting, practical, and realistic means of learning.

RGM
CJS
PEW

CONTENTS

LECCIÓN 1
CULTURA
¿Mercado, supermercado o tienda?

Vocabulario

I

1 **acude (acudir)**   ir a, asistir
    El muchacho _____ al campo de fútbol.
2 **el puesto**   una tienda ambulante, sitio o lugar en donde se vende
    algo (stand)
    En el mercado hay un _____ de verduras, legumbres y frutas.
3 **el puñado**   la cantidad que cabe en la mano
    La criada echa un _____ de arroz en la sopa.
4 **el mayorista**   una persona que vende al por mayor, en grandes
    cantidades
    Si es _____, no vende nada en pequeñas cantidades.
5 **la venta**   el acto de vender
    Yo quiero vender la casa y ellos la quieren comprar; pero hasta
    ahora la _____ no es oficial.
6 **disfruta (disfrutar)**   gozar de algo, aprovechar, pasarlo bien
    El _____ de sus labores porque le gustan.
7 **la cosecha**   la recolección de los productos de la tierra
    Pedro trabaja en la Florida durante la _____ de los tomates.
8 **en seguida**   inmediatamente
    Lo tienes que hacer _____, no dentro de algunos momentos.
9 **el regateo**   una discusión entre vendedor y comprador para esta-
    blecer el precio
    El _____ empieza cuando el vendedor ofrece un precio y el
    comprador ofrece otro más bajo.
10 **rebajando (rebajar)**   ofrecer un precio más bajo
    Hoy el vendedor está _____ el precio del pescado que no vendió
    ayer.

PRÁCTICA

Contesten a las siguientes preguntas con oraciones completas.

1 Por lo general, ¿cuándo es la cosecha, en invierno o en verano?
2 Si no lo quieren dentro de poco tiempo, ¿para cuándo lo quieren?
3 ¿Vende en grandes o en pequeñas cantidades el mayorista?
4 ¿Hay puestos en un mercado al aire libre o en un supermercado
    moderno?
5 ¿Acude mucha gente a la universidad cuando no hay clases?
6 ¿Quién prefiere rebajar el precio, el vendedor o el comprador?
7 ¿Hay mucho regateo en una tienda elegante?
8 ¿Es una gran cantidad un puñado de uvas?
9 ¿Disfruta uno de una labor agradable o desagradable?
10 ¿Es fácil realizar la venta de algo que cuesta mucho?

II

1 **de cuando en cuando**   a veces, no siempre, de vez en cuando
   _____, nosotros hacemos las compras en aquel supermercado.
2 **el ama de casa**   una mujer que trabaja en su casa
   El _____ hace muchas tareas domésticas.
3 **manejando (manejar)**   conducir un automóvil
   Hace poco tiempo que tiene el carro, pero está _____ muy bien.
4 **empuja (empujar)**   mover con fuerza, por lo general, con las manos
   El carro está parado en medio de la calle; así él lo _____.
5 **los pasillos**   los corredores
   Entre las clases, los estudiantes pasan por los _____ de la escuela.
6 **la lata**   un tipo de paquete hecho de metal, generalmente de hojalata
     o aluminio
   Quiero comprar una _____ de tomates.
7 **mete (meter)**   poner en
   El muchacho _____ los paquetes en el carro.
8 **el baúl**   la parte de un automóvil en que se puede llevar equipaje
     u otras cosas
   El muchacho sale del supermercado y mete el paquete en el
   _____ del carro.

PRÁCTICA

Completen las siguientes oraciones con una palabra apropiada.

1 ¿Quién estaba _____ el carro cuando tuvo lugar el accidente?
2 Los tomates, los guisantes y otras legumbres y frutas vienen en
   _____.
3 ¿Por qué no metes todo eso en el _____ del carro?
4 En el supermercado, la señora o el señor _____ un carrito.
5 ¿_____ Ud. las compras en una bolsa de papel?
6 Ahora hay clases; así no hay nadie en los _____.
7 El _____ sale para hacer las compras.
8 No vamos allá siempre, sólo _____.

III

1 **los comestibles**   las cosas que se comen
   Algunos _____ son carne, legumbres y frutas.
2 **espantoso**   horrible, que causa miedo
   Hoy día la inflación es _____.
3 **el capacho**   la cesta, la canasta
   La vendedora mete las frutas en el _____ que lleva la señora.
4 **las verduras**   legumbres verdes para una ensalada
   Hay tres _____ diferentes en la ensalada.
5 **el pescado**   un producto del mar o del río, peces ya sacados del
     agua
   Me gusta más la carne que el _____.

*Un mercado indio,
Mérida, México*

6 **los mariscos** las ostras y otros productos del mar que tienen concha, invertebrados
Las ostras, los camarones, las almejas y los mejillones son _____.

7 **congelado** no fresco, en forma helada
Prefiero los productos frescos, no _____.

8 **jugoso** con mucho líquido o jugo
Prefiero el biftec _____. No me gusta la carne seca.

9 **el caldo** una sopa clara
Él siempre prepara un _____ delicioso.

10 **despacha (despachar)** vender
La vieja _____ cigarrillos en las calles de la capital.

11 **los víveres** las provisiones que mantienen la vida, comestibles
Cada día compramos los _____ en el mercado central.

12 **la pinta** el aspecto
El pescado está muy fresco y tiene muy buena _____.

PRÁCTICA

Den la palabra cuya definición sigue.

1 un producto del mar con concha
2 las provisiones necesarias para la vida
3 no seco
4 una cesta que se lleva al mercado
5 legumbres verdes
6 las cosas que se pueden comer
7 una sopa sin muchas legumbres ni carne
8 vender

¿Mercado, supermercado o tienda?

I

Estamos en un pueblo pequeño de la República de El Salvador. Son las nueve de la mañana. Muchísima gente acude al mercado.

El mercado del pueblo es pequeño. La tierra misma sirve de suelo. Algunos puestos están en un edificio viejo y otros están al aire libre. Muchos vendedores están sentados en el suelo, rodeados de su mercancía. En algunos casos, la mercancía consiste en sólo un puñado de tomates o un par de pollos. Aquí se elimina casi por completo al mayorista. La venta se realiza directamente entre productor y consumidor. El pobre campesino, de cuya parcelita de tierra provienen los productos que está vendiendo en el mercado, apenas disfruta de su cosecha. Vende los productos en seguida y, con lo que gana, compra frijoles, arroz y, de vez en cuando, alguna ración de carne. Cualquier día podemos pasar por el mercado y ver a un campesino vendiendo naranjas . . . naranjas que él se niega a comer, mientras está sufriendo en aquel mismo instante una deficiencia de vitamina C.

Las costumbres de los campesinos hacen muy difícil la labor del gobierno salvadoreño. Los médicos y los oficiales de Salud Pública reconocen las deficiencias que existen en la dieta del campesino y tratan de cambiar estas costumbres. Pero es difícil.

Si volvemos al mercado de este pequeño pueblo salvadoreño, nos sorprenderá ver la total ausencia de bolsas de papel. El vendedor provee su mercancía y nada más. Le toca al comprador arreglar sus compras para llevarlas a casa.

Otra costumbre muy en evidencia aquí es el regateo. El vendedor le indica al comprador un precio que quiere por su producto. Por lo general, el comprador le ofrece mucho menos. El proceso continúa con el vendedor rebajando el precio cada vez más y el comprador subiendo su oferta hasta llegar los dos a un acuerdo.

Un mercado como éste no existe sólo en un pueblo salvadoreño. Es típico de los mercados de las zonas rurales de Hispanoamérica.

II

Si de Santa Tecla, El Salvador, vamos a una ciudad hispanoamericana, podemos ver otro tipo de mercado—un supermercado. Vamos a imaginar que estamos en Ponce, la segunda ciudad de Puerto Rico, o en San Isidro, un suburbio de Lima, la capital del Perú. Al visitar un supermercado de una de estas ciudades o suburbios, lo único que nos llama la atención es el idioma y, de cuando en cuando, algún producto que no vemos en un supermercado estadounidense. El ama de casa, por lo general, hace sus compras una o dos veces a la semana. Manejando el

marginal glossary:

•mercancía merchandise

•se realiza is carried out

•apenas scarcely
•frijoles beans
•Cualquier Any

•bolsas de papel sacos de papel (paper bags)
provee provides
•le toca al comprador it's up to the buyer

carro, se dirige al supermercado. Tiene el mismo problema que los norteamericanos en encontrar un lugar para aparcar el carro.

Dentro del supermercado la señora toma un carrito de mano y lo empuja por los pasillos. Cuando ve algo que necesita, se detiene; coge la lata, caja o paquete y lo mete en el carrito. Puede ser un producto nacional o un producto importado de los Estados Unidos o de Europa.

Después de hacer todas sus compras, la señora pasa por la caja donde paga por todo lo que ha comprado. Por lo general, hay un muchacho o una muchacha al lado de la caja que mete los paquetes en bolsas de papel y luego las coloca en el carrito. La señora vuelve a su automóvil, mete las bolsas en el baúl del carro y vuelve a casa.

III

En España los supermercados no son tan populares como en Hispanoamérica y en los Estados Unidos. Vamos a Ávila para ver cómo se hacen las compras. Hasta recientemente, el ama de casa española de la clase media normalmente le encargaba la compra de comestibles a su criada. Pero con la inflación espantosa que existe hoy día, ésta es una costumbre que poco a poco empieza a desaparecer. Así, es o la criada o el ama de casa que hace las compras. Sale de casa temprano por la mañana y pasa una buena parte de la mañana de tienda en tienda. Después de tomar el desayuno, una comida muy ligera en comparación con la versión inglesa o norteamericana, busca su capacho y lista de compras y sale para la calle.

Primero al mercado. Allí hay puestos para todo . . . frutas, legumbres, verduras, carne, pescado y mariscos. Pero ella se limita a comprar sólo la carne y el pescado para hoy. Todo tiene que estar bien fresco y no congelado. Le pide al carnicero un par de pollos jóvenes y jugosos. Se notará que el carnicero los limpiará pero no les quitará ni la cabeza ni las patas. Éstos no son desperdicios. Toda buena cocinera sabe que de las patas y de la cabeza se hacen unos magníficos caldos.

El carnicero le envuelve los pollos en papel y la señora los mete en su capacho. Del puesto de carne va en seguida al de pescado y mariscos.

—Buenos días, doña Elvira,— le dice el joven que despacha el pescado. —Acaba de llegar el lenguado. Bien fresco está y buena pinta tiene.

—Quería merluza pero si tú crees que el lenguado está mejor, vale. Dame bastante para siete.

Doña Elvira sale con la carne y el pescado y se dirige a la panadería. Allí compra pan todas las mañanas. De allí va a la frutería donde compra unas naranjas y un bonito melón. Como siempre, la fruta es para el postre. No hace falta comprar café. Sólo toman café por la mañana, café con leche. Por la noche, salen para el café. Al pensar en el café se da cuenta de que falta leche. Entra en una lechería para llevarse un par de litros.

•aparcar estacionar

•carrito cart

•se detiene se para (stops)

encargaba daba el deber a

•ligera light

patas feet (of an animal)
desperdicios waste
•cocinera cook
•envuelve wraps

•lenguado sole

merluza hake

•panadería donde se hace y se vende el pan

Ya tiene todo lo que necesita y se va para casa. Pero mañana, igual que hoy, saldrá de casa temprano por la mañana y hará casi las mismas compras. Lo más normal del mundo es salir a hacer sus compras a diario.

Hemos visto, por cierto a la ligera y superficialmente, como se adquieren los víveres en varias partes del mundo hispánico. En los veintiún países hispanohablantes, hay mucho que los une, pero también hay muchos puntos en que se diferencian el uno del otro. No sólo hay diferencias entre los distintos países, sino también existen diferencias entre las clases sociales dentro del mismo país. Si en algo tan sencillo y básico como la dieta o la manera de hacer las compras pueden variar tanto, ¿qué habrá de esperar cuando se trata de política, filosofía y economía?

•sencillo   fácil, simple

CUESTIONARIO

I
1   ¿Dónde está el mercado al que acude mucha gente?
2   En el mercado, ¿qué sirve de suelo?
3   ¿Dónde están los puestos?
4   ¿De qué están rodeados los vendedores?
5   ¿En qué consiste la mercancía?
6   ¿Hay mayorista en el mercado?
7   ¿Cómo se realiza la venta?

Un gran mercado, Madrid

8   ¿Qué compra el campesino con lo que gana?
9   ¿De qué sufren muchos campesinos? ¿Por qué?
10 ¿Qué nos sorprenderá ver en el mercado?
11 En el regateo, ¿quién pone el precio y quién lo rebaja?
12 ¿Dónde existen otros mercados como este mercado de El Salvador?

II
1   ¿Qué tipo de mercado vemos en una ciudad hispanoamericana?
2   Al visitar un supermercado hispanoamericano, ¿cuál es lo único que nos llama la atención?
3   ¿Cuándo hace sus compras el ama de casa?
4   ¿Cómo llega al supermercado?
5   ¿Qué problema tiene?
6   ¿Qué empuja la señora por los pasillos?
7   ¿Cuándo se detiene?
8   Después de hacer las compras, ¿por dónde pasa la señora?
9   ¿Qué hace el muchacho o la muchacha que está al lado de la caja?
10 Al volver a su automóvil, ¿en qué mete la señora los paquetes?

III
1   Hasta recientemente, ¿quiénes hacían las compras en España?
2   ¿Por qué empieza a desaparecer esta costumbre?
3   ¿Cuándo sale de casa el ama de casa o la criada?
4   ¿Dónde hace sus compras?
5   ¿Qué lleva?
6   ¿Qué hay en el mercado?
7   ¿Cómo tiene que estar todo lo que compra la señora?
8   ¿Qué se hace con la cabeza y las patas del pollo?
9   ¿Por qué compra la señora el lenguado?
10 ¿Qué compra en la panadería?
11 ¿Cuándo hace sus compras la señora española?
12 ¿Podemos considerar iguales todos los países hispánicos?

EJERCICIOS DE VOCABULARIO

A   Contesten a las siguientes preguntas según se indica.
1   ¿Quién discute las compras?   *el ama de casa*
2   ¿Dónde mete los paquetes la señora?   *el baúl*
3   ¿Qué prepara la criada?   *un buen caldo*
4   ¿Dónde pone las frutas?   *el capacho*
5   ¿Cuándo trabaja Pedro?   *la cosecha*
6   ¿Qué hace el joven?   *despachar pescado*
7   ¿Cuántos tomates compra la señora?   *un puñado*

8 ¿Qué necesitamos para la ensalada? *verduras*
9 ¿No le gusta el pescado? *no, los mariscos*
10 ¿Cómo prefiere Ud. la carne? *jugoso*

B Basando sus respuestas en la oración modelo, contesten a las preguntas que la siguen.

1 **La vieja lleva el capacho al mercado a diario.**
    ¿Qué lleva la vieja?
    ¿Adónde lleva el capacho?
    ¿Quién lleva el capacho?
    ¿Cuándo lleva el capacho al mercado?
    ¿Qué hace la vieja?

2 **La señora mete los víveres en el baúl del carro.**
    ¿Quién mete los víveres en el baúl?
    ¿Qué mete en el baúl?
    ¿Dónde mete los víveres?
    ¿Qué tiene un baúl?
    ¿Qué hace la señora?

3 **El pescado que despacha el joven tiene buena pinta.**
    ¿Qué tiene el pescado?
    ¿Qué tiene buena pinta?
    ¿Quién despacha el pescado?
    ¿Cómo es el pescado que despacha el joven?

C Reemplacen las palabras en letra bastardilla con la forma apropiada de una expresión equivalente indicada.

disfrutar	marisco	víveres
empujar	mayorista	jugoso
manejar	pasillo	regateo
rebajar	un puñado de	

1 El vendedor no quería *disminuir* el precio.
2 *Los corredores* son muy largos.
3 Mi abuelo no *conduce* muy bien.
4 *Éste* vende al por mayor.
5 *Gozamos* del dinero que ganamos.
6 Elvira siempre compra *los alimentos*.
7 Necesitamos *algunos* tomates.
8 *La discusión sobre el precio* termina en favor del vendedor.

D Completen el siguiente párrafo y diálogo con palabras apropiadas.

Al volver del mercado, la criada pone el _____ en la mesa y empieza a poner los _____ en sus propios lugares. El _____ de casa entra en la cocina a mirar las compras.

—Mire, señora, ¡qué buena ———— tiene el lenguado!

—Sí, pero, ¿cómo están las ———— para la ensalada?

—Pues, están frescas, pero no me salió bien el ————. Pagué quince pesos.

—No te preocupes. ¿Nos preparas una sopa?

—Sí, señora. ———— de pollo.

—Bien.

ESTRUCTURA

I

El presente de los verbos regulares

Los verbos que terminan en **–ar**

1   Sustituyan.

Él	indica rebaja fija paga	el precio.	Ellos	compran llevan pagan llaman	mucho.

2   Contesten.

1. ¿Paga mucho María?   2. ¿Pagan ellas en la caja?   3. ¿Pasa Carmen toda la mañana allí?   4. ¿Arreglan las bolsas los empleados?   5. ¿Rebaja el precio la señora?   6. ¿Empujan los carritos los niños?   7. ¿Prepara la comida la criada?   8. ¿Toman el dinero los vendedores?

3   Sustituyan.

Yo	preparo llevo tomo pago	poco.	Nosotros	llevamos preparamos arreglamos fijamos	todo.

Un supermercado, San Isidro, Perú

4   Contesten.

1. ¿Rebajas el precio?   2. ¿Compran Uds. las legumbres?   3. ¿Visitas a los abuelos?   4. ¿Llegan Uds. temprano?   5. ¿Llevas las bolsas? 6. ¿Manejan Uds. el carro?

5   Sustituyan.

¿Qué	llevas? empujas? indicas? compras?	¿Qué	arreglan mezclan toman preparan	Uds.?

6   Sigan las instrucciones.

1. Pregúntele a María qué compra.   2. Pregúnteles a las chicas dónde aparcan el carro.   3. Pregúntele al chico a qué hora llega.   4. Pregúnteles a ellos si llevan la bolsa a casa.   5. Pregúntele al muchacho si deja el carro allí.   6. Pregúnteles a ellos si preparan los paquetes.

7   Repitan.

¿Qué desea Ud., señor?
¿Dónde compra Ud., señora?

8   Sigan las instrucciones.

1. Pregúntele al señor si paga en la caja.   2. Pregúntele a la señorita si llama al vendedor.   3. Pregúntele a la señora si prepara los paquetes.

9   Sigan el modelo.

¿Pagar mucho? ¿Él? → Sí, él siempre paga mucho.

1. ¿Llegar a las once? ¿Ellos?   2. ¿Tomar café? ¿Tú?   3. ¿Comprar en aquel mercado? ¿Ella?   4. ¿Llevar las bolsas? ¿Uds.?   5. ¿Preparar la comida? ¿Carlos?   6. ¿Estacionar el carro? ¿José?   7. ¿Empujar el carrito? ¿Uds.?   8. ¿Rebajar el precio? ¿Ellos?   9. ¿Indicar el camino? ¿Tú? 10. ¿Manejar el carro? ¿Yo?

II
Los verbos que terminan en –er

10   Sustituyan.

Él no	vende cree lee come	nada.	Ellos	ofrecen venden deben comen	mucho.

11   Contesten.

1. ¿Come carne el niño?   2. ¿Venden mucho los mayoristas?   3. ¿Debe Juan mucho dinero?   4. ¿Ven ellos al carnicero?   5. ¿Lee los anuncios el vendedor?   6. ¿Meten los vegetales en el capacho?

12   Sustituyan.

Yo no	vendo leo como	mucho.	Nosotros lo	vemos. vendemos. leemos.	

13   Contesten.

1. ¿Debes dinero a Carmen?   2. ¿Venden Uds. helados?   3. ¿Lees los precios?   4. ¿Corren Uds. al mercado?   5. ¿Metes todo en la bolsa? 6. ¿Creen Uds. eso?

14   Sustituyan.

¿Qué	lees? comes? crees?	¿Qué	ven venden creen	Uds.?	¿Qué	vende, ve, cree,	señora?

15   Sigan las instrucciones.

1. Pregúntele al muchacho si vende mariscos.   2. Pregúnteles a los empleados si leen el anuncio.   3. Pregúntele al señor si vende pescado. 4. Pregúntele a la muchacha si mete la fruta en la bolsa.   5. Pregúnteles a ellos si ven los puestos.   6. Pregúntele a la señorita si ve las latas.

16   Contesten según se indica.

1. ¿Qué venden allí? *mariscos*   2. ¿En dónde mete el chico las legumbres? *la bolsa*   3. ¿Adónde corres? *al mercado*   4. ¿Qué deben Uds. hacer? *salir*   5. ¿Para quiénes venden las frutas? *mayoristas*   6. ¿Dónde lees eso? *en el periódico*   7. ¿A quién deben Uds. el dinero? *al gobierno*

Los verbos que terminan en **–ir**

17   Sustituyan.

Carlos	sube. sufre. escribe.	Ellos no	sufren escriben reciben	nada.

18   Contesten.

1. ¿Vive mucha gente en la capital?   2. ¿Viven ellos en el campo?   3. ¿Acude todo el mundo al mercado?   4. ¿Acuden los indios al mercado? 5. ¿Escribe la lista la criada?   6. ¿Escriben ellos a los dueños?

Los indios venden sus mercancías, Cuzco, Perú

19 Sustituyan.

| Yo | vivo
subo
sufro | aquí. | Nosotros | vivimos
subimos
sufrimos | aquí. |

20 Contesten.

1. ¿Escribes a Gonzalo?   2. ¿Escriben Uds. la lista?   3. ¿Sufres una deficiencia de vitaminas?   4. ¿De qué sufren Uds.?   5. ¿Recibes los vegetales del vendedor?   6. ¿Reciben Uds. la carne del carnicero?

21 Repitan.

¿Vives cerca del mercado?
¿Viven Uds. cerca del mercado?
¿Vive Ud. cerca del mercado?

22 Sigan las instrucciones.

1. Pregúntele al muchacho si sube con los paquetes.   2. Pregúnteles a los Gómez si suben ahora.   3. Pregúntele a la señora si sube la colina. 4. Pregúntele a la muchacha si escribe la lista.   5. Pregúnteles a los señores si escriben la novela.   6. Pregúntele a la señorita si escribe el artículo.

23 Sigan el modelo.

¿Vas a vivir en la capital? → Pero, vivo en la capital ahora.

1. ¿Van Uds. a escribir la lista?   2. ¿Va a acudir mucha gente?   3. ¿Van a sufrir mucho los pobres?   4. ¿Vas a subir con las compras?   5. ¿Van Uds. a recibir mucho dinero?   6. ¿Va a subir los precios el jefe?   7. ¿Van ellos a vivir en el campo?

Spanish verbs are categorized into three classes, or conjugations, according to the infinitive ending: *–ar, –er, –ir.* In order to find the root of the verb, the infinitive ending is dropped. Personal endings are added to the root. Regular verbs conform to the following pattern in the present tense.

	hablar	**comer**	**vivir**
yo	hablo	como	vivo
tú	hablas	comes	vives
él, ella, Ud.	habla	come	vive
nosotros	hablamos	comemos	vivimos
(vosotros)	(habláis)	(coméis)	(vivís)
ellos, ellas, Uds.	hablan	comen	viven

In spoken language, the second person plural *(vosotros)* is used only in Spain.

RESUMEN

24   Sigan el modelo.

¿Comprar vegetales? ¿Tú? → Sí, yo compro vegetales.

1. ¿Vender carne? ¿Gómez?   2. ¿Escribir las listas? ¿Las criadas?   3. ¿Acudir al puesto del frutero? ¿Tú?   4. ¿Disfrutar de la cosecha? ¿Los vendedores?   5. ¿Llevar el capacho? ¿Uds.?   6. ¿Sufrir mucho? ¿Los campesinos?   7. ¿Vender una parcela de tierra? ¿Nosotros?   8. ¿Estacionar el coche? ¿Yo?   9. ¿Arreglar la mercancía? ¿Tú?   10. ¿Subir las bolsas? ¿El chico?   11. ¿Comer bien? ¿Ellos?   12. ¿Creer eso? ¿Tú?

25   Contesten según se indica.

1. ¿Dónde nadan ellos? *el mar*   2. ¿Adónde acude tanta gente? *el mercado*   3. ¿Qué vendes allí? *pescado fresco*   4. ¿Quién regatea? *la criada*   5. ¿Cómo llevan Uds. los paquetes? *con dificultad*   6. ¿Dónde viven Uds.? *al lado del mercado*   7. ¿Qué aprenden los niños? *mucho*   8. ¿Qué buscas? *la lista de compras*   9. ¿Qué acaba de llegar? *el lenguado*   10. ¿A quién escribes? *el mayorista*   11. ¿Qué vende él? *carne fresca y jugosa*   12. ¿En qué lleva ella los vegetales? *el capacho*   13. ¿Qué ven Uds.? *unas frutas ricas*   14. ¿Qué preparas? *caldo de pollo*

*Una pescadería,
Málaga, España*

III
Los verbos irregulares en la primera persona singular del presente

ir, dar, estar

26   Repitan.

Voy al mercado.
Doy el dinero al carnicero.
Estoy con ellos.

27   Contesten.

1. ¿Vas allí a menudo?   2. ¿Vas a casa de Álvarez?   3. ¿Das una propina al portero?   4. ¿Das un regalo al niño?   5. ¿Estás bien?   6. ¿Estás en la oficina?

28   Contesten.

1. ¿Va María al supermercado en carro?   2. ¿Van ellas al mercado con sus capachos?   3. ¿Da la carne al cliente el carnicero?   4. ¿Dan bolsas de papel en aquella tienda?   5. ¿Está abierto el puesto de mariscos? 6. ¿Están jugosos los pollos?   7. ¿Van Uds. en seguida?   8. ¿Dan Uds. el dinero al cajero?   9. ¿Están Uds. de acuerdo?

poner, hacer, valer, traer, salir

29 Repitan.

Pongo todo en la cesta.
Hago un caldo de pollo.
Valgo mucho más.
Traigo todo en el baúl.
Salgo en seguida.

30 Sigan el modelo.

¿Poner la mesa? → Sí, pongo la mesa.

1. ¿Hacer el plato principal? 2. ¿Valer más? 3. ¿Traer la lista de compras? 4. ¿Salir de casa temprano? 5. ¿Poner la carne en el carrito? 6. ¿Salir con el viejo? 7. ¿Hacer una ensalada de verduras? 8. ¿Poner los paquetes en el baúl?

31 Contesten.

1. ¿Hace Juan una ensalada de frutas? 2. ¿Hacen ellos otra oferta? 3. ¿Pone mucho en el capacho la criada? 4. ¿Ponen ellos la carne en una bolsa? 5. ¿Vale mucho un pollo? 6. ¿Valen mucho los diamantes? 7. ¿Trae todo a la vez el muchacho? 8. ¿Traen muchos productos los campesinos? 9. ¿Sale temprano el ama de casa? 10. ¿Salen ellos a hacer las compras? 11. ¿Ponen Uds. las compras en el baúl del carro? 12. ¿Hacen Uds. un plato de mariscos? 13. ¿Traen Uds. frutas tropicales? 14. ¿Salen Uds. por la tarde?

conocer, ofrecer, aparecer, conducir, producir

32 Repitan.

Conozco al carnicero.
Ofrezco un buen surtido.
Aparezco tarde.
Conduzco el carro.
Produzco poco.

33 Sigan el modelo.

Conocemos al señor. → Conozco al señor.

1. Producimos mucho. 2. Reconocemos poco. 3. Aparecemos los sábados. 4. Conducimos con cuidado. 5. Ofrecemos buenos precios.

34 Contesten.

1. ¿Conoce Juan al dueño? 2. ¿Conocen ellas al señor Toral? 3. ¿Conduce María por la ciudad? 4. ¿Conducen ellos de noche? 5. ¿Ofrece

López un buen surtido de mercancías?   6. ¿Ofrecen ellos verduras frescas?   7. ¿Aparece la criada en el mercado?   8. ¿Aparecen los periódicos los domingos?   9. ¿Produce muchos huevos la gallina? 10. ¿Produce mucho las huertas de los campesinos?   11. ¿Conocen Uds. a Romero?   12. ¿Ofrecen Uds. los últimos modelos?   13. ¿Aparecen Uds. los domingos?   14. ¿Conducen Uds. con tanto tráfico?   15. ¿Producen Uds. mercancías para el hogar?

saber

35   Repitan.

Yo sé la respuesta.
Sé donde está.

36   Contesten.

1. ¿Sabes dónde está la carnicería?   2. ¿Sabes dónde está la lechería?
3. ¿Sabes dónde está la frutería?   4. ¿Sabes dónde está la marisquería?
5. ¿Sabes dónde está la panadería?

37   Contesten.

1. ¿Sabe Carmen quién llega?   2. ¿Saben ellas cuánto cuesta?   3. ¿Sabe el vendedor si quedan algunos?   4. ¿Saben los mayoristas que suben los precios?   5. ¿Saben Uds. a cuánto están hoy?   6. ¿Saben Uds. a qué hora llega el tren?   7. ¿Saben Uds. preparar un buen caldo?

Legumbres y pollos, México

Many irregular verbs in the present tense are irregular in the first person singular only. All other persons function the same as any regular verb of the given conjugation. Study the following.

ir	voy	**conocer**	conozco
dar	doy	**conducir**	conduzco
estar	estoy	**ofrecer**	ofrezco
poner	pongo	**aparecer**	aparezco
hacer	hago	**producir**	produzco
valer	valgo	**saber**	sé
traer	traigo		
salir	salgo		

RESUMEN

38 Sigan el modelo.

¿Salir? ¿Él? → Sí, él sale.

1. ¿Estar? ¿Tú?   2. ¿Conducir? ¿Ellos?   3. ¿Ir? ¿Yo?   4. ¿Producir? ¿Él?   5. ¿Aparecer? ¿Los Gómez?   6. ¿Salir? ¿Nosotros?   7. ¿Conducir? ¿Yo?

39 Sigan el modelo.

¿Quieres salir? → No, porque siempre salgo.

1. ¿Quiere Carlos estar aquí?   2. ¿Quieres conducir?   3. ¿Quieren Uds. saber dónde está?   4. ¿Quieres traer el coche?   5. ¿Quieren ellas ir a pie?   6. ¿Quieres hacer el caldo?   7. ¿Quieren Uds. poner las bolsas en el baúl?   8. ¿Quiere hacer el trabajo el campesino?   9. ¿Quieres ofrecer otro?   10. ¿Quieren Uds. hacer las compras en aquel mercado?

Temas de composición

1 Describa Ud. el mercado en El Salvador.
¿Hay un edificio?
¿Cómo es el suelo?
¿Cómo venden los productos?
¿Cómo compra la gente?

2 Escriba Ud. un diálogo entre un cliente y un vendedor de pescado.

3 Prepare Ud. un menú.

4 Describa Ud. una expedición de compras en un supermercado.

5 Compare Ud. las distintas maneras de hacer las compras. ¿Cuál prefiere Ud. y por qué?

LECCIÓN 2
CONVERSACIÓN
En la carnicería

Vocabulario

1 **fíjese (fijarse)**   notar
   _____, señora. Hoy tenemos lenguado fresco a muy buen precio.
2 **están a (estar a)**   tener el precio de
   Hoy las chuletas _____ 50 el kilo.
3 **la ganga**   algo que se compra a buen precio
   Es una _____. Lo tengo que comprar.
4 **sabroso**   delicioso, que tiene buen sabor
   ¡Qué buena pinta tienen las chuletas! Estarán muy _____.
5 **el chorizo**   la salchicha
   Me gusta mucho el _____.
6 **¡Que se diviertan! (divertirse)**   ¡Que lo pasen bien!
   ¡_____ Uds. en la fiesta!

PRÁCTICA

Contesten a las siguientes preguntas con oraciones completas.

1 ¿Se divierten los jóvenes en la fiesta?
2 Si algo cuesta mucho, ¿es una ganga?
3 ¿Está sabroso el chorizo?
4 ¿A cuánto están las chuletas hoy?
5 ¿Se fijó la señora en el precio de los mariscos?

Una charcutería,
Madrid

EN LA CARNICERÍA

•**chuletas** chops	**Carnicero:** ¿Qué se le ofrece hoy, señora? Las chuletas de cordero están muy bonitas.
•**cordero** lamb	**Doña Carmen:** Verdad. Pero anoche cenamos cordero y el cordero cansa. ¿Qué tal la ternera?
•**ternera** veal	
	Carnicero: Está muy fresca. Fíjese, no más, en estos filetes. No tendrán nada de duro y están hoy a sólo 75,50 el kilo.
•**cerdo** pork	**Doña Carmen:** ¡Huy! ¡Qué caro! ¿A cómo es el cerdo?
•**pernil** fresh ham	**Carnicero:** Eso sí que es una ganga hoy. El pernil se lo damos a 56 el kilo y las chuletas, muy sabrosas, a sólo 60,50.
•**Póngame** Déme	**Doña Carmen:** Eso me interesa. Póngame chuletas como para seis personas. Una docena debe ser bastante. ¿Y qué tipos de hígado tiene Ud. hoy?
hígado liver	
	Carnicero: Tenemos de cerdo, de ternera y también de cordero. Yo le recomiendo el de cordero.
	Doña Carmen: Muy bien. Póngame, pues, medio kilo del de cordero.
	Carnicero: Como Ud. mande. ¿Algo más?
•**picante** hot from seasoning	**Doña Carmen:** Aquel chorizo, ¿es picante?
	Carnicero: La verdad, que sí. Algo sí que pica aunque no mucho.
	Doña Carmen: Déme Ud. doscientos gramos de chorizo más cien gramos cada uno de salchichón, mortadela y morcilla.
salchichón large sausage	
•**mortadela** bologna	**Carnicero:** Cien de salchichón, cien de mortadela, cien de morcilla y doscientos de chorizo. ¿Habrá fiesta en casa de Ud., doña Carmen?
morcilla blood sausage	
	Doña Carmen: Algo así. Mi Rafaelito vuelve mañana de la universidad para las vacaciones y he invitado a unos amiguitos. Ya sabrá Ud. como comen los jóvenes hoy. ¿Qué se debe, por favor?
	Carnicero: Chuletas, 75, hígado, 30, chorizo, 44, y 67 de los otros. Doscientos dieciséis.
	Doña Carmen: Tome Ud.
	Carnicero: Gracias, y que se diviertan en la fiesta.

CUESTIONARIO

1. ¿Quién trabaja en la carnicería?
2. ¿Quién va a la carnicería?
3. ¿Cómo están las chuletas de cordero hoy?
4. ¿Por qué no quiere cordero la señora?
5. Según el carnicero, ¿cómo está la ternera?
6. ¿Qué no tendrán los filetes?
7. ¿A cuánto están los filetes?

Vendiendo pescado, Madrid

8   ¿Qué es una ganga hoy?
9   ¿Para cuántas personas quiere chuletas doña Carmen?
10   ¿Qué hígado tiene hoy el carnicero?
11   ¿Es picante el chorizo?
12   ¿Habrá fiesta en casa de doña Carmen?
13   ¿Por qué habrá fiesta?
14   ¿A quiénes ha invitado doña Carmen?
15   ¿Cómo comen los jóvenes?

EJERCICIOS DE VOCABULARIO

A   Preparen una lista de las carnes mencionadas en el diálogo.

B   Reemplacen la expresión *tener buena pinta* con *estar muy bonito*.

1   Las chuletas tienen buena pinta.
2   El lenguado tiene buena pinta.
3   La lechuga tiene buena pinta.

C   Reemplacen la expresión *déme* con *póngame*.

1   Déme un kilo de chuletas.
2   Déme una ración de hígado.
3   Déme cien gramos de mortadela.

D Reemplacen las palabras en letra bastardilla con la forma apropiada de una expresión equivalente.

1 *Déme* chuletas.
2 Eso sí que es *un buen precio*.
3 *¿Otra cosa?*
4 ¿Qué se le *presenta* hoy?
5 Le *aconsejo* comprar el de cordero.
6 He *convidado* a algunos amiguitos.
7 *¿Cómo está* la ternera?
8 Como Ud. *quiera*.

ESTRUCTURA

Sustantivos y adjetivos

Terminación en **–o** o en **–a**

1 Sustituyan.

El mercado es moderno.
  pueblo/puesto/carro/gobierno
El mercado es moderno.
  antiguo/oscuro/bonito/típico
Los pueblos son pintorescos.
  mercados/capachos/puestos/productos
Los pueblos son pintorescos.
  antiguos/bonitos/típicos/modernos
La fotografía es bonita.
  tierra/mercancía/fruta/tienda
La fotografía es bonita.
  fea/pequeña/buena/vieja
Las tiendas son modernas.
  mercancías/oficinas/fincas/cocinas
Las tiendas son modernas.
  magníficas/distintas/buenas/lujosas

2 Sustituyan.

El mercado es bonito.
  pueblo/fruta/naranjas/puestos
La naranja está fresca.
  chorizo/chuletas/ternera/mariscos
El pollo está jugoso.
  peras/mariscos/lenguado/merluza

3 Sigan el modelo.

El mercado es moderno. ¿Y la tienda? →
La tienda es moderna también.

1. Las bolsas son pequeñas. ¿Y los carritos?   2. El pollo es caro. ¿Y las chuletas de cordero?   3. Los pollos están frescos. ¿Y el chorizo?   4. El pueblo es típico. ¿Y los mercados?   5. El caldo está bueno. ¿Y la ensalada?   6. El cordero está jugoso. ¿Y la ternera?   7. El centro es bonito. ¿Y las costas?   8. La cocinera es guapa. ¿Y el cocinero?   9. Las tiendas son magníficas. ¿Y el mercado?

EXPLICACIÓN GRAMATICAL

All Spanish nouns are either masculine or feminine. Most nouns that end in –o are masculine and most nouns that end in –a are feminine. The masculine definite article is el; the feminine is la.

el mercado   la criada
el cordero   la chuleta

To form the plural of a noun ending in a vowel, an –s is added. The plural forms of the definite articles are los and las.

los supermercados   las bolsas
los carniceros   las fiestas

An adjective must agree with the noun it modifies in number and gender. Many common adjectives end in –o. Such adjectives have four forms. Study the following.

el pueblo bonito   la carnicería moderna
los pueblos bonitos   las carnicerías modernas

Los adjetivos que terminan en **–e** o en consonante

4 Sustituyan.

Es un pueblo humilde.
   grande/pobre/impresionante/tropical/local
Este año hay una cosecha impresionante.
   pobre/semejante/insuficiente/colosal
Los campesinos son fuertes.
   grandes/pobres/humildes/jóvenes
Las islas son humildes.
   pobres/tristes/grandes/tropicales

5   Sustituyan.

Es un pueblo humilde.
    mercado/campesino/criada/cocina
Es un mercado impresionante.
    tienda/cocinero/cosecha/médico
No son productos corrientes.
    pollos/mercancías/vinos/verduras
No son tiendas elegantes.
    señoras/salas/carros/capitales

6   Contesten según se indica.

1. ¿Cómo es el campo? *fértil*   2. ¿Cómo son las señoras? *inteligente*   3. ¿Cómo es el cocinero? *excelente*   4. ¿Cómo son las gallinas? *joven*   5. ¿Cómo son los capachos? *grande*   6. ¿Cómo es la isla? *tropical*   7. ¿Cómo es el cielo? *azul*   8. ¿Cómo son los monumentos? *impresionante*

EXPLICACIÓN GRAMATICAL

Adjectives ending in –e or in a consonant have only two forms, singular and plural. They do not vary with gender. To form the plural, –s is added to adjectives ending in –e, and –es is added to adjectives ending in a consonant.

un campo grande	un libro azul
una cosecha grande	una casa azul
unos campos grandes	unos libros azules
unas cosechas grandes	unas casas azules

Sustantivos femeninos especiales

7   Repitan.

Es una canción.
Es una universidad.
Es una libertad.
Es una actitud.
Es una muchedumbre.

8   Sustituyan.

¡Qué canción más fantástica!
    acción/nación/institución/calidad/cantidad/ciudad/actitud/muchedumbre
La condición es fatal.
    entonación/calidad/sociedad/actitud/servidumbre

9   Sigan el modelo.

La canción es bonita. → Las canciones son bonitas.

1. La lección es fácil.   2. La libertad es necesaria.   3. La nación es rica.
4. La oración es sencilla.   5. La muchedumbre es peligrosa.   6. La
cantidad es fantástica.   7. La ciudad es interesante.   8. La actitud es
distinta.

EXPLICACIÓN GRAMATICAL

There is no regular pattern to establish the gender of most Spanish nouns
ending in a consonant. However, all nouns that end in –*ción*, –*dad*, –*tad*,
–*tud*, and –*umbre* are feminine. Note that nouns ending in –*ción* drop
the accent in the plural.

la lección
la ciudad
la libertad
la esclavitud
la pesadumbre

Sustantivos masculinos en –a

10   Sustituyan.

Quiero ver el mapa.
  programa/drama
Me gusta el clima.
  drama/programa/mapa/día
¡Qué día más bueno!
  drama/mapa/clima/programa

EXPLICACIÓN GRAMATICAL

Almost all Spanish nouns ending in –*a* are feminine. The following, however, are exceptions.

el clima   el drama
el programa   el mapa
el sistema   el día
el tema   el poeta

11   Sustituyan.

¿Dónde está el agua?
   águila/hacha/arma/ama
No sé dónde están las armas.
   águilas/hachas/amas/hadas

12   Sigan el modelo.

   Las águilas son bonitas. → El águila es bonita.

1. Las hachas cortan bien.   2. Las armas son peligrosas.   3. Las amas de casa hacen las compras.   4. Las almas están tristes.   5. Las hadas tienen una vara.

EXPLICACIÓN GRAMATICAL

Nouns that begin with an accented *a* and also end in *–a* are feminine. For the sake of pronunciation, the singular definite article is *el*. The indefinite article is *un*. In all other cases, such nouns take a feminine adjective.

el alma bonita   el agua limpia
el hada ficticia   el arma nueva
el hacha peligrosa   el águila majestuosa

Carnicería en un supermercado, San Isidro, Perú

Temas de conversación

1   Prepare Ud. un diálogo original entre un carnicero y un cliente.
2   Prepare Ud. un diálogo entre un cliente y un señor que despacha pescado y mariscos. Use Ud. las siguientes expresiones:

se le ofrece	congelado
estar a	concha
recomendar	envolver
póngame	fresco

LECCIÓN 3
CULTURA
¿Quiénes se conocen mejor?

Una casa residencial, Martínez, Argentina

Vocabulario

I

1 **tienen ganas (tener)**   tener un deseo fuerte, querer
   Ellos _____ de contar sus experiencias.

2 **el limpiabotas**   una persona que limpia o da lustre a los zapatos
   Tus zapatos están sucios. ¿Por qué no buscas un _____ ?

3 **hace falta (hacer)**   necesitar, faltar
   Como queremos comprar una casa, nos _____ dinero.

4 **tiene éxito (tener)**   tener buenos resultados, salir bien
   Él siempre _____ . Todo le sale bien.

5 **la desocupación (desempleo)**   la falta de trabajo, época en que no hay
   bastante empleo para todos los que
   lo desean
   En este país hay mucha _____ . Hay mucha gente que no puede
   encontrar trabajo.

6 **se acerca a (acercarse a)**   ir hacia, llegar hasta cerca de un sitio
   No ha llegado todavía, pero _____ la iglesia.

7 **una casucha**   una casa humilde, frecuentemente en malas condiciones
   En este barrio pobre, hay una _____ tras otra.

8 **el tejado**   lo que cubre una casa o edificio, el techo
   La casa y también el _____ son de madera.

9 **mejorar**   hacer mejor
   La situación es mala. La tenemos que _____ .

10 **se da cuenta de (darse cuenta de)**   llegar a saber
   Ella sabe que él está enfermo, pero no _____ que su condición
   es grave.

11 **el vecino**   una persona que vive cerca
   Tenemos que hablar con nuestro _____ que vive al lado.

12 **las afueras**   los alrededores, las cercanías
   No vivimos en la ciudad misma, sino en las _____ .

PRÁCTICA

Den una expresión contraria a cada una de las siguientes.

1 mucho empleo para todos
2 el piso
3 empeorar
4 alejarse
5 no entender
6 tener malos resultados
7 una mansión
8 tener demasiado, sobrar
9 no querer
10 el centro de la ciudad

II

1 **cómodo** con todo confort
   Todo lo que tienen en el apartamento es muy _____.
2 **los muebles** las sillas, las mesas, las camas son muebles
   Nos hacen falta _____ para el comedor.
3 **los familiares** los tíos, primos y amigos íntimos
   Vamos a invitar a todos nuestros _____ a la fiesta.
4 **suele (soler)** tener la costumbre
   Él _____ hablar mucho. No sé por qué no está hablando ahora.
5 **peligroso** inseguro, que puede causar daño
   Es _____ correr con un cuchillo en la mano.
6 **el alquiler** lo que se paga cuando alguien alquila algo en vez de ser
   dueño o propietario
   En estos días, el _____ de un buen apartamento suele resultar
   muy caro.
7 **la matrícula** lo que hay que pagar para seguir cursos en una universidad o escuela privada
   Tenemos que pagar la _____ cada semestre.
8 **la cuenta de ahorros** una cuenta en un banco en que uno pone
   dinero que no quiere gastar
   Como tengo unos dólares extra, voy a abrir una _____.
9 **tiende a (tender)** soler, tener la costumbre de hacer algo con pocas
   excepciones
   Él _____ comer siempre en el mismo restaurante.

PRÁCTICA

Completen las siguientes oraciones con una expresión apropiada.

1 No quiero sentarme en aquella silla porque no es _____.
2 Si uno compra una casa más grande, también tiene que comprar
   más _____.

3 Como es una universidad del estado, la _____ es mucho menos que la de una universidad privada.

4 No me queda suficiente dinero para abrir una _____.

5 No tenemos que pagar el _____ porque somos los dueños de nuestro apartamento.

6 La guerra es siempre _____.

7 No los conozco. No son _____ míos.

8 Ella _____ invitarnos, pero no nos ha invitado esta vez.

III

1 **hacía un recorrido (hacer)**   viajar por, hacer una excursión, hacer una gira

Él _____ de la ciudad porque nunca había estado allí antes.

2 **lujoso**   elegante

Ellos viven en un apartamento muy _____.

3 **en vías de desarrollo**   el término que se emplea para referirse a los países que empiezan a industrializarse

Muchos países latinoamericanos están _____.

4 **acomodada**   rica, que tiene suficientes fondos económicos

La gente que vive en este barrio elegante es _____.

5 **la sangre**   el líquido que corre por las venas

Él perdió mucha _____ después del accidente.

6 **el cuero**   el pellejo de un animal

En el invierno, llevo guantes de _____ para calentarme las manos.

Centro de urbanización, San Juan, Puerto Rico

7 **los cepillos** los utensilios que se usan para limpiar algo (brushes)
   Yo quisiera limpiarme los dientes pero no tengo _____.

8 **los dedos** Hay cinco dedos en la mano.
   No debes contar con los _____.

9 **felicitaron (felicitar)** cumplimentar, congratular
   Todos la _____ por el buen trabajo que hizo.

10 **el anfitrión** el que invita
   Todos felicitaron al _____ por una comida tan buena.

11 **el bombón** un dulce, comúnmente de chocolate
   Aunque es muy gordo, nunca puede resistir un _____.

PRÁCTICA

Reemplacen las expresiones en letra bastardilla con la forma apropiada
de una expresión equivalente.

1 Ellos tienen una casa *elegante*.
2 *El pellejo de un animal* sirve para hacer guantes o abrigos.
3 ¿Por qué no tomas otro *chocolate*?
4 Él *hacía una gira* por la América del Sur.
5 Es una familia bastante *rica*.
6 *El que nos invitó a la fiesta* es muy simpático.
7 Es un país que *ahora empieza a industrializarse*.

Departamentos,
San Isidro, Perú

¿Quiénes se conocen mejor?

Jack, Terry, Bob y Sue son cuatro jóvenes norteamericanos. Los cuatro viven en la misma ciudad pero hace tiempo que no se ven. Cada uno acaba de volver de un país latinoamericano donde había pasado dos años trabajando con el Cuerpo de Paz. Tienen muchísimas ganas de cambiar ideas y de contar sus experiencias. Todos están de acuerdo que fue una experiencia maravillosa que nunca podrán olvidar. Quieren volver lo más pronto posible a visitar a los amigos que hicieron allí. Pero, ¿a quiénes conocieron?

Empieza a hablar Jack. Nos dice que un día conoció a un jovencito en una calle de Caracas. El muchacho tenía unos once años y estaba trabajando de limpiabotas en una calle del centro de la ciudad. Se llamaba Paco. Jack le empezó a hablar porque quería aprender algo de su vida. Los dos fueron a un café donde tomaron un refresco. Paco le explicó que había dejado la escuela hace unos dos años. No pudo asistir más porque a su familia le hacía falta su ayuda. Su padre no tenía trabajo. Su madre no pudo dejar la casa porque en la familia había ocho hijos. Como Paco era el mayor, decidió ir en busca de trabajo. No tuvo mucho éxito porque existe mucha desocupación. Así compró lustre y fue a trabajar de limpiabotas. Todo lo que ganaba, se lo daba a su madre. Con el dinero ella compraba comida para la familia.

Un día Paco le invitó a Jack a visitar a su familia. Jack subió una colina alta en los alrededores de la ciudad. Se acercaba al barrio de los ranchos donde viven los pobres de Caracas. Aquí la falta de alcantarillas causa graves problemas de sanidad. Jack pasó una casucha tras otra. Por fin llegó a la de la familia de Paco. Hecha de madera con un tejado de hojalata, tenía una sola puerta que daba a la calle, o mejor dicho, senda. Jack entró. Se sentó en una de las pocas sillas que había en la casa y empezó a conversar con los padres de Paco. Le explicaron que su vida era dura, y que a veces no había bastante dinero para comprar comida. En la casucha había sólo una bombilla eléctrica que frecuentemente no funcionaba. No había agua corriente. Todos los niños dormían en un cuarto pequeño en que había sólo dos camas. El suelo era la tierra misma. Ni el padre ni la madre tenía mucha esperanza de mejorar su situación. Se daban cuenta de que había muchos necesitados como ellos. Los veían todos los días porque todos sus vecinos vivían en las mismas condiciones.

Frente a una gran desocupación y un gran aumento de población, la gente pobre, no sólo en Latinoamérica sino en todas partes del mundo, vive en condiciones deprimentes. Los ranchos de que nos hablaba Jack no se encuentran sólo en Caracas. Se encuentran en todas partes del mundo. Pero hablando específicamente de Latinoamérica, tales barrios

•lustre (betún) shoe polish

alcantarillas sewers
sanidad sanitation

hojalata tin
•daba a faced

•bombilla light bulb
•corriente running

necesitados people in need

deprimentes depressing

*Una familia
acomodada,
Buenos Aires*

se encuentran en las afueras de cada una de las grandes metrópolis.
Se llaman ranchos, caseríos, callampas o villas miseria. Donde se encuentran y como se llaman tienen poca importancia. Lo que simbolizan
tiene muchísima. Uno de los problemas más serios del mundo es la lucha
cuyas whose contra la pobreza, cuyas víctimas son seres humanos que no viven en
condiciones humanas.

II

Terry habló de otro amigo. Ella lo conoció en la Argentina. Se llama
Eduardo. La vida de Eduardo era muy distinta a la de Paco de los ranchos
de Caracas o a la de otro Paco de las villas miseria de Buenos Aires.
La familia de Eduardo tenía un apartamento cómodo en uno de los
edificios altos de la ciudad de Buenos Aires. Los cuartos no eran muy
grandes pero había muebles bonitos y cómodos, televisor, una cocina
moderna, agua corriente y todas las condiciones sanitarias necesarias.
Eduardo tenía unos diecisiete años y asistía a un colegio. Su hermana
estudiaba en la universidad. Su padre trabajaba en un banco y su madre
trabajaba en una oficina. Después de un día de trabajo o de estudios,
la familia volvía a su apartamento y todos cenaban juntos. Los fines de
semana iban en carro a visitar a parientes o familiares. Frecuentaban
los cafés cerca de su casa donde tomaban un refresco o conversaban
con sus amigos.

Como podemos imaginar, la familia de Eduardo pertenece a la clase
media. La clase media es fenómeno relativamente reciente en muchos
países latinoamericanos, pero no hay duda que hoy día es una clase de
mucha influencia. Es interesante notar que un gran porcentaje de la gente

de la clase media vive en apartamentos como el de la familia de Eduardo en el centro de la ciudad misma. En los Estados Unidos la gente de la clase media suele vivir en los suburbios.

Con la inflación espantosa que existe en todas las naciones hispánicas, el costo de vida ha subido muchísimo. Por consiguiente, muchas familias de la clase media se encuentran en unas condiciones económicas un poco peligrosas. Tienen que comprar ropa y comida, pagar la luz, el alquiler y la matrícula de los hijos. Para ayudar económicamente, muchas amas de casa tienen que dejar la casa para trabajar . . . otro fenómeno reciente en los países hispánicos. Al final del mes queda poco dinero para una cuenta de ahorros. La gente de la clase media tiende a vivir de un mes a otro.

•luz light (electricity)

III

Empezó a hablar Bob. Dijo que durante un vuelo de Montevideo a Santiago de Chile, él conoció a un muchacho de Lima. Él se llamaba José Luis y vivía en San Isidro, un suburbio elegante de la capital. Cuando Bob lo conoció, José Luis hacía un recorrido por la América del Sur porque estaba de vacaciones. Él invitó a Bob a visitarlo en el Perú, y Bob lo hizo antes de volver a los Estados Unidos. José Luis lo encontró en el aeropuerto internacional de Lima, Jorge Chávez. Cuando los dos se acercaron al carro, Bob se dio cuenta de que José Luis tenía chofer. Se acercaron a la casa de la familia Ordóñez. Era un tipo de chalet lujoso que se encontraba detrás de una muralla. La casa era grandísima. Cuando cenaba la familia, una sirvienta servía la comida. Durante la cena el padre de José Luis hablaba de la Bolsa y de su último viaje a Nueva York. Una noche todos fueron al teatro y después cenaron en un restaurante en la capital. Toda la familia asistió, menos una hermana de José Luis, que estudiaba en el extranjero.

•Bolsa stock market

menos excepto

•No cabe duda No hay duda

No cabe duda. Aquello del *jet set* no es monopolio de ningún país. Los Ordóñez pertenecían a la clase alta. Como la gente rica de cualquier parte del mundo, tenían su carro grande, comían a la francesa, vestían a la moda de Nueva York o de Londres, asistían al teatro, a la ópera y a las carreras de caballos. Viajaban mucho y también estudiaban en el extranjero. Los Ordóñez también tenían sus sirvientes. En muchos países en vías de desarrollo, hay una diferencia tan enorme entre la gente pobre y la gente rica que es fácil conseguir sirvientes.

•carreras de caballos horse races

Por fin interrumpió Sue y exclamó: —¿Saben Uds.? Me parece que hay más diferencias en el modo de vivir de gente de distintas clases sociales dentro del mismo país que gente de la misma clase social o posición económica de distintos países. Todo lo que estamos discutiendo me hace pensar en un episodio que me pasó a mí. Una noche, una familia acomodada me invitó a cenar. Como yo estaba trabajando en su país pero con gente menos afortunada que ellos, me hacían preguntas. Yo les explicaba que uno de los vecinos del pueblo rural en que yo vivía decidió celebrar el bautizo de su hijo. Tenía un tremendo cerdo. Tem-

•bautizo baptism
cerdo pig

pellejo la piel de un animal

•fuego de carbón charcoal fire
se chupaban licked, sucked
chancho puerco

prano por la mañana lo mató. Guardó toda la sangre para hacer morcilla, el pellejo para cuero, los pelos para cepillos. Los jamones se curarían y quedarían para el invierno junto con los chorizos. Lo demás se comió aquel día, preparado con un lento fuego de carbón. Los campesinos se chupaban los dedos y felicitaron al anfitrión por su hijo y por su «chancho». La señora que me había invitado a cenar me hizo la siguiente pregunta. —¿Cómo es que los campesinos dan tanta importancia a la comida?— mientras escogía un delicado bombón de la caja de la mesa.

CUESTIONARIO

I

1   ¿Por qué hace tiempo que los cuatro amigos norteamericanos no se ven?
2   ¿De qué quieren hablar?
3   ¿A quién conoció Jack?
4   ¿Cómo era el muchacho?
5   ¿Por qué tenía que dejar la escuela para ir a trabajar?
6   ¿Por qué no tuvo mucho éxito en encontrar trabajo?
7   ¿Qué hacía Paco con todo el dinero que ganaba?
8   ¿Cómo era el barrio donde vivía la familia de Paco?
9   ¿Cómo era su casa?
10 ¿Por qué no tenían mucha esperanza de mejorar su situación los padres de Paco?
11 ¿Cuáles son algunos términos que se emplean en Latinoamérica para referirse a los barrios pobres?
12 ¿Cuál es uno de los problemas más serios del mundo?

II

1   ¿Dónde conoció Terry a Eduardo?
2   ¿Qué tenía la familia de Eduardo?
3   ¿Cómo era el apartamento?
4   ¿Qué hacían Eduardo y los otros miembros de su familia?
5   ¿Cómo pasaban los fines de semana?
6   ¿A qué clase social pertenece la familia de Eduardo?
7   ¿Dónde vive mucha gente de la clase media en los países latino-americanos?
8   ¿Por qué se encuentran muchas familias de la clase media en unas condiciones económicas un poco peligrosas?
9   ¿Por qué tienen que dejar la casa muchas amas de casa?

III

1   ¿A quién conoció Bob? ¿Dónde?
2   ¿Qué hacía José Luis cuando Bob lo conoció?
3   ¿Fue Bob a visitarlo en el Perú?

4   ¿Cómo era la casa de la familia de José Luis?
5   ¿Quién servía la comida?
6   Una noche, ¿adónde fueron todos?
7   ¿Por qué no asistió una hermana de José Luis?
8   ¿A qué clase social pertenecían los Ordóñez?
9   ¿Cuáles son algunas cosas que tienen en común la gente de la clase alta?
10   ¿En qué piensa Sue mientras están hablando los cuatro amigos?
11   ¿Quién la invitó a cenar?
12   ¿Qué decidió celebrar uno de los vecinos del pueblo rural donde vivía Sue?
13   ¿Qué hacía el vecino con el cerdo?
14   ¿Qué no comprendió la señora que había invitado a Sue a cenar?
15   ¿Qué hacía ella mientras decía que los campesinos daban mucha importancia a la comida?

EJERCICIOS DE VOCABULARIO

A   Basando sus respuestas en la oración modelo, contesten a las preguntas que la siguen.

1   **El limpiabotas tiene ganas de mejorar su situación económica pronto.**
     ¿Quién tiene ganas de mejorar su situación económica?
     ¿De qué tiene ganas el limpiabotas?
     ¿Qué situación quiere mejorar el limpiabotas?
     ¿Cuándo quiere mejorar su situación económica?
2   **El señor se acerca a la casa lujosa que está en las afueras.**
     ¿Quién se acerca a la casa lujosa?
     ¿A qué se acerca el señor?
     ¿Cómo es la casa?
     ¿Dónde está la casa?
     ¿Dónde está la casa a la cual se acerca el señor?
3   **A Carlos le hace falta dinero y no puede abrir una cuenta de ahorros.**
     ¿A quién le hace falta dinero?
     ¿Qué le hace falta a Carlos?
     ¿Qué no puede abrir Carlos?
     ¿Por qué no puede abrir una cuenta de ahorros?

B   Contesten a las siguientes preguntas con oraciones completas.

1   ¿Quién da lustre a los zapatos?
2   ¿Tiene la casucha un tejado de hojalata?
3   ¿Puede la desocupación mejorar la situación económica de un país?
4   ¿Suele ser peligrosa la desocupación?
5   ¿Tienes muchos familiares que viven en las afueras?

6   ¿Son cómodos los muebles que tienes en tu casa?
7   ¿Tienes una cuenta de ahorros?
8   ¿Quieres hacer un recorrido de la ciudad?
9   ¿Vive la gente acomodada en casas lujosas?
10 ¿Felicitaron los invitados al anfitrión?

C   Sigan las instrucciones.

1   Reemplacen el verbo *querer* con la forma apropiada de *tener ganas*.
    a.   Quiere mejorar su situación.
    b.   Quiero vivir en la ciudad misma.
    c.   Queremos pagar la matrícula.
2   Reemplacen el verbo *necesitar* con la forma apropiada de *hacer falta*.
    a.   Necesito más dinero.
    b.   Carlos necesita un apartamento.
    c.   Ellos necesitan ayuda.
3   Reemplacen la expresión *ir hacia* con la forma apropiada de *acercarse a*.
    a.   Ellos van hacia la puerta principal.
    b.   Yo voy hacia el mercado central.
    c.   Ahora vamos hacia el puesto de verduras.
4   Reemplacen el verbo *saber* con la forma apropiada de *darse cuenta de*.
    a.   Él sabe que no van a hacer nada.
    b.   Sabemos que vamos a ponernos de acuerdo.
    c.   Yo sé que ella tiene ganas de trabajar.
5   Reemplacen la expresión *tener la costumbre* con la forma apropiada del verbo *soler*.
    a.   Él tiene la costumbre de hablar mucho.
    b.   Ellos tienen la costumbre de ser buenos anfitriones.
    c.   Yo tengo la costumbre de pagar el alquiler cada mes.

D   Reemplacen las palabras en letra bastardilla con la forma apropiada de una expresión equivalente indicada.

tener ganas	las afueras	peligroso
acercarse a	acomodado	tender
el tejado	tener éxito	hacer un recorrido
mejorar	los familiares	lujoso
la casucha	soler	el bombón

1   Vivimos en *los alrededores* de la ciudad.
2   Ellos tienen un carro *elegante*.
3   Tenemos que *tener buenos resultados*.
4   Él *llega a* la puerta que da a la calle.
5   No son *ni amigos ni parientes* míos. No los conozco.

6 La gente *rica suele* vivir en apartamentos *elegantes*.
7 Ella *quiere* visitar la casa de su amigo.
8 ¿Por qué no quieres comer *el dulce*?
9 Su condición económica es un poco *insegura*.
10 *El techo* de la casucha está en malas condiciones.

ESTRUCTURA

I

El presente de los verbos de cambio radical

Primera clase: **e → ie** y **o → ue**

1 Repitan.

Cerramos la puerta.
Comenzamos la visita.
Temblamos de miedo.
Defendemos sus ideas.
Queremos salir.

2 Contesten.

1. ¿Piensan Uds. en la situación? 2. ¿Empiezan Uds. a hablar con el vecino? 3. ¿Despiertan Uds. al niño? 4. ¿Cierran Uds. la puerta de la casucha? 5. ¿Comienzan Uds. a subir la colina? 6. ¿Defienden Uds. la teoría? 7. ¿Entienden Uds. lo que es la desocupación? 8. ¿Pierden Uds. los guantes? 9. ¿Quieren Uds. dormir?

Contraste de clases, Cuzco, Perú

3   Contesten según el modelo.

¿Recordar? ¿Quiénes? ¿Uds.? → Sí que recordamos.

1. ¿Despertar al niño? ¿Quiénes? ¿Uds.?   2. ¿Consolar al enfermo?
¿Quiénes? ¿Uds.?   3. ¿Defender su punto de vista? ¿Quiénes? ¿Uds.?
4. ¿Perder el dinero? ¿Quiénes? ¿Uds.?   5. ¿Pensar en la situación?
¿Quiénes? ¿Uds.?   6. ¿Empezar de nuevo? ¿Quiénes? ¿Uds.?   7. ¿Entender el problema? ¿Quiénes? ¿Uds.?

4   Sustituyan.

María lo	cierra. comienza. defiende. pierde.	Ellos no	quieren. entienden. tiemblan empiezan.

Yo	empiezo tiemblo pierdo entiendo	en seguida.	¿Por qué no	comienzas? piensas? quieres? entiendes?

5   Contesten.

1. ¿Cierra el presidente la sesión?   2. ¿Atiende el médico al enfermo?
3. ¿Pierde el lustre el limpiabotas?   4. ¿Quiere empezar el médico?
5. ¿Tiemblan de frío los niños?   6. ¿Empiezan ellos a trabajar?   7. ¿Entienden todos la situación?   8. ¿Defienden ellas tales condiciones?
9. ¿Despiertas al anfitrión?   10. ¿Piensas en tu visita?   11. ¿Quieres
consultar al médico?   12. ¿Pierdes mucho en la Bolsa?

6   Sigan las instrucciones.

1. Pregúntele a un muchacho si empieza ahora.   2. Pregúntele a una
muchacha si entiende la situación.   3. Pregúntele al señor por qué
tiembla.   4. Pregúntele a la señorita por qué pierde tanto.   5. Pregúnteles a las señoras cuándo empiezan.   6. Pregúnteles a los señores
por qué pierden tanto.

7   Sigan el modelo.

Carlos piensa mucho. ¿Y tú? → Yo pienso mucho también.

1. El chico cierra los ojos. ¿Y tú?   2. Los jóvenes entienden. ¿Y Uds.?
3. Pienso salir. ¿Y los otros?   4. Ellos entienden bien. ¿Y María?   5. Antonio quiere volver. ¿Y Uds.?   6. Él comienza en seguida. ¿Y tú?   7.
Quiero tocar la guitarra. ¿Y Gómez?   8. Yo pierdo mucho. ¿Y Uds.?

8   Repitan.

Almorzamos al mediodía.   Volvemos en seguida.
Consolamos al desafortunado.   No movemos nada.

9 Contesten.

1. ¿Recuerdan Uds.? 2. ¿Acuestan Uds. al niño? 3. ¿Almuerzan Uds. en la escuela? 4. ¿Muestran Uds. la carta a los familiares? 5. ¿Envuelven Uds. el paquete? 6. ¿Los devuelven Uds. al dueño? 7. ¿Pueden Uds. terminar? 8. ¿Mueven Uds. algo?

10 Sigan el modelo.

María no recuerda. → Pero nosotros recordamos.

1. María no almuerza. 2. María no vuela. 3. María no puede. 4. María no vuelve.

11 Sustituyan.

| El niño nunca | almuerza.
vuelve.
puede. | Ellos | recuerdan
muestran
devuelven | las fotos. |

| Yo no | recuerdo
pruebo
muevo
devuelvo | nada. | ¿No | almuerzas
vuelas
vuelves
puedes | tú? |

12 Contesten según se indica.

1. ¿Quién acuesta al niño? *el padre* 2. ¿Quién recuerda el problema? *Paco* 3. ¿Quién puede ayudar? *el gobierno* 4. ¿Quién mueve los muebles? *Carmen* 5. ¿Quiénes almuerzan en el hospital? *los pacientes* 6. ¿Quiénes mueven las sillas? *los niños* 7. ¿Quiénes vuelven mañana? *los Rodríguez* 8. ¿Quiénes pueden darles esperanza? *sus familiares* 9. ¿Quién recuerda? *tú* 10. ¿Quién envuelve el paquete? *tú* 11. ¿Quién devuelve la carta? *tú* 12. ¿Quién mueve los muebles? *tú*

Interior de una casucha

13 Sigan las instrucciones.

1. Pregúntele a una muchacha si puede salir.   2. Pregúntele al señor si suele dormir aquí.   3. Pregúntele a la señora si envuelve bien el paquete.   4. Pregúnteles a los Gómez si encuentran obstáculos.   5. Pregúnteles a los señores por qué no mueven los muebles.

14 Contesten según se indica.

1. ¿Qué recuerdas? *nuestra conversación*   2. ¿Qué quieren ellos? *la opinión de ella*   3. ¿Por qué no puedes salir? *ya es tarde*   4. ¿Por qué no devuelve el dinero? *le hace falta*   5. ¿Cuándo vuelven Uds.? *mañana por la mañana*   6. ¿Por qué no mueve él el sofá? *no puede*

EXPLICACIÓN GRAMATICAL

A radical-changing verb in Spanish is one that has, in some instances, a vowel change in its stem. In the present tense, this vowel change takes place in all conjugated forms of the verb with the exception of the first and second persons plural *(nosotros* and *vosotros)*. Study the following forms of first-class radical-changing verbs.

e → ie		o → ue	
cerrar	**perder**	**recordar**	**volver**
cierro	pierdo	recuerdo	vuelvo
cierras	pierdes	recuerdas	vuelves
cierra	pierde	recuerda	vuelve
cerramos	perdemos	recordamos	volvemos
(cerráis)	(perdéis)	(recordáis)	(volvéis)
cierran	pierden	recuerdan	vuelven

The verbs *cerrar* and *perder* change from e to ie in all forms except the first and second persons plural. Note, however, that the endings are those of the regular conjugation of the verb. Other verbs that function the same are *atender, comenzar, defender, despertar, empezar, entender, pensar, perder, querer,* and *temblar.*
　　The verbs *recordar* and *volver* change from o to ue in all forms except the first and second persons plural. Other verbs that function the same are *acordar, acostar, almorzar, consolar, contar, costar, devolver, disolver, encontrar, envolver, llover, mostrar, mover, poder, probar, rogar, soler,* and *volar.* Note that all first-class radical-changing verbs belong to either the first or second conjugations. The vowel change is affected only in the present tense.

15   Sigan el modelo.

¿Nosotros? ¿Comenzar a tiempo? → Siempre comenzamos a tiempo.

1. ¿Él? ¿Temblar de miedo?   2. ¿Tú? ¿Mostrar las fotos?   3. ¿Nosotros? ¿Querer salir?   4. ¿Ellos? ¿Entender el problema?   5. ¿Yo? ¿Almorzar aquí?   6. ¿Uds.? ¿Perder tiempo?   7. ¿Nosotros? ¿Volver en avión? 8. ¿Tú? ¿Recordar los detalles?   9. ¿Los Gómez? ¿Defender su opinión? 10. ¿El niño? ¿Despertar a su padre?

II
Segunda clase: e → ie y o → ue

16   Repitan.

Lo sentimos mucho.
Nunca mentimos.
Preferimos salir.

17   Contesten.

1. ¿Sienten Uds. haberlo dicho?   2. ¿Mienten Uds. con frecuencia? 3. ¿Prefieren Uds. hablar con el vecino?   4. ¿Sugieren Uds. otra cosa?

18   Contesten.

1. ¿Siente Teresa las malas noticias?   2. ¿Miente el niño?   3. ¿Prefiere José Luis ir al aeropuerto?   4. ¿Sugieren ellos esperar aquí?   5. ¿Mienten ellos de cuando en cuando?   6. ¿Prefieren ellos hablar con el anfitrión? 7. ¿Prefieres esperar?   8. ¿Mientes a tu jefe?   9. ¿Lo sientes mucho?

19   Sigan las instrucciones.

1. Pregúntele a un muchacho por qué miente.   2. Pregúntele a una muchacha cuál prefiere.   3. Pregúntele al señor qué más sugiere. 4. Pregúntele a la señorita por qué lo siente tanto.   5. Pregúnteles a los señores si prefieren salir.   6. Pregúnteles a las señoras qué sugieren.

20   Sustituyan.

Ellos nunca mienten.
   yo/el niño/tú/Uds./nosotros
Prefiero ir a casa.
   nosotros/tú/todos/Elena/Ud.

21 Contesten según el modelo.

¿Duermen Uds.? → Sí, dormimos.

1. ¿Duermen Uds. mucho? 2. ¿Duermen Uds. ocho horas? 3. ¿Duermen Uds. en la cama? 4. ¿Duermen Uds. hasta muy tarde?

22 Sustituyan.

Ellos duermen	aquí.	Yo duermo	seis horas.
	en la cama.		hasta muy tarde.
	mucho.		en la alcoba.

¿Duermes	mucho?
	bien?
	ocho horas?

23 Contesten.

1. ¿Duerme el niño? 2. ¿Duerme aquí tu hermano? 3. ¿Duermen los señores? 4. ¿Duermen la siesta los campesinos? 5. ¿Duermes bien?
6. ¿Duermes en aquella cama?

EXPLICACIÓN GRAMATICAL

All stem-changing verbs of the second class belong to the third conjugation. Study the following forms.

e → ie		o → ue
mentir	**preferir**	**dormir**
miento	prefiero	duermo
mientes	prefieres	duermes
miente	prefiere	duerme
mentimos	preferimos	dormimos
(mentís)	(preferís)	(dormís)
mienten	prefieren	duermen

The verbs *mentir* and *preferir* are second-class stem-changing verbs. In the present tense, the stem changes from e to ie in all forms except the first and second persons plural. The verbs *sentir* and *sugerir* function the same. The verb *dormir* changes from o to ue in all forms except the first and second persons plural. The verb *morir* is conjugated like *dormir*.

You will note that these changes are the same as in the e → ie and o → ue verbs of the first class. Verbs of the second class, however, have another change in the preterite.

Una calle residencial, San Isidro, Perú

RESUMEN

24   Contesten según se indica.

1. ¿Por qué miente él? *no es honesto*   2. ¿Quién lo prefiere? *yo*   3. ¿De qué muere el señor? *cáncer*   4. ¿Quiénes sugieren tal cosa? *nosotros*
5. ¿Por qué prefiere estar en la ciudad? *trabaja allí*   6. ¿Dónde duermen Uds.? *en un cuarto pequeño*   7. ¿Con quién prefieren Uds. hablar? *el dueño*   8. ¿Qué sientes? *no poder ayudar*

III
Tercera clase: e → i

25   Repitan.

No pedimos nada.
Seguimos con el mismo plan.
Sonreímos porque estamos contentos.

26   Contesten negativamente.

1. ¿Piden Uds. cambios?   2. ¿Piden Uds. ayuda?   3. ¿Despiden Uds. a la directora?   4. ¿Despiden Uds. al cocinero?   5. ¿Siguen Uds. aquí?
6. ¿Siguen Uds. con el mismo plan?   7. ¿Sonríen Uds. cuando están tristes?   8. ¿Ríen Uds. mucho?

27   Repitan.

La policía persigue al criminal.
Ellos piden un favor.
Río a carcajadas.
¿Por qué despides a la criada?

28   Contesten según se indica.

1. ¿Quiénes piden limosna? *los pobres*   2. ¿Quién pide ayuda? *el enfermo*   3. ¿Quién repite la lección? *el profesor*   4. ¿Quién ríe tanto? *el joven*   5. ¿Quién despide al señor? *yo*   6. ¿Quiénes persiguen al criminal? *los policías*   7. ¿Quiénes sirven la comida? *todos*

29   Sustituyan.

Carlos pide un favor.
   yo/él/nosotros/los enfermos/tú/Uds.
Seguimos con el mismo trabajo.
   tú/todos/Ud./Carlos/nosotros/mi madre

EXPLICACIÓN GRAMATICAL

All radical-changing verbs of the third class are third-conjugation verbs. Study the following forms of the present tense.

e → i

pedir	seguir
pido	sigo
pides	sigues
pide	sigue
pedimos	seguimos
(pedís)	(seguís)
piden	siguen

The verbs *pedir* and *seguir* belong to the third class of stem-changing verbs. In the present tense, the vowel *e* changes to *i* in all forms except the first and second persons plural. The spelling of *seguir* is not irregular. The *u* is necessary to maintain the hard *g* sound (*ga, gue, gui, go, gu*). *Conseguir, despedir, freír, impedir, perseguir, reír, repetir, servir,* and *sonreír* function the same as *pedir*. Verbs of the third class also have a vowel change in the preterite.

RESUMEN

30   Sigan el modelo.

   ¿Pedir? ¿Él? → Sí, siempre pide.

1. ¿Reír? ¿Ella?   2. ¿Seguir igual? ¿Yo?   3. ¿Perseguir algo? ¿Ellos?   4. ¿Pedir ayuda? ¿Tú?   5. ¿Servir la comida? ¿Ellos?   6. ¿Repetir la pregunta? ¿María?   7. ¿Conseguir trabajo? ¿Yo?   8. ¿Sonreír? ¿Ellas?

Ranchos en los alrededores de Caracas

 Temas de composición

1 En un párrafo, describa Ud. un barrio pobre de una región latino-americana.

2 Compare la vida de un hispanoamericano de la clase media con la de un norteamericano de la clase media. ¿Tienen mucho en común o no? ¿Por qué?

3 Compare Ud. la vida de la gente de las tres clases sociales.

4 Comente Ud. sobre lo siguiente:
Hay más diferencias en el modo de vivir de gente de distintas clases sociales dentro del mismo país que gente de la misma clase social o posición económica de distintos países. ¿Está Ud. de acuerdo o no? Defienda sus opiniones.

LECCIÓN 4
CONVERSACIÓN
En el banco

Vocabulario

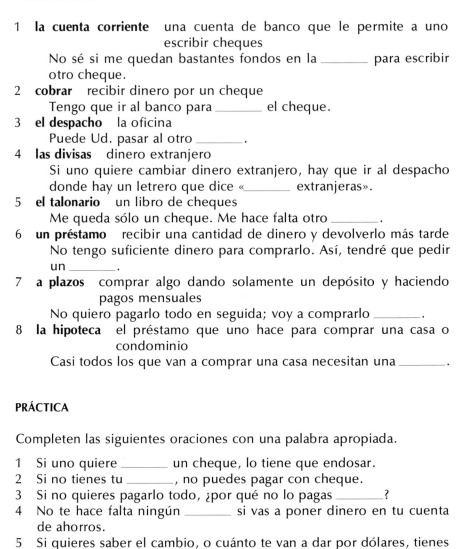

1 **la cuenta corriente** una cuenta de banco que le permite a uno escribir cheques
No sé si me quedan bastantes fondos en la _____ para escribir otro cheque.

2 **cobrar** recibir dinero por un cheque
Tengo que ir al banco para _____ el cheque.

3 **el despacho** la oficina
Puede Ud. pasar al otro _____.

4 **las divisas** dinero extranjero
Si uno quiere cambiar dinero extranjero, hay que ir al despacho donde hay un letrero que dice «_____ extranjeras».

5 **el talonario** un libro de cheques
Me queda sólo un cheque. Me hace falta otro _____.

6 **un préstamo** recibir una cantidad de dinero y devolverlo más tarde
No tengo suficiente dinero para comprarlo. Así, tendré que pedir un _____.

7 **a plazos** comprar algo dando solamente un depósito y haciendo pagos mensuales
No quiero pagarlo todo en seguida; voy a comprarlo _____.

8 **la hipoteca** el préstamo que uno hace para comprar una casa o condominio
Casi todos los que van a comprar una casa necesitan una _____.

PRÁCTICA

Completen las siguientes oraciones con una palabra apropiada.

1 Si uno quiere _____ un cheque, lo tiene que endosar.
2 Si no tienes tu _____, no puedes pagar con cheque.
3 Si no quieres pagarlo todo, ¿por qué no lo pagas _____?
4 No te hace falta ningún _____ si vas a poner dinero en tu cuenta de ahorros.
5 Si quieres saber el cambio, o cuánto te van a dar por dólares, tienes que ir al despacho con el letrero «_____ extranjeras».
6 Uno tiene que ser millonario si puede comprar una casa sin _____.

EN EL BANCO

Cajero: Sí, señorita, ¿en qué puedo servirle?

Marta: Quiero depositar mil pesetas en mi cuenta de ahorros y dos mil en la corriente.

Cajero: En esta ventanilla sólo nos ocupamos de los ahorros. Allá al fondo está la sección de cuentas corrientes. Déme Ud. su libreta, por favor.

Marta: Muchas gracias. Acabo de recibir un giro del extranjero. ¿Adónde debo ir a cobrarlo?

Cajero: ¿Está en pesetas españolas o en dinero extranjero?

Marta: Está en marcos alemanes y tengo también un cheque en dólares norteamericanos.

Cajero: Puede Ud. pasar a aquel despacho, el que lleva el letrero «divisas internacionales».

Marta: Gracias. En la sección de cuentas corrientes, ¿me podrán entregar otro talonario? No me queda ni un solo cheque.

Cajero: Cómo no. Pero no llevarán impresos su nombre.

Marta: Eso no tiene importancia. A propósito, ¿me puede decir si como yo soy extranjera, me pueden hacer un préstamo si algún día me hace falta?

Cajero: Sí, señorita. Como Ud. tiene buen crédito, será posible si Ud. quiere comprar algo pero no pagarlo a plazos. En cuanto a una hipoteca, es un poco más complicado.

Marta: No, no pienso comprarme ningún piso.

Cajero: Luego no habrá ningún problema.

Marta: Muy bien. Adiós, señor, y muy agradecida.

•**libreta** savings book or bankbook
•**giro** money order

impresos printed
•**A propósito** By the way

Un banco, Pedregal, México

1   ¿Dónde está Marta?
2   ¿Con quién habla ella?
3   ¿Cuánto dinero quiere depositar?
4   ¿En qué cuentas lo quiere depositar?
5   ¿Qué quiere el cajero?
6   ¿Qué acaba de recibir Marta?
7   ¿En qué moneda está el giro?
8   ¿Adónde puede pasar Marta?
9   ¿Qué quiere ella en la sección de cuentas corrientes?
10 ¿Por qué necesita otro talonario?
11 ¿Le pueden dar a Marta un préstamo si quiere comprar algo y no pagarlo a plazos?
12 ¿Es un poco más complicado recibir una hipoteca?

EJERCICIOS DE VOCABULARIO

A   Basando sus respuestas en la oración modelo, contesten a las preguntas que la siguen.

1   **Marta habla con el cajero encargado de la cuenta de ahorros.**
¿Quién habla con el cajero?
¿Con quién habla Marta?
¿De qué está encargado el cajero?
¿Qué hace Marta?

2   **Marta quiere depositar dos mil pesetas en la cuenta corriente.**
¿Quién quiere depositar dinero?
¿Cuánto quiere depositar?
¿En qué cuenta lo quiere depositar?
¿Qué quiere hacer Marta?

3   **Marta espera delante de la ventanilla con el letrero «divisas internacionales».**
¿Quién espera?
¿Dónde espera Marta?
¿Qué lleva el letrero delante de la ventanilla?

4   **Marta necesita otro talonario porque le queda sólo un cheque.**
¿Quién necesita otro talonario?
¿Qué necesita ella?
¿Qué le queda a Marta?
¿Por qué necesita otro talonario Marta?

5   **Marta quiere cobrar un giro que está en marcos alemanes.**
¿Quién quiere cobrar un giro?
¿Qué quiere cobrar ella?
¿En qué moneda está el giro?
¿Qué quiere hacer Marta?

B   Verdad o falso. Si una oración es falsa, corríjanla.

1   Si Ud. quiere ahorrar dinero, hay que ponerlo en la cuenta corriente.
2   Un cajero trabaja detrás de una ventanilla en un banco.
3   Si Ud. quiere sacar dinero de la cuenta de ahorros, hay que escribir un cheque.
4   Para sacar dinero de la cuenta de ahorros, hay que entregar la libreta al cajero.
5   Si le queda una cantidad de cheques, Ud. necesita otro talonario.
6   Si Ud. no tiene cheques, es posible mandar un giro.
7   Hay que endosar un cheque antes de cobrarlo.
8   Si uno lo paga todo en seguida, lo paga a plazos.
9   La hipoteca es el dinero que le presta el banco al que quiere comprar una casa.
10   Si está al fondo, no está cerca de la entrada.

C   Completen las siguientes oraciones con una expresión apropiada.

1   Ud. puede pagar con giro o _____.
2   Es mejor depositar y no sacar dinero de la _____.
3   Si Ud. quiere escribir muchos cheques, hay que tener fondos suficientes en la _____.
4   Si Ud. quiere cambiar dinero extranjero, hay que ir a la ventanilla que tiene el letrero «_____».
5   El banco le dará un _____ que tiene una cantidad de cheques.
6   Hay que entregar la _____ al cajero para sacar dinero de la cuenta de ahorros.

ESTRUCTURA

El verbo **tener**

1   Sustituyan.

Carlos tiene que trabajar.
   María/el chico/mi padre/Carmen
Ellos tienen la libreta.
   Juan y María/los profesores/ellas/los cajeros
Yo tengo sed.
   hambre/apetito/sueño/frío/calor
Nosotros tenemos un giro.
   una libreta/una cuenta de ahorros/una cuenta corriente/una hipoteca

2 Contesten.

1. ¿Tiene sueño el niño? 2. ¿Tiene su talonario Carlos? 3. ¿Tiene el giro Marta? 4. ¿Tienen ellos mucho trabajo? 5. ¿Tienen ellas crédito? 6. ¿Tienen los cajeros el cambio exacto? 7. ¿Tienen Uds. que trabajar? 8. ¿Tienen Uds. que salir? 9. ¿Tienen Uds. que pagarlo a plazos? 10. ¿Tienes hambre? 11. ¿Tienes sed? 12. ¿Tienes calor?

3 Sigan las instrucciones.

1. Pregúntele al muchacho cuántos años tiene. 2. Pregúntele a la muchacha si tiene que trabajar. 3. Pregúntele al señor si tiene que hablar con el carnicero. 4. Pregúntele a la señorita si tiene una cuenta corriente. 5. Pregúnteles a los señores si siempre tienen éxito. 6. Pregúnteles a los amigos si tienen bastante tiempo.

EXPLICACIÓN GRAMATICAL

The verb *tener* is a radical-changing verb in the present tense. In addition, the first person singular is irregular. Study the following forms.

tengo, tienes, tiene, tenemos, (tenéis), tienen

Note that the expression *tener que* followed by an infinitive means "to have to."

Tengo que estudiar.
Tengo que comer.

RESUMEN

4 Sigan el modelo.

¿El libro? ¿Yo? → Sí, yo tengo el libro.

1. ¿El talonario? ¿Ellos? 2. ¿Hambre? ¿Nosotros? 3. ¿Tiempo? ¿Tú? 4. ¿Trabajo? ¿Yo? 5. ¿Una hipoteca? ¿Mi hermano? 6. ¿Las libretas? ¿Tú?

El verbo **decir**

5 Sustituyan.

| Él dice | la verdad.
demasiado.
que sí. | Ellos dicen | mentiras.
chistes.
muy poco. |

Yo digo	que no. que sí. que no sé.	Nosotras no decimos	mentiras. chistes. tonterías.

6 Contesten.

1. ¿Dice el chico que quiere depositar el dinero?   2. ¿Dice la chica que quiere cobrar el cheque?   3. ¿Dice Carlos que ellos viven en casuchas? 4. ¿Dicen ellos que están seguros?   5. ¿Dicen los chicos que quieren ir en avión?   6. ¿Dicen ellas que su hermano trabaja en el banco?   7. ¿Dices que conoces al cajero?   8. ¿Dices que tienes una cuenta de ahorros?   9. ¿Dices que necesitas un préstamo?   10. ¿Dicen Uds. que los campesinos van a la ciudad?   11. ¿Dicen Uds. que María lo sabe? 12. ¿Dicen Uds. que suelen salir temprano?

7 Sigan las instrucciones.

1. Pregúntele a un amigo si dice que vive en las afueras.   2. Pregúntele al señor si dice que tiene éxito.   3. Pregúnteles a las señoritas si dicen que hay mucha desocupación.

EXPLICACIÓN GRAMATICAL

The verb *decir* has a radical change e → i. In addition, it is irregular in the first person singular. Study the following forms.

digo, dices, dice, decimos, (decís), dicen

*El verbo **ser***

8 Sustituyan.

El chico es joven.
   guapo/inteligente/antipático/cajero
Las ciudades son modernas.
   cosmopolitas/grandes/interesantes
Yo soy feliz.
   simpático/inteligente/mayorista
Somos jóvenes.
   viejos/estudiantes/americanos
Tú eres americano, ¿no?
   listo/ingeniero/cajero

9 Contesten.

1. ¿Es interesante la carta?   2. ¿Es nueva la cuenta?   3. ¿Es joven el cajero?   4. ¿Son malas las situaciones?   5. ¿Son animadas las discusiones?   6. ¿Son simpáticos los dueños?   7. ¿Eres joven?   8. ¿Eres

universitario?   9. ¿Eres alta?   10. ¿Son Uds. estudiantes?   11. ¿Son Uds. músicos?   12. ¿Son Uds. listos?

10   Sigan las instrucciones.

1. Pregúntele a una amiga si es cubana.   2. Pregúntele a un amigo si es mexicano.   3. Pregúntele al señor si es chileno.   4. Pregúntele a la señora si es aficionada al fútbol.   5. Pregúnteles a los señores si son cajeros.   6. Pregúnteles a las muchachas si son ingenieras.

EXPLICACIÓN GRAMATICAL

The verb *ser* is irregular in all forms. Study the following.

soy, eres, es, somos, (sois), son

RESUMEN

11   Sigan el modelo.

¿Carlos? ¿Alto? → Sí, es alto.

1. ¿María? ¿Inteligente?   2. ¿Nosotros? ¿Propietarios?   3. ¿Tú? ¿Simpático?   4. ¿Yo? ¿Pequeño?   5. ¿Uds.? ¿Listos?   6. ¿Ella? ¿Antipática?

Los adjetivos

Los adjetivos de nacionalidad en −o

12   Repitan.

El autor es panameño.
María es cubana.
Los chicos son argentinos.
Las chicas son italianas.

13   Sigan el modelo.

¿Es de Cuba Juan? → Sí, es cubano.

1. ¿Es de la Argentina Carmen?   2. ¿Es de Rusia Alejandro?   3. ¿Son de Italia las chicas?   4. ¿Son de China ellos?   5. ¿Es de México tu amigo? 6. ¿Es de Puerto Rico Susita?   7. ¿Son de África tus amigas?

Adjectives of nationality that end in –o have four forms, as do regular adjectives. Study the following.

el chico africano   la chica puertorriqueña
los señores rusos   las señoras peruanas

Some other nationalities are: *brasileño, ecuatoriano, egipcio, escandinavo, griego, hondureño, paraguayo, polaco, sueco, suizo, turco, uruguayo, venezolano.*

Los adjetivos de nacionalidad en consonante

14   Repitan.

Luis es español.
Carmen es española.
Ellos son españoles.
Ellas son españolas.

15   Contesten.

1. ¿Es japonés el chico?   2. ¿Es inglesa María?   3. ¿Son irlandeses ellos? 4. ¿Son alemanas ellas?   5. ¿Es finlandés Antonio?   6. ¿Son aragoneses ellos?   7. ¿Es catalana Carmen?   8. ¿Son portuguesas ellas?

16   Sigan el modelo.

¿Cómo se llama la chica de Escocia? → ¿Quién? ¿La escocesa?

1. ¿Cómo se llama el chico del Japón?   2. ¿Cómo se llaman las chicas de Inglaterra?   3. ¿Cómo se llaman los señores de Portugal?   4. ¿Cómo se llama la chica de Cataluña?   5. ¿Cómo se llaman los chicos de Alemania?   6. ¿Cómo se llama la chica de Irlanda?

Adjectives of nationality that end in a consonant have four forms.

Carlos es irlandés.   María es francesa.
Ellos son alemanes.   Ellas son andaluzas.

Interior de un Banco, México

RESUMEN

17 Sigan el modelo.

Ese tabaco es de Cuba, ¿no? → Sí, es cubano.

1. Esos cigarrillos son de España, ¿no? 2. Ese vino es de Francia, ¿no?
3. Esas mercancías son del Japón, ¿no? 4. Ese médico es de Panamá,
¿no? 5. Esos gitanos son de Andalucía, ¿no? 6. Esa seda es de Inglaterra, ¿no? 7. Ese chico es de Polonia, ¿no? 8. Esos cuadros son de
Alemania, ¿no?

Los adjetivos apocopados

18 Repitan.

Leo un buen libro.
Es un mal ingeniero.
Es el primer tomo.
Tengo algún dinero.
No tiene ningún deseo.

19 Contesten.

1. ¿Lee Carlos un buen libro? 2. ¿Saca María una buena fotografía?
3. ¿Tienes buenos informes? 4. ¿Quieres el primer trozo? 5. ¿Es la
primera vez que viene? 6. ¿Tiene Carlos el tercer ejemplar? 7. ¿Vamos
a empezar la tercera lección? 8. ¿No tiene ningún dinero? 9. ¿No
hay ninguna esperanza?

20 Sigan el modelo.

Este libro es bueno. → Sí, es un buen libro.

1. Esta revista es buena. 2. Este hijo es el primero. 3. Esta chica es la tercera. 4. Este recuerdo es malo.

21 Repitan.

¡Qué famoso! Es un gran señor.
¡Qué famosa! Es una gran mujer.

22 Sigan el modelo.

¡Qué fama tiene Álvarez! → Sí, es un gran señor.

1. ¡Qué fama tiene Pío Baroja! 2. ¡Qué fama tiene la poetisa! 3. ¡Qué fama tiene el médico! 4. ¡Qué fama tiene la ingeniera!

EXPLICACIÓN GRAMATICAL

The adjectives *primero, tercero, bueno, malo, alguno,* and *ninguno* are shortened when they precede a masculine singular noun.

un buen ejemplo   una buena idea
un mal negocio   una mala opinión

Note that *alguno* and *ninguno* carry an accent in the shortened form. *Ninguno* is used only in the singular.

algún trabajo
ningún señor

Grande is shortened to *gran* before either a masculine or feminine noun. It has the meaning "great, famous."

un gran señor   una gran señora

Cajeras trabajando en un banco, México

Temas de conversación

1 Prepare Ud. una conversación entre Ud. y el empleado del banco. Están discutiendo si Ud. debe abrir una cuenta de ahorros o una cuenta corriente.

2 Invente una conversación entre Ud. y un amigo o una amiga. Ud. quiere comprar un carro nuevo. No tiene suficiente dinero y no sabe si debe hacer un préstamo. El amigo o la amiga le dice lo que tiene que hacer si quiere un préstamo.

LITERATURA

El forastero
de Angela C. Ionescu

El regreso
de Jesús Navarro

Introducción

El cuento es un género literario que merece atención. Por lo general el cuento es corto. Así el autor tiene que decir mucho en pocas palabras. Para mantener el interés del lector no presenta el desenlace hasta el final del cuento.

Desde 1966 se celebra en Madrid el Premio Hucha de Oro, instituido por la Federación Española de las Cajas de Ahorro Benéficas. El objeto de este concurso es «llevar al género cuento a la categoría y dignidad que siempre mereció». De los cuentos recibidos se hace una primera selección de veinticinco. Cada uno de los autores recibe una Hucha de Plata y cinco mil pesetas. De estos veinticinco sale el ganador. El autor recibe la Hucha de Oro y unas 200.000 pesetas. El Premio Hucha de Oro estimula a autores de mucho renombre y también a autores noveles. El concurso incluye a autores de España y de Latinoamérica.

Aquí presentamos dos cuentos que recibieron la Hucha entre 1966 y 1972. Es interesante notar que en la literatura contemporánea los autores no se limitan a asuntos regionales. Con las comunicaciones entre todas las naciones del mundo, los autores tienden a incluir temas de interés universal.

El forastero
de Angela C. Ionescu

El forastero
de Angela C. Ionescu

El hombre hizo sonar con fuerza la moneda sobre el mostrador del bar.

—Un vino,— dijo.

Sabía bien lo que debía hacer: primero pagar, después pedir la bebida. Él no podía como los demás, beber primero y pagar después. Miró furtivamente a su alrededor. Como siempre, todos se habían callado y en el aire flotaba una vez más la hostilidad.

El hombre se bebió el vino de un trago. Sacó otra moneda, la puso encima del mostrador y pidió otro vaso.

De la mesa del fondo se levantó el viejo Mariano empujando la silla ruidosamente.

—Me voy, José,— gritó. Ya volveré luego . . . cuando esté esto más vacío.

—Adiós, José,— dijo otro.

Así se fueron todos y el bar quedó silencioso, con su olor a vino, con sus moscas, con José tras el mostrador y con él delante de su vaso de vino. Se pasó la mano por la cara.

—No lo comprendo,— dijo con voz ahogada. —No lo comprendo.

—Si te emborrachas, te echo.

—No estoy borracho, José. Pero no os entiendo. No os he hecho nada.

—Por tu culpa no llueve. Has traído la mala suerte al pueblo. Los forasteros siempre traen mala suerte.

—José, no llueve porque hay sequía. En otras partes tampoco llueve. No os he hecho nada; sólo quería un trozo de tierra y que me dejárais trabajarla.

—Tú eres un extranjero.

—Yo soy un perro,— dijo el hombre. —Eso soy.

—Si te emborrachas, te echo.

El forastero no contestó. Miraba fijamente al fondo de su vaso de vino y recordaba la mañana en que, después de ver como se alejaba el tren que lo había traído, había subido la empinada calle del pueblo. ¿Cuánto había pasado? ¿Dos meses, tres, cuatro? Mañana tras mañana, día tras día bebiendo vino en el mismo bar, entre la misma gente malhumorada y enemiga, que jamás le había dicho una palabra amable, que ni siquiera sabía cómo se llamaba.

Había pasado un tiempo que no era nada en su vida, días monótonos y sin fin, lentos y sin esperanza. Siempre las puertas cerradas, siempre las espaldas vueltas, nunca una mano tendida. Los dos o tres vinos de todos los días, la estrecha y sucia cama de todas las noches, el pan y las cebollas habían terminado el dinero que trajera.

Margin glossary:

furtivamente quickly

•trago gulp

empujando pushing

•vacío empty

•moscas flies

ahogada muffled
te emborrachas you get drunk
te echo I'll throw you out

•culpa fault

sequía drought
•trozo piece

empinada steep

•esperanza hope
espaldas vueltas backs turned
tendida outstretched

El forastero bebió lo que quedaba en el vaso, sacó otra moneda y pidió otro. La desesperación le crecía dentro. Le habían vencido. Ni José ni el viejo Mariano ni ninguno del pueblo sabían que al día siguiente tendría que marcharse. No lo sabían, pero estaban seguros de que lo haría alguna vez, de que ellos podrían, al fin, más.

Era aún joven; sus manos sabían trabajar la tierra, su cabeza podía aguantar el fuego del sol, su cuerpo resistía el viento y la lluvia, el frío y la fatiga.

Quería sólo un trozo de tierra, una tierra a la que unos hombres, un día, en la ciudad, cuando había vuelto a su país, le habían dicho que tenía derecho y le habían metido en el tren y, desde ese mismo momento se habían olvidado de él. Y allí nadie le conocía, a nadie le importaba su derecho; era un extranjero con la piel, los ojos y el pelo oscuros. Era un forastero sin nombre que debía pagar antes de beber un vaso de vino, antes de comer un pedazo de pan, antes de tumbarse en una cama.

—Mañana tendré que irme, mañana tendré que irme, mañana, mañana. . . .

Y ante sus ojos, sobre el rojo oscuro del vino que miraba fijamente, un rojo que lo llenaba todo, se extendía un camino desolado, sin fin, sin meta, sin horizonte. Una oleada de desesperación estalló en su corazón y el forastero gritó:

—¡Os voy a prender fuego a todos! ¡A todos! ¡Antes de irme os quemaré!

—¡Fuera de aquí, borracho!— gritó también José. —¡Fuera! Te dije que si te emborrachabas, te iba a echar. ¡Fuera!

El hombre dio media vuelta y, sin decir una palabra, salió del bar.

Un sol ardiente abrazaba las casas y la calle; un aire seco, de ahogo, lo envolvía todo. Echó a andar lentamente, arrastrando los pies; cuando entró en la plaza, vio al viejo Mariano y a los demás hablando junto a la fuente, a la sombra del plátano. Se callaron todos a la vez, en cuanto se acercó; cuando estuvo a su lado, el hombre se paró, los miró un largo momento sin parpadear y siguió su camino.

Mientras el forastero salía de la plaza con su paso arrastrado, seguido por las miradas de todos los hombres, José entraba jadeando y corriendo, se acercó al grupo.

El hombre llegó casi a las afueras del pueblo. Abrió la puerta de una casa vieja, y del zaguán oscuro, frío y húmedo pasó a una habitación pequeña, aún más oscura, que olía a cerrado y a miseria. Se echó de golpe en la cama y cerró fuertemente los ojos.

Se despertó de noche. Tenía hambre y una gran sensación de vacío en la cabeza. Encendió la lámpara y vio su cara en el espejo que había encima de la mesa; estuvo un rato largo mirándola. Luego se levantó y salió al patio. Sacó agua del pozo y bebió hasta saciarse, hasta calmar el hambre y sentir el estómago lleno. Después se mojó la cara varias

aguantar el fuego del sol to take the heat

•derecho right

•piel skin

tumbarse to throw oneself

•meta goal
oleada wave
estalló exploded
•prender fuego a to set fire

Fuera de aquí Out of here

•dio media vuelta turned around
de ahogo suffocating
envolvía enveloped

sombra shadow

sin parpadear without blinking

arrastrado dragging

jadeando panting

zaguán vestibule
olía a cerrado smelled from being closed up
Se echó de golpe He threw himself quickly
•Encendió He turned on
pozo well
saciarse satiate himself
•se mojó wet

veces. Volvió a la habitación, cogió su lío de ropa, apagó la luz y salió sin ruido de la casa.

Una sombra se movió lentamente tras él pero el hombre no la vio ni oyó nada. Al llegar a las otras casas del pueblo, varias sombras más se unieron a la primera y fueron siguiendo los pasos del forastero. El viejo Mariano iba a la cabeza y todo lo que podía verse en la oscuridad era la mancha de su pelo blanco y, de vez en cuando, el brillo escalofriante de un hacha. Esperaban a ver dónde se detenía el hombre para prender el primer fuego y entonces se echarían encima de él.

Pero el forastero atravesó la plaza lentamente y no se paró ni allí ni en ninguna calle ni ante ninguna casa. Salió del pueblo y el grupo de sombras fue quedándose atrás, aún sin perderle de vista. Le vieron coger la carretera, andar un trecho y después adentrarse en el campo, pararse en medio de la tierra y dejarse caer encima de ella.

Había comenzado a amanecer. De bruces, sobre los surcos, con la cara pegada al suelo, el forastero sollozaba entrecortadamente mientras sus dedos se clavaban en la tierra.

Temblaba la camisa sobre su espalda, pero su llanto no se oía porque la tierra lo ahogaba.

Cuando los del pueblo llegaron a su lado, el viejo Mariano se agachó, cogió un puñado de tierra y luego le tocó en un hombro suavemente.

El forastero levantó la cabeza y se puso en pie.

—Toma,— dijo el viejo tendiéndole la tierra. —Es buena aunque no llueva. Es buena siempre y hay también para ti.

El hombre intentó sonreír. Cogió el puñado de tierra y lo apretó con todas sus fuerzas.

Con los primeros rayos de sol volvieron todos al pueblo. En medio del campo quedó la leve huella de un cuerpo tumbado, que las primeras lluvias borrarían.

Glosario de margen:

- lío pack, bundle
- •apagó turned off
- mancha glimmer
- escalofriante frightening
- hacha ax
- •atravesó crossed
- •sin perderle de vista without losing sight of him
- trecho a short distance
- •amanecer dawn
- De bruces Face down
- sollozaba entrecortadamente sobbed intermittently
- se clavaban dug
- se agachó stooped over
- apretó squeezed
- huella print, trace
- borrarían would erase

CUESTIONARIO

1 ¿Qué hizo sonar el forastero sobre el mostrador?
2 ¿Qué pidió?
3 ¿Qué no podía hacer el forastero que podían hacer los demás?
4 Cada vez que entraba el forastero en el bar, ¿qué flotaba por el aire?
5 ¿Por qué se quedó silencioso el bar?
6 ¿Qué le contesta el forastero a José cuando aquél le dice que lo va a echar?
7 Según José, ¿de qué tiene la culpa el forastero?
8 ¿Qué traen siempre los forasteros?
9 ¿Por qué había venido a este pueblo el forastero?
10 Desde que llegó al pueblo, ¿cómo pasaba el tiempo el forastero?

11 ¿Cómo sabemos que la gente del pueblo lo trataba mal?

12 ¿Cómo había terminado el dinero del forastero?

13 Como el forastero estaba vencido, ¿qué tendría que hacer?

14 ¿En qué cosas pensaba el forastero?

15 ¿Qué iba a hacer el forastero antes de salir del pueblo?

16 ¿Quién lo echó del café?

17 ¿Le hablaron los señores que estaban en la plaza?

18 ¿Cómo era la casa en que vivía el forastero?

19 Al despertarse, ¿por qué sacó agua del pozo el forastero?

20 Cuando salió de la casa, ¿lo siguieron otros hombres?

21 ¿Por qué lo siguieron?

22 ¿Adónde fue el forastero?

23 ¿Qué hizo el forastero en el campo?

24 Cuando los del pueblo llegaron a su lado, ¿qué hizo el viejo Mariano?

25 ¿Qué le dijo el viejo Mariano al forastero?

26 ¿Cómo reaccionó el forastero?

27 ¿Adónde volvieron todos?

28 ¿Qué quedó en el campo?

EJERCICIOS DE VOCABULARIO

A Basando sus respuestas en la oración modelo, contesten a las preguntas que la siguen.

1 **El forastero tomó el agua de un solo trago.**
¿Quién tomó el agua?
¿Qué tomó el forastero?
¿Cómo tomó el agua?
¿Qué hizo el forastero?

2 **El señor dio media vuelta, apagó la luz y se tumbó en la cama.**
¿Quién dio media vuelta?
¿Qué apagó el señor?
¿Dónde se tumbó?
¿Qué hizo el señor?

3 **Al amanecer, los forasteros atravesaron la plaza vacía.**
¿Quiénes atravesaron la plaza?
¿Qué atravesaron?
¿Cuándo atravesaron la plaza?
¿Cómo estaba la plaza?

B Verdad o falso. Si una oración es falsa, corríjanla.

1 Si hay sequía, no nos hace falta lluvia.

2 Se puede sacar mucha agua de un pozo vacío.

3 Las moscas son insectos que nos pueden molestar.

4   Uno tiene el derecho de prender fuego a un edificio.
5   Si uno causa un problema, es él que tiene la culpa de que existe el problema.
6   La piel es lo que cubre el cuerpo.
7   Si uno no sabe lo que va a hacer en la vida, no tiene meta.
8   Se ven más sombras de noche que de día.

C   Den el contrario de cada una de las siguientes expresiones.

1   apagar la luz
2   tirando
3   secarse
4   lleno
5   desesperanza
6   apagar el fuego

Interpretación y análisis

1   Al hablar del forastero, ¿se refiere el autor sólo a esta persona o es posible que el forastero represente a grupos enteros? ¿A quiénes representará?
2   ¿Qué significado tiene el comentario de José: «Por tu culpa no llueve. Los forasteros siempre traen mala suerte»?
3   ¿Qué simboliza el trozo de tierra a que el forastero cree que tiene derecho?
4   ¿Por qué es imposible que los del pueblo lleguen a conocer al forastero? ¿Cuál es el gran problema que causa su actitud?
5   Al fin, ¿por qué le da Mariano un puñado de tierra al forastero? ¿Qué simboliza el puñado de tierra?
6   Cite ejemplos de como el autor nos presenta la completa desesperación del forastero. ¿Cuáles son las razones por su completa desesperación?
7   La última oración del cuento es: «En medio del campo quedó la leve huella de un cuerpo tumbado, que las primeras lluvias borrarían.» En tan pocas palabras, ¿cuáles son los mensajes que nos da el autor?

El regreso
de Jesús Navarro

El regreso
de Jesús Navarro

ondulantes rolling

desfilaban paraded

tonalidades color tones
•pardos brown
•granjas fincas
sotos bosques densos
esbeltos altos y delgados
•atardecer time of sunset

•infierno hell

umbría lugar en sombras

•trayecto viaje

•llanuras plains

Me apenaba Me causaba dolor

atribulada triste, angustiada

•hogares casas
•bélica de guerra
•consuelo consolación
•adecuadas apropiadas

atinadas precisas
balsámicas consoling, healing
•¿me atrevería? would I dare
se me antojaban I judged
Sacudí I shook

Ahora yo contemplaba por la ventanilla del tren las suaves y ondulantes colinas que desfilaban por el horizonte. Muy poco tiempo más y nuestro viaje tocaría su fin.

Atrás dejábamos campos de cambiantes tonalidades, rojos, pardos, amarillentos; granjas aisladas, bosquecillos y sotos. Cruzamos un río de aguas claras y bordeamos una espesura de álamos esbeltos como doncellas. Sentí que mi pesar iba en aumento y aparté la mirada; no podía soportar la melancólica belleza del paisaje a la violenta luz del atardecer.

Iba acompañando a un soldado de regreso a la Patria. Era para él un largo viaje, desde el infierno verde de las colinas de Dak-To, en el Vietnam, hasta la umbría quietud de un cementerio en el estado de Oregón. Un barco le condujo a través del océano y ahora está cubriendo la última etapa del trayecto en la propia tierra nativa.

Yo era su acompañante. Juntos habíamos cruzado montañas, llanuras y hermosos campos cultivados; finalmente llegábamos a las suaves colinas que le vieran nacer.

Me apenaba profundamente que él no pudiera ver estos campos y colinas. Miré frente a mí. El asiento estaba vacío y, sin embargo, yo no estaba solo. Tenía un compañero, un silencioso compañero de viaje, aquel soldado muerto heroicamente en una selva hostil.

Al asignárseme esta misión me plantearon las cosas fría, profesionalmente. Sería el representante personal del Gobierno de los Estados Unidos y debía ponerme en contacto con aquella atribulada familia a quienes llevaba el cadáver de un soldado muerto en acto de servicio, en acción de guerra.

—Teniente-Capellán Lawrence G. Dreyer: En misión especial. Me impartieron las órdenes pertinentes y me entregaron la necesaria documentación. No era tarea nueva para mí; había efectuado anteriormente otros viajes con igual cometido, acompañando hasta sus hogares a otros soldados muertos en acción bélica. Llevé palabras de consuelo a padres, madres y esposas con tacto, con simpatía, sintiendo en mi propio corazón la pena que sentían. Siempre pude hallar las palabras adecuadas . . . pero este caso era diferente.

¿Qué podría decir a la madre de este soldado? ¿Podría contarle como había muerto? ¿Contribuiría eso a disminuir la pena, el dolor de una madre? Recordaba las frases atinadas, balsámicas, que había aprendido para tales situaciones. Pero, ¿me atrevería a emplearlas esta vez?

Para esta misión se me antojaban inútiles las largas semanas de aprendizaje, las explicaciones y pruebas, todo cuanto me habían enseñado. Sacudí la cabeza, irritado conmigo mismo, porque sentía que me iba invadiendo un vago temor que me restaba seguridad, quitándome el aplomo, tan necesario. . . .

Pensé en mi compañero que reposaba en su féretro, cubierto por la bandera. Recordaba las cabezas inclinadas, los hombres con el sombrero en la mano, las mujeres con pena en los ojos, cuando el féretro era conducido desde el barco al vagón del ferrocarril. Recordé la sensación que había experimentado al caminar tras la cureña fúnebre, alta la cabeza, erguidos los hombros, porque lo curioso era que no había sentido ninguna emoción.

Los ferroviarios le habían alzado cuidadosamente, casi con ternura, hasta el interior del furgón. Luego se retiraron en silencio. Recordé las largas horas que pasé contemplando la bandera que cubría el féretro y el recuerdo me proporcionó una sensación de paz, con lo que aquel temor vago que rondaba mi alma se fue desvaneciendo gradualmente y volví a contemplar por la ventanilla el desfile de los campos bañados por el sol crepuscular.

Me interrumpió la entrada de un hombre de edad mediana que solicitó mi permiso para sentarse. Sonreía de modo bondadoso y me ofreció tabaco.

—¿De regreso a casa, Padre?

—No. En misión especial.

—Oh . . . ¿Puedo preguntarle qué clase de misión, o es secreto militar?

—Escolto a un soldado muerto que regresa a su casa.

Hizo una mueca y borró la sonrisa. Tardó en decir:

—Lo siento. No es una tarea fácil.

No lo era. Era una ardua tarea, la más ardua del mundo. Quería explicarle por qué hubiera sido un alivio relatarle toda la historia. No lo hice.

Cuando el hombre habló de nuevo lo hizo con voz muy suave.

—Ha de resultar muy duro para ellos . . . para los padres. Sin embargo, el que usted les lleva a su hijo atenuará su dolor, creo.

Poco después se incorporó, tendiéndome la mano.

—Bajaré en la próxima estación,— titubeó antes de agregar.

—Créame, usted les llevará un gran consuelo.

Volví a quedarme solo y retorné a contemplar el campo opalescente. ¿Por qué no le conté a aquel desconocido toda la historia? Sacudí la cabeza con disgusto. Antes había desempeñado la misma misión pero era distinto. Distinto porque yo conocía a este soldado, nos habíamos criado en el mismo pueblo, asistimos a la misma escuela, habíamos jugado con los mismos amigos.

La desazón me impedía mantenerme quieto. ¿Qué podría decirles? ¿Cómo podría enfrentarlos yo, pletórico de vida, mientras él estaba muerto? Mi propia presencia les recordaría su muerte.

Usted les llevará un gran consuelo. . . . Eso dijo el desconocido.

¿Sería así? Sería un consuelo o sería tanto más doloroso? Tiene que ser un consuelo, me dije. No pude haberme equivocado cuando resolví aceptar esta misión.

Ya llegábamos. Me trasladé al furgón de equipaje para asegurarme de que todo estaba en orden. Cuando el tren se detuvo y el féretro fue descendido a la plataforma de la estación, me coloqué el brazalete negro sobre la manga.

Alsop, el de las Pompas Fúnebres, estaba esperándonos. Me estrechó la mano con fuerza y me advirtió a media voz.

—Están esperando en el velatorio. Pensé que eso sería lo mejor.

Ya en el camino, añadió:

—Acertaste trayéndole tú mismo. Eso les va a consolar.

Sus palabras reavivaron mis temores. ¿Estuve acertado? ¿Había procedido bien a encargarme de aquella misión? A través de la ventanilla del coche fúnebre veía desfilar todas las cosas que me eran familiares— las tiendas, los edificios, las casas, las calles bordeadas por árboles. Obedeciendo a un impulso me volví hacia donde yacía mi compañero, bajo su manto de barras y estrellas.

—Estás de regreso, Jimmy,— murmuré quedamente.

Tan pronto como llegamos a la iglesia me dirigí con paso firme a su interior. Les vi antes de que ellos advirtieran mi presencia, pero el padre Donovan me descubrió en el acto.

Dos seres solitarios, sentados uno junto al otro. Una mujer abatida y un hombre fornido y reposado . . .

Cuando avancé me oyeron y se volvieron, descubriéndome. Hubo un momento de silencio mientras yo buscaba desesperadamente algo que decir. La mujer se levantó y me tendió los brazos en implorante gesto. Corrí casi a cogérselas, se las apretó muy fuerte, nerviosamente. No cabía pensar en palabras reconfortantes ahora. Gruñí:

—Procuremos no llorar.

Soltando mis manos, ella me cogió la cabeza con las suyas y me besó suavemente. Le ardían los ojos cansados y hermosos.

—No lloraré, Lawrence,— dijo con la voz rota. El hombre se nos había reunido, en silencio, y había dejado caer sobre mi hombro una de sus manos con fuerza. Con mucha fuerza, una grande y terrible presión . . .

Permanecimos así, en silencio, unos momentos, bajo la mirada comprensiva del padre Donovan. Luego cogí a ambos de la mano y nos encaminamos a la capilla donde ya esperaba mi silencioso compañero.

Mientras íbamos caminando lentamente comprendí que estuve acertado al proceder de tal manera. Fue justo entonces cuando tuve la convicción de haber contribuido a atenuar el dolor de mis padres . . . al devolverles a mi propio hermano.

1   ¿Qué contemplaba el narrador por la ventanilla del tren?
2   ¿Qué tocarís su fin?
3   ¿Por qué apartó su mirada de la ventanilla el narrador?
4   ¿A quién iba acompañando el narrador?
5   ¿Dónde había empezado el viaje y dónde terminará?
6   ¿Qué le apenaba al narrador?
7   ¿Cuál fue la misión del capellán?
8   ¿Fue la primera vez que el autor tenía tal misión?
9   ¿Dice el capellán que este caso será distinto?
10   ¿Qué le parecían al capellán inútiles?
11   ¿Qué recordaba el capellán cuando pensaba en su compañero?
12   ¿Quiénes le alzaron al furgón y cómo?
13   ¿Qué le interrumpió al capellán mientras contemplaba de nuevo el paisaje?
14   ¿Qué le explicó el capellán al otro pasajero?
15   ¿Qué le llama el pasajero al capellán?
16   ¿Le relató toda la historia al pasajero?
17   Según el pasajero, ¿qué atenuará el dolor de los padres?
18   ¿Por qué era distinta esta misión del capellán?
19   ¿Estaba convencido el capellán de que él sería un consuelo?
20   ¿Quién estaba esperando en la estación de ferrocarril cuando llegaron?
21   ¿Dónde estaban esperando los padres?
22   ¿Qué murmuró el capellán a su compañero?
23   ¿A quiénes vio el capellán al llegar a la iglesia?
24   ¿Quién se levantó?
25   ¿Qué le hizo el capellán?
26   ¿Qué hizo el hombre al reunirse con ellos?
27   ¿Hacia dónde se encaminaron ellos?
28   ¿Quién es el capellán?

EJERCICIOS DE VOCABULARIO

A   Contesten a las siguientes preguntas con oraciones completas.

1   ¿Es largo el trayecto desde aquí hasta la estación de ferrocarril?
2   ¿Se pone el sol al atardecer?
3   ¿Contrastan las llanuras con las colinas ondulantes?
4   Si Ud. trata con ternura a una persona triste, ¿puede Ud. darle consuelo?

5   ¿Se encaminaron Uds. hacia las llanuras?
6   ¿Vuelven los ferroviarios a sus hogares al atardecer?
7   ¿Te atreverías a hacer algo tan peligroso?
8   ¿Hay mucho equipaje en el furgón?

B   Completen las siguientes oraciones con una palabra apropiada.

1   Las medicinas dan _____ a los enfermos.
2   Si la _____ de la chaqueta es demasiado larga, le cubre la mano.
3   Ella ha _____ muchos papeles importantes con la compañía ferro-
    viaria.
4   Nosotros _____ a las llanuras, y ellos a las montañas.
5   Los soldados marcharon en el _____ para celebrar el día de la
    independencia.
6   Siempre trata bien a todos. Es una persona _____ .
7   Tiene ojos _____ , no azules.
8   Ella está tan atribulada que alguien tiene que darle _____ .

 Interpretación y análisis

1   En este cuento el autor se refiere a la guerra en Vietnam. ¿Cree Ud.
    que los problemas, la tristeza, la atribulación se relacionen sólo con
    la guerra de Vietnam, o es posible que el autor se refiera a algo más
    general? Defienda sus opiniones.
2   En el cuento el autor se refiere frecuentemente a la naturaleza. ¿Qué
    tendría que ver la naturaleza con el hilo del cuento? ¿Qué simbo-
    lizarán los siguientes?
    a.   ondulantes colinas, llanuras, el horizonte
    b.   granjas aisladas, bosquecillos y sotos
    c.   cruzamos un río de aguas claras
    d.   bordeamos una espesura de álamos esbeltos
    e.   juntos habíamos cruzado montañas, llanuras y hermosos campos
         cultivados
    f.   finalmente llegábamos a las suaves colinas que le vieran nacer
    ¿Por qué sentiría el autor que su pesar iba en aumento al observar la
    naturaleza? ¿Por qué dijo que no podía soportar la *melancólica*
    belleza de la violenta luz del *atardecer*?
3   ¿Cuáles son algunas expresiones simbólicas que emplea el autor para
    referirse a la patria? ¿Y al lugar donde murió el soldado?
4   ¿Cuál es el choque que recibe el lector al leer el cuento? ¿Cuándo
    se sabe quien es el protagonista?

LECCIÓN 5
CULTURA
Palabras y su significado

Vocabulario

1 **escogí (escoger)** seleccionar, tomar una cosa (o persona) entre otras

Yo ———— fruta pero mi amigo escogió queso.

2 **corriente** común, seguro, admitido

Es un término ———— que se oye todos los días.

3 **comportarse** conducirse, lo que hace uno relativo a su conducta

Si el niño no va a ———— bien, los padres lo van a castigar.

4 **la minoría** un grupo pequeño comparado con el grupo total

Sólo una ———— de los miembros asistieron a la reunión.

5 **deportivo** relativo a los deportes

Muchos atletas son miembros del club ————.

6 **el coro** un grupo que canta

El ———— dará un concierto esta noche.

7 **el mejoramiento** el acto de hacer mejor, mejorar

Están luchando por el ———— de las condiciones económicas.

8 **no tiene (tener) nada que ver** no se relaciona con

Lo que tú dices ———— con el problema.

9 **intrínseco** esencial, inherente

La generosidad es una parte ———— de su carácter.

10 **caritativo** relativo al que es generoso, que da caridad

Si él es ————, ayudará a los pobres.

11 **la limosna** lo que se da a un pobre gratuitamente

Ella dio una ———— al pobre que estaba sentado a la entrada de la catedral.

12 **el mendigo** el que pide limosnas

El ———— estaba sentado en la calle y la gente que pasaba le daba una moneda.

PRÁCTICA

Completen las siguientes oraciones con una palabra apropiada.

1 Como tiene muy buena voz, quiere cantar con el ————.

2 El que da una limosna a un mendigo es ————.

3 No ganó en las elecciones porque sólo una ———— de la población pertenece a su partido político.

4 La generosidad no es una característica ———— de todos.

5 El ———— pide limosnas.

6 Nuestra escuela tiene muchos equipos ————.

7 No es una expresión muy ————. Se usa muy poco.

8 Yo ———— del menú lo que quería tomar de postre.

II

1 **giran (girar)**   mover en forma circular
   Los satélites _____ alrededor de la tierra.

2 **lejano**   contrario de **cercano**
   Ellos van a vivir en un pueblo _____.

3 **despedirse de**   decirle adiós a una persona que sale
   Ellos quieren _____ sus amigos que salen ahora.

4 **el sobrino**   el hijo de su hermano o hermana
   Quisiera presentarte a mi _____, el hijo de mi hermana mayor.

5 **el viudo**   un señor cuya mujer ha muerto
   El _____ echó de menos a su mujer.

6 **el matrimonio**   una pareja casada
   El _____ que vive en el segundo piso no tiene hijos.

PRÁCTICA

Contesten a las siguientes preguntas con oraciones completas.

1 ¿Está vestido de negro el viudo?
2 ¿Cuántos sobrinos tiene Ud.?
3 ¿Gira la tierra alrededor del sol?
4 ¿Se despide Ud. de sus amigos cuando salen?
5 ¿Conoce Ud. al matrimonio que se casó ayer?

III

1 **abrazar**   ponerle a alguien entre los brazos para mostrarle cariño
   Él quería _____ a su madre.

2 **actualmente**   en el presente
   Yo no sé qué trabajo hace _____. Antes era carpintero.

3 **quince días**   dos semanas
   Vamos a pasar _____ en la playa.

4 **nos tuteamos (tutearse)**   usar la forma de **tú**
   Hace tiempo que nos conocemos. ¿Por qué no _____?

PRÁCTICA

Den la palabra cuya definición sigue.

1 no usar la forma de *Ud.*
2 estrecharle a uno entre los brazos en señal de amistad o cariño
3 un período de dos semanas
4 en el tiempo actual

Palabras y su significado

I

Yo hablaba frecuentemente con una amiga mía que era intérprete. Siempre me decía que su trabajo era difícil porque muchas veces lo encontraba casi imposible traducir de una manera exacta una palabra de un idioma a otro. Como yo hablaba español e inglés desde niño, no comprendía lo que decía. Por consiguiente, un día empecé a pensar en serio de sus comentarios. Escogí la palabra *individualismo*. Por lo general, el significado más corriente de la palabra en inglés es «el acto de no comportarse como los otros». El o la individualista es el o la que actúa fuera de las «normas» aceptadas por la sociedad actual. Durante los años cincuenta se usaba la palabra para referirse a los bohemios. Más recientemente se empleaba para referirse a los que formaban parte de la «contracultura» . . . a los que no aceptaban las normas políticas o sociales que seguían en vigor en los años anteriores. Su individualismo se manifestaba en demostraciones contra la guerra en Vietnam, contra las condiciones económicas, contra la subyugación de las minorías, contra el sistema educativo. Se manifestaba también en la manera de vestir, en el estilo del pelo y en las normas de vivir.

anglosajona Anglo-Saxon

En la sociedad norteamericana, cuyas raíces se basan en la anglosajona, se da mucha importancia al grupo o a la organización. Hay equipos deportivos, coros, orquestas. Hay grupos, clubes y organizaciones que se dedican a objetivos muy diversos: al mejoramiento del césped del parque de una ciudad, a la búsqueda de dinero para los pobres, al florecimiento de las artes.

•**césped** lawn
florecimiento flourishing

Dentro de las sociedades hispánicas, los grupos tienen menos importancia. El individualismo no tiene nada que ver con la falta de deseo de conformarse con la sociedad. Es una parte intrínseca del carácter hispano. Cada ser humano se considera un individuo y así tiene su individualismo. Los sociólogos y los psicólogos no están conformes en las razones por el carácter individualista de los hispanos. Hay los que dicen que la doctrina de la religión católica que predica la importancia de la salvación del alma para prepararse personalmente para la eternidad ha influido en el individualismo de los hispanos. Aunque no hay ninguna conclusión definitiva por este carácter individualista, tampoco hay duda de que el individualismo se manifiesta en la vida diaria del hispano. ¿Cómo? ¿Es caritativo? Sí, lo es. No da su contribución en forma de cheque a una organización cuyo personal le es desconocido. Da una limosna al mendigo que se encuentra delante de la catedral o en la esquina de una calle. Ve a quien da su contribución. Es personal—de un individuo a otro. ¿Es aficionado a la música? Sí, lo es. Pero, ¿cuál es el instrumento netamente hispano? Es la guitarra. En manos de una persona talentosa resulta en una sinfonía. No hay que tener una orquesta

predica preaches

completa. El deporte netamente hispano es el jai alai. Se juega con una sola persona. La corrida de toros es la lucha entre un ser humano y una bestia—otra manifestación del posible poder del individuo.

II

Como el individuo es la parte céntrica alrededor de la cual giran los contactos personales, el individuo tiene amor propio, honor y dignidad. Son características importantes que quiere proteger. No quiere ofender la dignidad de otro y tampoco quiere que otro le muestre una falta de respeto. Como el hispano ve a la familia como extensión de sí mismo, la familia tiene muchísima importancia. La familia no incluye sólo a los padres y a los hijos sino a los primos y otros parientes. Como el individuo quiere proteger su propio honor y dignidad, también quiere proteger los de la familia. Cualquier ofensa que comete es ofensa también contra el nombre de la familia. Así uno siempre tiene que actuar bien para no ofender su propia dignidad ni la de su familia. Lo peor del mundo es *caerle mal a una persona porque esto ofende al amor propio.

•**caerle mal** not to be respected

Como las relaciones entre parientes son tan importantes, uno observará que toda la familia asistirá a la boda o al bautizo del hijo o de la hija de un pariente lejano. Si un pariente hace un viaje, toda la familia irá al aeropuerto para despedirse de él. En el caso de una ausencia larga, es muy posible que haya una cena de despedida en honor del viajero. Es un honor del cual él es digno.

Recuerdo que una vez yo estaba sentado en un café con mi amiga, la intérprete. Mientras yo le explicaba que no podía comprender por qué era tan difícil la traducción, ella me preguntó cómo se decía *baby-sitter* en español. Nunca había pensado en eso y me dí cuenta de que no pude contestar. En realidad, no existe la palabra en español. ¿Por qué? Los padres suelen llevar a sus niños adonde van ellos. Pero si los tienen que dejar en casa, ¿para qué necesitan *babysitter* si tienen familia? Si hay abuela, padre, primo, hermano o sobrina, ¿para qué pagar a una persona casi desconocida para cuidar del niño? Esto es responsabilidad de la familia. También es responsabilidad de la familia cuidar de los viejos. Así es bastante común ver a un padre viudo o a una abuelita que vive con un matrimonio joven.

Hablando de la responsabilidad, hay que tener en cuenta que ciertas palabras incluyen significados psicológicos. La palabra *responsabilidad* es un buen ejemplo. ¿Cuál es la primera responsabilidad que tiene el individuo? ¿La de ser responsable por algo suyo o por algo que se relacione con la organización? Si el hispano tiene un pariente enfermo que necesita su ayuda, su primera responsabilidad es al pariente. Así, es posible que se ausente del trabajo. Uno podrá interpretar esta ausencia como una falta de responsabilidad mientras el otro considerará la ausencia totalmente obligatoria. Si no cumple con la obligación de ayudar al pariente, será culpable de una falta de responsabilidad.

III

Una noche me encontré una vez más con mi amiga, la intérprete. Estábamos sentados en un restaurante. Cenábamos sin hablar de problemas de traducciones cuando entró un amigo mío. Hacía mucho tiempo que no lo veía. Me levanté y fui a abrazarlo. Él vino a la mesa donde estábamos sentados mi amiga y yo. Como ella dominaba bien el español, la conversación seguía en español.

—Teresa, quisiera presentarte a mi amigo Manuel. Hace mucho tiempo que no lo veo, y qué sorpresa.

—Mucho gusto en conocerla, señorita.

—Encantada, Manuel.

—Y, dime, amigo, ¿qué haces por aquí?

—Pues, sabes, que actualmente estoy viviendo en México pero tengo muchos negocios aquí. Así, paso unos quince días en tu ciudad. Un conocido mío me recomendó este restaurante. Así vine. Me parece que tú estás de acuerdo con él.

—Amigo, ninguna duda. Aquí cualquier plato sale riquísimo.

—Perdone Ud., señorita, pero hace mucho que no nos vemos. Espero que Ud. me perdone. Tengo que ir a reunirme con los conocidos que me acompañan.

—Mucho gusto en haberlo conocido.

—El gusto es mío.

—José Luis, no quiero hablar siempre de la misma cosa, pero tú ves que él te llamó a ti *amigo* y al que le recomendó este restaurante *conocido*. ¿No sabes que hay una gran diferencia de significado entre *friend* y *acquaintance* en inglés y *amigo* y *conocido* en español?

—Teresita, déjame pensar un poquito. Sí, es verdad que tienes razón. Al decir *acquaintance* en inglés, uno se refiere a una persona a quien ha visto pocas veces, mientras en español uno puede haber visto muchas veces a un conocido pero por una razón u otra no han llegado a ser° amigos. *Amigos* son personas que se conocen bien y que tienen confianza el uno en el otro. Hasta conocer a una persona de una manera más íntima, no es amigo. Tengo más *friends* cuando hablo inglés que *amigos* cuando hablo español. Ahora comprendo mejor tus problemas de intérprete. Muchas palabras no se traducen literalmente.

—Y, José. ¿Notaste que nosotros nos tuteamos mientras tu amigo me habló en forma de Ud? ¿Por qué? Porque no nos conocemos bien y él no me quería ofender. Me trató con dignidad. Pero yo sé que en cuanto lleguemos a ser amigos y no conocidos, él me tuteará a mí también para no ofenderme con demasiada formalidad.

—Teresa, en serio, tú me has enseñado lo maravilloso que es un idioma. No es sólo cuestión de palabras y gramática. Es también cuestión de sensibilidades.

°han llegado a ser
have become

Familias y amigos en un café, México

CUESTIONARIO

|

1   ¿Con quién hablaba frecuentemente el narrador?

2   ¿Qué problema le explicaba la intérprete?

3   ¿Por qué no comprendía el narrador lo que decía?

4   ¿Cuál es un significado frecuente de la palabra *individualismo* en inglés?

5   ¿Qué es un o una individualista?

6   ¿A quiénes se refería la palabra en los años cincuenta?

7   ¿A quiénes se refería más recientemente?

8   ¿Cómo se manifestaba su individualismo?

9   ¿A qué da mucha importancia la sociedad norteamericana?

10 ¿Cuáles son algunos ejemplos?

11 ¿Tiene otro significado la palabra *individualismo* en las culturas hispánicas?

12 ¿Cuál es la diferencia?

13 ¿Cómo tratan de explicar este carácter individualista algunos sociólogos y psicólogos?

14 ¿Cómo ayuda a los pobres el hispano?

15 ¿Cuál es el instrumento musical netamente hispano?

16 ¿Cuál es el deporte netamente hispano?

17 ¿Qué es la corrida de toros?

II

1 ¿Cuáles son algunas características importantes del hispano?
2 ¿Por qué tiene mucha importancia la familia?
3 ¿Por qué es necesario siempre actuar bien?
4 ¿A qué asistirá toda la familia?
5 ¿Por qué habrá una cena de despedida?
6 ¿Qué le preguntó la intérprete al narrador?
7 ¿Por qué no existe la palabra *babysitter* en español?
8 ¿Cuál es otra responsabilidad de la familia?
9 ¿Cuál es una palabra cuya definición incluye significados psicológicos?
10 ¿Por qué será posible que el hispano se ausente del trabajo?
11 ¿Cómo será culpable de una falta de responsabilidad?

III

1 ¿Dónde y con quién se encontró el autor?
2 ¿Qué hacían ellos?
3 ¿Quién entró?
4 ¿Por qué seguía en español la conversación?
5 ¿Cómo se llama la intérprete?
6 ¿Por qué está Manuel en esta ciudad?
7 ¿Quién le recomendó el restaurante?
8 ¿Con quiénes tiene que reunirse Manuel?
9 ¿Cuál es otra diferencia de idioma que discute Teresa?
10 ¿Está de acuerdo José Luis?
11 Al decir *acquaintance* en inglés, ¿a quién se refiere?
12 ¿Qué es un *amigo* en español?
13 ¿Por qué no tuteaba Manuel a Teresa?
14 ¿La tuteará en cuanto se conozcan mejor?
15 ¿Qué le ha enseñado Teresa a José Luis?

EJERCICIOS DE VOCABULARIO

A Contesten a las siguientes preguntas con oraciones completas.

1 ¿Quién pide limosnas?
2 Si uno es cortés, ¿qué hace cuando salen sus amigos?
3 ¿Por qué está tan triste el viudo?
4 ¿Tuteas a tus amigos?
5 ¿Siempre se comportan bien los niños?
6 ¿Escogiste un plan para el mejoramiento de la situación adversa?
7 ¿Cómo es una persona que ayuda a los pobres?
8 ¿Abraza Ud. a su sobrino cuando Ud. lo ve?
9 ¿Tiene la desocupación algo que ver con la situación económica?
10 ¿Es la generosidad una característica intrínseca de todos?

B   Den una palabra relacionada con cada una de las siguientes.

1	mejorar	6	mendigar
2	la despedida	7	el deporte
3	correr	8	el brazo
4	giratorio	9	la caridad
5	el comportamiento	10	menor

ESTRUCTURA

I

El imperfecto de los verbos regulares

Los verbos que terminan en **–ar**

1   Sustituyan.

El señor	trabajaba observaba necesitaba contaba	mucho.	Ellos siempre	caminaban. viajaban. compraban. estaban.

2   Contesten.

1. ¿Pasaba Juan muchas veces por la capital? 2. ¿Trabajaban ellos como intérpretes? 3. ¿Tomaba María sus vacaciones en junio? 4. ¿Hablaban inglés con dificultad los uruguayos? 5. ¿Ahorraba dinero María de vez en cuando? 6. ¿Cenaba cada noche la familia? 7. ¿Viajaban ellos a menudo?

3   Sustituyan.

Yo	estudiaba compraba visitaba	allí.	Nosotros siempre	viajábamos. hablábamos. jugábamos.

4   Contesten.

1. ¿Jugabas mucho al fútbol? 2. ¿Llevaban Uds. el capacho? 3. ¿A qué hora llegabas cada mañana? 4. ¿Viajaban Uds. todos los veranos? 5. ¿Comprabas allí a diario? 6. ¿Trabajaban Uds. muchos veranos en el campo?

5   Sustituyan.

| ¿Por qué | trabajabas
hablabas
contabas | tanto? | Uds. | jugaban
hablaban
estudiaban | frecuentemente. |

6   Sigan las instrucciones.

1. Pregúntele a un amigo si tocaba la guitarra.   2. Pregúnteles a los chicos si preparaban el cochinillo.   3. Pregúntele a una amiga si trabajaba en el banco.   4. Pregúnteles a los señores González si gozaban de la vida rural.

7   Repitan.

¿Cómo estaba Ud., señor López?
¿Cómo lo pasaba Ud., señor Toral?

8   Sigan las instrucciones.

1. Pregúntele al señor Iglesias si hablaba francés.   2. Pregúntele a la señora Flores si compraba más acciones.   3. Pregúntele a la señorita López si estudiaba filosofía y letras.

9   Contesten según el modelo.

Yo ahorraba mucho dinero. ¿Y tú? →
Yo también ahorraba mucho dinero.

1. Yo pasaba por allí a menudo. ¿Y tú?   2. Trabajábamos mucho. ¿Y los campesinos?   3. Ellos siempre tomaban las vacaciones en la playa. ¿Y Uds.?   4. Ella siempre compraba acciones. ¿Y las otras?   5. La señora viajaba con frecuencia a París. ¿Y su hermana?   6. Ellos escuchaban la música con interés. ¿Y tú?   7. Yo estaba acostumbrado al campo. ¿Y los otros?   8. De vez en cuando llegaban tarde. ¿Y Uds.?   9. Tú jugabas cada día. ¿Y tus amigos?   10. Romero celebraba el bautizo. ¿Y Gómez?

II
Los verbos que terminan en –er e –ir

10   Sustituyan.

| Él siempre | escogía
respondía
aprendía | bien. | Las chicas lo | vendían.
abrían.
mantenían. |

11   Contesten.

1. ¿Salía el niño con la familia?   2. ¿Querían ellos cenar afuera?   3. ¿Tenía Carlos la invitación?   4. ¿Siempre bebían ellos un buen vino?   5. ¿Hacía Gómez la salchicha?   6. ¿Vivían los Romero mucho tiempo en la capital?

La señora le da una limosna a un mendigo, San Juan

12   Sustituyan.

Yo | asistía
escribía
leía | a menudo.

Nosotros los | veíamos
recibíamos
teníamos | de vez en cuando.

13   Contesten.

1. ¿Asistías muchas veces a la ópera?   2. ¿Discutían Uds. el idioma con frecuencia?   3. ¿Salías cada noche?   4. ¿Siempre servían Uds. jamón? 5. ¿Comías mucho en aquel restaurante?   6. ¿Siempre mantenían Uds. el mismo ritmo?

14   Sustituyan.

Tú | podías
querías
sabías | preparar la comida.

¿No lo | recibían
aprendían
sabían | Uds.?

$$\text{¿No lo} \begin{vmatrix} \text{sabía} \\ \text{quería} \\ \text{vendía} \end{vmatrix} \text{Ud.?}$$

15 Sigan las instrucciones.

1. Pregúntele a un amigo si asistía a menudo a la ópera.   2. Pregúnteles a dos amigos si vendían el coche.   3. Pregúntele a una amiga si veía la televisión cada noche.   4. Pregúnteles a los Iglesias si vivían en el campo.   5. Pregúntele al señor si creía el cuento.   6. Pregúntele a la señorita si siempre asistía a la fiesta.   7. Pregúntele a la señora si leía mucho.

16 Contesten según se indica.

1. ¿Qué leía el señor? *el menú*   2. ¿Dónde comían Uds. los viernes? *en aquel restaurante*   3. ¿A qué hora volvía él de la oficina? *a las seis*   4. ¿Qué querían Uds. hacer? *tomar algo*   5. ¿Qué bebía ella con tanta frecuencia? *café*   6. ¿Quiénes servían la mesa? *los meseros*   7. ¿Salías a menudo? *sí*   8. ¿Cómo dormía el niño? *bien*

EXPLICACIÓN GRAMATICAL

Study the following forms of the imperfect tense of Spanish verbs. You will note that there is no difference between *–er* and *–ir* verb endings.

mirar	comer	vivir
miraba	comía	vivía
mirabas	comías	vivías
miraba	comía	vivía
mirábamos	comíamos	vivíamos
(mirabais)	(comíais)	(vivíais)
miraban	comían	vivían

RESUMEN

17 Sigan el modelo.

Salgo a las ocho. → Salía a las ocho.

1. Tomamos una limonada.   2. Comprendo el problema de traducciones.   3. Hace buen tiempo.   4. Estudio filosofía.   5. Asistimos a la ópera.   6. Comen en un restaurante elegante.   7. ¿Vives en el campo?   8. Juegan al jai alai.   9. Sirven una ensalada rica.

El joven ayuda a su abuelita, Caracas

18   Contesten según el modelo.

¿Preparar la comida? ¿Yo? → Sí, tú siempre preparabas la comida.

1. ¿Discutir sus responsabilidades? ¿Ellos?   2. ¿Querer viajar? ¿Yo?   3. ¿Tocar la guitarra? ¿Uds.?   4. ¿Cantar con el coro? ¿El marido?   5. ¿Ver la televisión? ¿Nosotros?   6. ¿Consultar con sus amigas? ¿Carmen?   7. ¿Vender las acciones? ¿Los Gómez?   8. ¿Beber limonada? ¿Tú?

El imperfecto de los verbos irregulares

ser

19   Repitan.

Era yo.
Éramos nosotros.
Eran ellos.
¿Eras tú?

20   Sigan el modelo.

¿Quién? ¿Yo? → Sí, era yo.

1. ¿Quiénes? ¿Los cuatro?   2. ¿Quién? ¿Tú?   3. ¿Quién? ¿Ud.?   4. ¿Quiénes? ¿Nosotros?   5. ¿Quién? ¿Yo?   6. ¿Quiénes? ¿Uds.?   7. ¿Quiénes? ¿Carmen y yo?

21   Contesten según se indica.

1. ¿Cómo era la casa? *vieja*   2. ¿Cómo era la capital? *inmensa*   3. ¿Cómo eran los restaurantes? *elegantes*   4. ¿Cómo era el hotel? *de lujo*   5. ¿Cómo eran las conversaciones? *interesantes*

Jai alai, México

ir

22   Repitan.

Yo iba a la playa.
Nosotros íbamos allí a menudo.
¿Adónde ibas?
Las criadas iban al mercado.

23   Contesten.

1. ¿Iba María a las montañas los sábados?   2. ¿Iba el chico a clase los jueves?   3. ¿Iban todos a la fiesta?   4. ¿Iban ellas al teatro de noche? 5. ¿Ibas a menudo a Uruguay?   6. ¿Ibas con frecuencia a la capital?   7. ¿Iban Uds. con algunos conocidos?   8. ¿Siempre iban Uds. en taxi?

EXPLICACIÓN GRAMATICAL

The verbs *ser* and *ir* are irregular in the imperfect. Study the following forms.

ser	ir
era	iba
eras	ibas
era	iba
éramos	íbamos
(erais)	(ibais)
eran	iban

24   Sigan el modelo.

Soy yo. → Era yo.

1. Ellos van al campo.   2. Carlos es guapo.   3. Las casas son lujosas.
4. Vamos allá a menudo.   5. ¿Por qué no vas acompañado?   6. Somos nosotros.

III

Los usos del imperfecto

Acción repetida o duradera

25   Contesten según se indica.

1. ¿Cuándo comían Uds. en aquel restaurante? *todos los viernes*   2. ¿Cómo viajabas? *siempre en avión*   3. ¿Cuándo jugaba él al jai alai? *a menudo*   4. ¿Cuándo asistías a la ópera? *de vez en cuando*   5. ¿Cuándo iban ellos a la playa? *todos los veranos*   6. ¿Cuándo tenían el día libre? *los jueves*   7. ¿Hablabas mucho con Juan? *sí, con frecuencia*

26   Sigan el modelo.

Solía comer allí. → Siempre comía allí.

1. Solían tomar las vacaciones en el campo.   2. Solíamos cenar tarde.
3. Solías comer allí.   4. Solían preparar un postre delicioso.   5. Solíamos discutir el problema.   6. Solías ir a París.

27   Contesten según el modelo.

¿Tenías la costumbre de ir allá? → Sí, iba allá de vez en cuando.

1. ¿Tenía la costumbre de comprar acciones?   2. ¿Tenían Uds. la costumbre de dormir hasta tarde?   3. ¿Tenían ellos la costumbre de trabajar duro?   4. ¿Tenías la costumbre de discutir en inglés?   5. ¿Tenían ellas la costumbre de ahorrar dinero?

Descripción en el pasado

28   Sigan el modelo.

Hace buen tiempo. → Hacía buen tiempo.

1. Hace mal tiempo.   2. Es un día estupendo.   3. El restaurante es elegante.   4. Hace viento.   5. Brilla el sol.   6. Es una noche oscura.
7. Brillan las estrellas en el cielo.   8. Hay una luna llena.   9. Son las ocho en punto.   10. María es rubia.   11. El agua está caliente.   12. El mar está revuelto.

Una señora ayuda a su madre, Lima

Dos acciones descriptivas

29   Sigan el modelo.

>   Unos hablan mientras los otros escuchan. →
>   Unos hablaban mientras los otros escuchaban.

1. Unos cantan mientras los otros bailan.   2. Unos preparan la comida mientras los otros comen.   3. Unos sirven mientras otros cenan.   4. Unos escuchan mientras otros tocan.   5. Unos juegan mientras otros aplauden.   6. Unos venden mientras otros compran.

Acción mental

30   Contesten.

1. ¿Preferías viajar en avión?   2. ¿Pensaban ellos discutir la situación? 3. ¿Querían Uds. trabajar para el gobierno?   4. ¿Insistía Elena en pagar la cuenta?   5. ¿Les gustaba asistir a la ópera?   6. ¿Tenían ganas de vivir en la capital?   7. ¿Creían Uds. que él tenía razón?   8. ¿Querían ellos hacer el viaje?

The imperfect tense is used to describe activities in the past. The word "perfect" means completed or terminated; the prefix "im–" means "not." Therefore, the imperfect tense is used to indicate those actions which began in the past but are not necessarily completed. The moment at which the action began or terminated is unimportant.

The imperfect is used for repeated, continuous actions.

Siempre comíamos allí.
Iban a la playa cada verano.

The imperfect is also used for descriptions in the past.

Hacía buen tiempo.
El agua estaba caliente.

Many simultaneous actions are descriptive in nature. To describe what people were doing rather than report what people did, the imperfect is used.

Algunos cantaban mientras otros bailaban.
Uno comía y otro servía.

Since mental activities are usually lasting in nature, the imperfect is used.

Queríamos salir.
Preferían viajar en avión.

RESUMEN

31 Contesten según se indica.

1. ¿Visitaban Uds. a los amigos? *sí, a menudo*   2. ¿Brillaban las estrellas? *sí, en el cielo*   3. ¿Qué tiempo hacía? *mal*   4. ¿Qué pensabas hacer? *estudiar filosofía*   5. ¿Qué querían hablar? *español*   6. ¿Qué hora era? *las seis y cuarto*   7. ¿Qué había en el cielo? *nubes*   8. ¿Cómo era el teatro? *grande*   9. ¿Cuándo se tuteaban? *siempre*   10. ¿Qué celebraban cada año? *su cumpleaños*

Temas de composición

1 En un párrafo, describa las diferencias entre los significados de la palabra *individualismo*.

2 Comente Ud. sobre su interpretación de la palabra *responsabilidad*. ¿Cuáles son algunas responsabilidades que Ud. considera importantes?

3 En su opinión, ¿por qué habrá dicho José Luis que tiene más *friends* cuando habla inglés que *amigos* cuando habla español?

4 En las muchas y diversas culturas que existen en el mundo, el individuo se comporta de distintas maneras. No todos juzgan relaciones personales y familiares, actitudes y normas de vivir con el mismo sistema de valores. ¿Cuáles son algunas diferencias entre ciertas características anglosajonas e hispánicas? Dé Ud. sus opiniones sobre estas diferencias. ¿Considera Ud. la palabra *diferente* como sinónimo de la palabra *inferior*, o cree Ud. que las dos palabras no tienen nada que ver la una con la otra?

LECCIÓN 6
CONVERSACIÓN
En el hotel

Vocabulario

1 **particular**   privado
   El cuarto tiene baño _____ .
2 **un cuarto sencillo**   un cuarto (o habitación) para una persona
   ¿Quiere Ud. un cuarto _____ o de dos camas?
3 **el ascensor**   el elevador
   Está en el piso quince. Tenemos que tomar el _____ .
4 **el equipaje**   el conjunto de maletas y valijas
   Muchos turistas llevan demasiado _____ .
5 **la llave**   lo que se usa para cerrar o abrir la puerta
   No puedo abrir la puerta porque no tengo la _____ .
6 **entregará (entregar)**   dar
   ¿Quién me va a _____ la llave?

PRÁCTICA

Contesten a las siguientes preguntas con oraciones completas.

1 ¿Prefiere Ud. un cuarto con baño particular?
2 ¿Tiene Ud. que entregar las llaves al conserje antes de salir del hotel?
3 Cuando Ud. viaja, ¿lleva Ud. mucho equipaje?
4 ¿Qué toma Ud. si Ud. no quiere subir la escalera?
5 ¿Para cuántas personas es un cuarto sencillo?

EN EL HOTEL

Conserje: Sí, señor. ¿En qué puedo servirle?
Cliente: Necesito un cuarto para dos o tres días.
Conserje: ¿Lo quiere Ud. con baño particular?
Cliente: ¿Hay mucha diferencia en precio?
Conserje: Un cuarto sencillo sin baño vale dieciséis pesos; con baño vale diecinueve.
Cliente: ¿Hay baño en el mismo piso?
Conserje: Sí, señor. Hay un baño para cada cuatro cuartos.
Cliente: Bueno. Déme Ud. una habitación sin baño.
Conserje: Tenemos uno en el sexto piso y otro en el segundo. ¿Cuál prefiere Ud.?
Cliente: Debe ser menos ruidoso en el sexto, ¿verdad?
Conserje: Sí, pero no tenemos ascensor.
Cliente: Mejor el cuarto en el segundo, entonces.
Conserje: Le quiero informar que el cuarto en el segundo no es tan grande como el otro.

Cliente:	No importa.
Conserje:	¿Trae Ud. equipaje?
Cliente:	Sí, hay dos maletas en el taxi. ¿Puede Ud. mandar un mozo a recogerlas?
Conserje:	En seguida, señor. Le entregará la llave el mozo.
Cliente:	Muchas gracias. Pienso quedarme hasta la mañana del viernes.
Conserje:	Hasta cuando Ud. quiera. El día que se marche, debe abandonar el cuarto antes de las dos de la tarde para que no le cobren otro día.

recogerlas to get them

CUESTIONARIO

1 ¿Qué necesita el cliente?
2 ¿Cuánto vale un cuarto sencillo sin baño?
3 ¿Cuánto vale con baño particular?
4 ¿Hay baño en cada piso?
5 ¿Qué habitación escoge el cliente?
6 ¿En qué pisos tiene habitación vacante el hotelero?
7 ¿Cuál prefiere el cliente? ¿Por qué?
8 ¿Por qué decide tomar el cuarto en el segundo?
9 ¿Trae equipaje el cliente?
10 ¿Dónde están las maletas?
11 ¿Quién va a recogerlas?
12 ¿Quién le entregará la llave?
13 ¿A qué hora debe abandonar el cuarto el cliente?

EJERCICIOS DE VOCABULARIO

A Completen el siguiente diálogo con expresiones apropiadas.

—Buenos días, señora. ¿En qué _____?
—Necesito un _____.
—¿Con baño _____ o no?
—¿Cuánto vale con baño?
—Diecinueve pesos.
—¿Y _____ baño?
—Dieciséis pesos.
—Está bien.
—¿Qué _____ prefiere Ud., el segundo o el sexto?
—¿Hay _____?
—No, señora. Hay que subir por la escalera.
—Entonces, en el segundo.
—Muy bien, señora. El mozo le dará la _____ del cuarto.

B Identifiquen.

1 el señor que trabaja en el hall del hotel
2 el chico que lleva las maletas
3 lo que se usa para abrir la puerta
4 lo que se usa en vez de subir por la escalera
5 significa privado; para el uso exclusivo de uno
6 un cuarto para una sola persona

C Basando sus respuestas en la oración modelo, contesten a las preguntas que la siguen.

1 **El conserje le entrega la llave al cliente.**
¿Quién entrega la llave?
¿Qué entrega el conserje?
¿A quién entrega el conserje la llave?
2 **Un cuarto sencillo en el sexto piso vale ocho pesos.**
¿Para cuántas personas es el cuarto?
¿Qué tipo de cuarto es?
¿En qué piso está?
¿Cuánto vale el cuarto?
¿Qué vale ocho pesos?
3 **El mozo recoge las maletas que están en el taxi.**
¿Quién recoge las maletas?
¿Qué recoge el mozo?
¿Dónde están las maletas?
¿Qué hace el mozo?
4 **Los clientes tienen que abandonar el cuarto al mediodía.**
¿Quiénes tienen que abandonar el cuarto?
¿Qué tienen que abandonar los clientes?
¿A qué hora tienen que abandonar el cuarto?
¿Qué tienen que hacer los clientes?

ESTRUCTURA

El comparativo y el superlativo

El comparativo

1 Sustituyan.

	dinero	
Enrique tiene más	interés	que su amigo.
	entusiasmo	
	simpatía	

Salón del Hotel Palace, Madrid

Tomás es más | rico
simpático
guapo
inteligente | que Juan.

María tiene más que | yo.
Uds.
tú.
nosotros.
ellos.

2   Contesten según el modelo.

¿Quién tiene más dinero? ¿Carlos o María? →
Carlos tiene más dinero que María.

1. ¿Quién es más guapo? ¿Tomás o Enrique?   2. ¿Quién tiene más energía? ¿María o Carmen?   3. ¿Quiénes son más ricos? ¿Los Gómez o los Romero?   4. ¿Cuál va más rápido? ¿El tren o el autobús?   5. ¿Dónde hay más ruido? ¿En la ciudad o en el campo?   6. ¿Cuál es más impresionante? ¿Este hotel o el otro?   7. ¿Quiénes compran más acciones? ¿Los Gómez o los Rodríguez?   8. ¿Quién tiene más interés en una carrera? ¿Tomás o su amigo?   9. ¿Quién habla más? ¿Elena o tú?   10. ¿Quiénes son más trabajadoras? ¿Ellas o Uds.?

El superlativo

3   Repitan.

Tokio es la ciudad más grande del mundo.
Elena es la chica más inteligente de la clase.
Tomás es el más rico de todos.

4   Sustituyan.

Montevideo es la ciudad más	grande elegante bonita impresionante	de Uruguay.

5   Contesten según se indica.

1. ¿Cuál es la ciudad más grande de Chile? *Santiago*   2. ¿Quién es el señor más importante del país? *el presidente*   3. ¿Cuál es el país más grande de la América del Sur? *el Brasil*   4. ¿Quién es la más inteligente de todas? *Carmen*   5. ¿Quién es el más trabajador del grupo? *aquel campesino*   6. ¿Dónde sirven la comida más rica? *en este restaurante*   7. ¿Cuál es el hotel más lujoso de la ciudad? *el Emperador*

Formas irregulares

6   Sustituyan.

Este	teatro restaurante libro café	es mejor que el otro.

Esta	fotografía revista ciudad acción	es la peor de todas.

Enrique es mayor que	su hermano. Tomás. los otros. yo.

El Hotel Palace, Madrid

7 Transformen las siguientes oraciones empleando la forma apropiada de *mejor, peor, mayor* o *menor*.

1. Este libro tiene más valor que todos.   2. Esta revista es la más interesante.   3. Este señor es más criminal que el otro.   4. Estos señores son los más caritativos de todos.   5. Mi hermano tiene más años que yo. 6. Yo soy el más viejo de la familia.   7. Yo tengo menos años que mi hermano.   8. Mi hermana es la más joven de la familia.

EXPLICACIÓN GRAMATICAL

To form the comparative ("more, –er"), the construction *más . . . que* is used. Note that *más* can precede either an adjective, noun, or adverb. The pronoun which follows *que* is the subject pronoun.

Carlos es más guapo que Tomás.
Ellos tienen más dinero que yo.
Antonia trabaja más cuidadosamente que su hermano.

The superlative ("most, –est") is formed by using the article plus the adverb *más*. The superlative is followed by *de* in Spanish.

Carlos es el chico más alto de la clase.
Ese hotel es el más elegante de todos.
Carmen es la más trabajadora de todas.

The comparative and superlative can be expressed in reverse by substituting *menos* for *más*

The irregular comparatives are *mejor (bueno), peor (malo), mayor (grande)*, and *menor (pequeño)*. However, note that the meaning of *ser mayor* is *tener más años*. The meaning of *ser menor* is *tener menos años*. To form the superlative, the article also is used.

Este libro es mejor que el otro.
Es el mejor de todos.
Juan es mi hermano menor.
Es el menor de la familia.

8   Contesten según se indica.

1. ¿Quién es el más rico de todos? *Juan*   2. ¿Qué ciudad es más grande, Bogotá o Barranquilla? *Bogotá*   3. ¿Eres el menor de la familia? *no, mi hermano*   4. ¿Cuáles son las mejores acciones? *las de petróleo*   5. ¿Quiénes tienen más tiempo, los Romero o los López? *los Romero*   6. ¿Cuál es la ciudad más grande de Uruguay? *Montevideo*

El comparativo de igualdad

Expresiones con adjetivos y adverbios

9   Repitan.

Carlos es tan rico como yo.
María es tan simpática como su hermana.
Él siempre va tan rápido como yo.

10   Sustituyan.

Ellas son tan | trabajadoras / simpáticas / elegantes / inteligentes | como nosotras.

11   Hagan de las dos oraciones una sola, según el ejemplo.

Carlos es rico. Yo soy rico también. → Carlos es tan rico como yo.

1. El hijo está triste. La madre está triste también.   2. El pescado es caro. La carne es cara también.   3. El tren es rápido. El carro es rápido también.   4. El conserje es antipático. Su mujer es antipática también.   5. El viejo está enfermo. Yo estoy enfermo también.   6. Este hotel es caro. El otro es caro también.

Expresiones con sustantivos

12   Repitan.

Él tiene tanto dinero como yo.
María tiene tantas novelas como su hermana.

13   Sustituyan.

Hay tantos | cuchillos / tenedores / vasos | en la mesa como platos.

Salón de un hotel, Marbella

Hay tantas | servilletas / cucharas / tazas | en la mesa como platos.

14   Contesten según el modelo.

¿Quién tiene más dinero? ¿Tu hermano o tú? →
Mi hermano tiene tanto dinero como yo.

1. ¿Quién sirve más comida? ¿Tú o María? 2. ¿Quién compró más pescado? ¿La criada o el ama de casa? 3. ¿Quién tiene más pastillas? ¿El enfermo o el enfermero? 4. ¿Quién tiene más tiempo? ¿Carlos o Uds.? 5. ¿Quién asiste a más tertulias? ¿Tú o tu hermano? 6. ¿Quién sabe más bailes? ¿Carlos o María?

EXPLICACIÓN GRAMATICAL

The comparison of equality is formed by using *tan . . . como* or *tanto . . . como*. *Tan* precedes an adjective or an adverb. *Tanto* precedes a noun. Note that *tanto* agrees with the noun it modifies. Study the following examples.

Él es tan inteligente como yo.
Ella trabaja tan cuidadosamente como nosotros.
María tiene tanta paciencia como su hermana.

*Un hotel de la
Costa del Sol*

RESUMEN

15   Hagan de las dos oraciones una sola, según los modelos.

Carlos es pobre. María es pobre también. →
Pues, Carlos es tan pobre como María.

Elena tiene mucho tiempo. Carlos tiene mucho tiempo también. →
Pues, Elena tiene tanto tiempo como Carlos.

1. María compró mucho queso. Su padre compró mucho queso también.
2. La carne está muy rica. El pescado está muy rico también.   3. La
merluza es muy cara. El bacalao es muy caro también.   4. Carlos tomó
mucho vino. Su amigo tomó mucho vino también.   5. El viejo sufrió
mucho. Su hermano sufrió mucho también.   6. Carlos está muy enfadado. Su padre está muy enfadado también.

 Temas de conversación

1   Prepare Ud. un diálogo entre Ud. y el empleado del hotel al momento
de entrar o inscribirse en el hotel.
2   Prepare Ud. un diálogo entre Ud. y el cajero del hotel al momento
de abandonar el hotel.
3   Invente una conversación entre Ud. y un(a) amigo(a), describiendo
los hoteles que Uds. consideran los mejores.

LECCIÓN 7
CULTURA
Cinco duros

Vocabulario

I

1 **extranjero**   cualquier país que no es el suyo
   Fernando pasó cinco años en el _____.
2 **la metrópoli**   una ciudad principal o la capital de un país
   Visitamos Chicago, una gran _____ de los Estados Unidos.
3 **me encaminé (encaminarse)**   dirigirse, ir hacia
   Yo _____ hacia la Plaza Mayor al salir de la estación de ferrocarril.
4 **castizo**   puro, en particular cuando se refiere a las costumbres y a
      la lengua
   Ese lugar es el más _____ de todo Madrid.
5 **el propósito**   el fin, la intención
   Si va a hacer un viaje tan largo, tiene que tener un _____.
6 **la plata**   un metal blanco de mucho valor, dinero
   Al adinerado le pagan mucha _____.
7 **el atardecer**   la hora cuando se pone el sol
   Mucha gente estuvo en el parque al _____ para ver la puesta del
   sol.
8 **la señal**   una indicación con la mano
   Él me hizo una _____ como si me quisiera hablar.
9 **en seguida**   inmediatamente
   Fui a la casa de mi amigo _____.
10 **la sobremesa**   la conversación después de la comida
   A veces la _____ dura más que la comida.
11 **el peatón**   el que anda a pie
   Los _____ no pueden cruzar la calle hasta que cambie la luz.

Una vista de la Plaza Mayor, Madrid

PRÁCTICA

Contesten a las siguientes preguntas con oraciones completas.

1 ¿Te gustaría vivir en el extranjero?
2 ¿Hay muchos peatones por las calles de las grandes metrópolis?
3 ¿Se enfadan los camareros si tarda mucho la sobremesa?
4 ¿Te queda suficiente plata para ir a un café?
5 ¿Tiene el barrio viejo de Madrid fama de ser un lugar castizo?
6 ¿Hizo el guardia una señal al peatón?
7 ¿Puso la mesa en seguida el camarero?
8 ¿Te encaminaste hacia tu hotel favorito?

II

1 **te apetece (apetecer)**   gustar, se dice para invitar a alguien a tomar algo
   ¿_____ un café?
2 **la marca**   el nombre del producto, «Ford», «Exxon», etc.
   De todas las _____ que existen, ¿cuál prefiere Ud.?
3 **saber a**   tener el sabor de
   Este vino _____ vinagre. No está bueno.
4 **duro**   una moneda de cinco pesetas (en España)
   Hoy en día no se puede comprar nada con un _____.
5 **escaso**   refiriéndose a una cantidad bastante pequeña o limitada
   No puedo gastar mucho porque mis fondos son _____.
6 **te equivocas (equivocarse)**   cometer un error
   Si dices que dos y dos no son cuatro, _____.

PRÁCTICA

Den una expresión equivalente a cada una de las siguientes expresiones.

1 no tienes razón
2 fondos mínimos
3 cinco pesetas
4 te invito a tomar
5 tiene el sabor de

Cinco duros

I

Villa   nombre dado a Madrid

Llegué esa misma tarde a la Villa y desde la estación fui en taxi al hotel. La ciudad había cambiado mucho en los pocos años que me encontré en el extranjero. Por todas partes estaban construyendo edificios, aparcamientos, «bares americanos,» todas las cosas típicas de una gran metrópoli.

ponerme decente arreglarme

Subí a la habitación y después de bañarme y ponerme decente, bajé y me encaminé hacia la Plaza de San Miguel, uno de los lugares más castizos del Madrid Viejo. Mi propósito era ver a mi viejo amigo José, pintor de gran talento y poca plata. Bien sabía yo que a esa hora del atardecer estaría él instalado en su balcón observando la animación de la plaza, el ir y venir de la gente por la calle y en las terrazas.

•**terrazas** cafés al aire libre en España

De hecho, allí estaba, como si no hubieran intervenido años enteros. Tal como lo había dejado años atrás. Me vio. Le hice una señal y bajó en seguida a la calle. Después de un abrazo y los saludos lo invité a cenar. Comimos un sabroso cochinillo que regamos con un tinto de Valdepeñas. La sobremesa también daba gusto. Hablamos de arte, de política, de todo lo que nos venía a la mente. Me contó de lo difícil que le iban las cosas con su arte; de lo penosa que era su situación económica.

•**cochinillo** lechón
regamos bebimos (soaked, wetted down)
Valdepeñas región de España famosa por sus vinos
•**penosa** dura
don Felipe Felipe IV, rey de España

Salimos del restaurante y pasamos por la Plaza Mayor. Saludé respetuosamente a don Felipe, que en su caballo de bronce parecía simbolizar todo el orgullo y dignidad de la nación. La última vez que estuve en la plaza, parecía estar defendiéndose de los taxis y autobuses. Pero ahora no. Todo eso ha cambiado. Desde que yo hice mi última visita, han construido un subterráneo y la plaza hoy es sólo para peatones.

II

•**copita** bebida

—¿Te apetece un buen café y una copita?—me preguntó José.

—¡Hombre! ¡Qué magnífica idea!

En un pequeño café a dos pasos del Palacio Real nos metimos a tomarnos un «buen café» y a continuar una conversación que parecía haber comenzado diez años antes.

Llegó el camarero.

—¿Qué desean los señores?

—Tráiganos un café y una copa de coñac. De lo mejor de la casa.

Mencionó José entonces una marca que es de las caras. Nos trajeron café y copa.

garrafa carafe (used for inferior brands)

—Este coñac me sabe a coñac de garrafa. Pruébalo tú,— dijo José.

—Tienes razón. No es el que pediste,— respondí.

Llamó al camarero y le dijo que no nos sirvió lo que pedimos. También pidió la cuenta. El camarero desapareció y volvió con una botella del coñac que queríamos.

—La cuenta, por favor,—dijo José.

—Aquí está el coñac que pidió Ud., don José.

—No, sólo quiero pagar mi cuenta. ¿Qué se debe?

—A ver. Dos cafés, son cuatro pesetas.

—¿Y los coñacs?

—Pero no los tomaron Uds. No se los cobro.

—Pero los pedimos. Lo que pido, pago. ¿Cuánto le debo?

—Ay, señor. Bueno. Son cuatro de café más dieciséis de coñac. Veinte pesetas.

—Tome Ud.

Y veo que José le da una moneda de cinco duros.

Con eso volvemos a la calle sin tomarnos la copa. Se abre la puerta del café y sale el dueño.

—¡Don José! Tome sus cinco duros.

—No, señor. Pago lo que pido.

—Pero Ud. no tomó nada.

—No importa. Lo que pido, pago.

—Pues yo no se lo acepto.

•**chico** helper in a café

—Déselo pues al chico, si quiere.

—Ay, don José. Qué duro es Ud.

•**Sencillamente** Simplemente

—Nada, nada. Sencillamente pago lo que pido.

—Bueno, don José. Como Ud. quiera.

Seguimos andando un rato y por fin le digo a mi amigo:

—Oye, tú. ¿Qué te pasa? ¿Estás loco, o qué?

—¿Por qué me preguntas eso?

—Bastante escasas son tus monedas para permitirte tirarlas, hijo mío.

—Ahí es donde te equivocas, mi hermano.

—Explícame eso, si puedes,— le digo.

—Muy sencillo. Me ha salido baratísimo.

chiflado loco

—¡Baratísimo! Estás chiflado, pero de veras.

—Es que tú no comprendes. Por cinco miserables duros me quedo yo un caballero.

Tapas en un café de Barcelona

I

1   ¿Dónde tiene lugar este cuento?
2   ¿Cómo llegó a la ciudad el autor?
3   ¿Cómo fue al hotel?
4   ¿Cómo había cambiado la ciudad durante la ausencia del autor?
5   Después de ponerse decente, ¿hacia dónde se encaminó el autor?
6   ¿Cuál fue su propósito?
7   ¿Dónde estaba su amigo José?
8   Al verlo, ¿qué le hizo el autor?
9   ¿Adónde le invitó a José el autor?
10 ¿Qué comieron?
11 ¿De qué hablaron?
12 Al salir del restaurante, ¿por dónde pasaron?
13 ¿A quién saludó el autor?
14 ¿Por qué ya no se defiende más del tráfico don Felipe?

II

1   Después de pasar por la Plaza Mayor, ¿adónde fueron los dos amigos?
2   ¿Qué pidió José?
3   ¿Qué tipo de marca pidió?
4   ¿A qué sabe el coñac?
5   ¿Qué le explicó José al camarero?
6   ¿Con qué volvió el camarero?
7   ¿Qué pidió José?
8   ¿Qué le cobra el camarero?
9   ¿Quiere José pagar también los coñacs?
10 ¿Qué le da José al camarero?
11 ¿Qué quiere el dueño que tome José?
12 ¿Por qué le pregunta el autor a José si está loco?
13 Según José, ¿se equivoca el autor?
14 ¿Por qué se queda José un caballero?

EJERCICIOS DE VOCABULARIO

A   Basando sus respuestas en la oración modelo, contesten a las preguntas que la siguen.

1   **Los extranjeros se encaminaron hacia los lugares más castizos de la metrópoli.**
    ¿Quiénes se encaminaron hacia los lugares más castizos?
    ¿Hacia dónde se encaminaron los extranjeros?

¿Cómo eran los lugares?

¿Dónde estaban los lugares castizos?

¿Qué hicieron los extranjeros?

2   **Como el vino no sabía a la marca pedida, el cliente hizo una señal al camarero.**

¿Qué no sabía a la marca pedida?

¿Quién hizo una señal?

¿A quién hizo la señal?

¿Por qué hizo el cliente una señal al camarero?

3   **El artista tenía el propósito de ganar más plata porque sus fondos eran escasos.**

¿Quién tenía un propósito?

¿Cómo eran sus fondos?

¿Cuál fue su propósito?

¿Por qué tenía el artista tal propósito?

4   **Al atardecer, muchos peatones anduvieron por el parque en el centro de la metrópoli.**

¿Quiénes anduvieron por el parque?

¿Dónde estaba el parque?

¿Cuándo anduvieron los peatones por el parque?

¿Qué hicieron los peatones al atardecer?

B   Reemplacen las palabras en letra bastardilla con la forma apropiada de una expresión equivalente.

1   Ellos salieron *cuando se ponía el sol.*

2   Él no sabe *la intención* que tienen.

3   *Me dirigí* hacia el centro de la metrópoli.

4   Esto no *tiene el sabor de* cochinillo.

5   Ellos vinieron *inmediatamente.*

6   Me hace falta más *dinero.*

7   *¿Quieres tomar* una copita?

8   Yo sé que queda sólo una cantidad *pequeña.*

C   Reemplacen la expresión *cometer un error* con *equivocarse.*

1   Tú cometes un error.

2   No cometí un error.

3   ¿Quién ha cometido un error?

4   Te aseguro que ellos cometerán un error.

D   Den una palabra relacionada con cada una de las siguientes.

1   el camino   5   metropolitano
2   señalar   6   la escasez
3   el apetito   7   tarde
4   proponer   8   la equivocación

I

El pretérito de los verbos regulares

Los verbos que terminan en **–ar**

1   Sustituyan.

	bailó	
Él	trabajó	mucho el año pasado.
	viajó	
	cantó	

	bailaron	
Los Gómez	tocaron	anoche.
	jugaron	
	cantaron	

2   Contesten.

1. ¿A qué hora empezó el baile anoche?   2. ¿Lo pasaron ellos bien ayer?
3. ¿Compró el señor mucho en el mercado?   4. ¿Se callaron todos al oír la mala noticia?   5. ¿Trabajó Juan en el extranjero el año pasado?
6. ¿Pagaron ellos la cuenta anoche?

3   Sustituyan.

	bailé			pagamos	
Yo	cené	bien anoche.	Nosotros	nadamos	mucho.
	canté			compramos	
	trabajé			llevamos	

4   Contesten.

1. ¿Pasaste las vacaciones en la Villa?   2. ¿Celebraron Uds. la despedida del pariente?   3. ¿Saludaste a don Felipe?   4. ¿Empezaron Uds. a tiempo anoche?   5. ¿Trabajaste mucho la semana pasada?   6. ¿Tardaron Uds. en llegar a la fiesta?

5   Sustituyan.

	cantaste,			empezaron,	
Tú	bailaste,	¿verdad?	Uds.	terminaron,	¿no?
	tocaste,			nadaron,	
	hablaste,			esquiaron,	

$$\text{Ud. lo} \begin{cases} \text{compró.} \\ \text{pagó.} \\ \text{firmó.} \\ \text{cobró.} \end{cases}$$

6   Sigan las instrucciones.

1. Pregúntele al muchacho si preparó la ensalada.   2. Pregúntele a la muchacha si compró el café.   3. Pregúnteles a los amigos si pagaron la cuenta.   4. Pregúnteles a las señoras si cantaron en el coro.   5. Pregúntele al señor si dejó una propina.   6. Pregúntele a la señorita si firmó el cheque.

7   Contesten según el modelo.

¿Quieres bailar? → No, bailé anoche.

1. ¿Quieren ellos cantar?   2. ¿Quieren Uds. pagar?   3. ¿Quiere María preparar la comida?   4. ¿Quieres hablar con él?   5. ¿Quiere jugar el niño?   6. ¿Quieren Uds. esperar?   7. ¿Quieres estudiar?   8. ¿Quieren Uds. cenar en casa?

Los verbos que terminan en **–er** e **–ir**

8   Sustituyan.

$$\text{María lo} \begin{cases} \text{comió.} \\ \text{subió.} \\ \text{vendió.} \\ \text{devolvió.} \end{cases} \quad \text{Ellos} \begin{cases} \text{salieron} \\ \text{volvieron} \\ \text{subieron} \\ \text{perdieron} \end{cases} \text{anoche.}$$

9   Contesten.

1. ¿Subió el mozo con el equipaje?   2. ¿Comieron ellos en su restaurante favorito?   3. ¿Bebió Paco el coñac?   4. ¿Salieron ellos ayer?   5. ¿Perdió él ayer en el juego?   6. ¿Defendieron ellos su opinión?   7. ¿Volvió María el viernes pasado?   8. ¿Vendieron ellos sus acciones?

10   Sustituyan.

$$\text{Yo} \begin{cases} \text{salí} \\ \text{volví} \\ \text{comí} \\ \text{subí} \end{cases} \text{anoche.} \quad \text{Nosotros} \begin{cases} \text{entendimos.} \\ \text{perdimos.} \\ \text{salimos.} \\ \text{subimos.} \end{cases}$$

11   Contesten.

1. ¿Escogiste el postre?   2. ¿Prometieron Uds. ayudar?   3. ¿Aprendiste el nombre?   4. ¿Respondieron Uds.?   5. ¿Temiste el resultado?   6. ¿Comieron Uds. cochinillo?

12   Sustituyan.

¿Por qué | insististe? prometiste? saliste? | Uds. lo | devolvieron, vendieron, defendieron, | ¿no?

Ud. | comió. salió. perdió.

13   Sigan las instrucciones.

1. Pregúntele al muchacho si comió anoche.   2. Pregúntele a la muchacha si recibió la invitación.   3. Pregúnteles a los amigos en qué piso vivieron.   4. Pregúnteles a las amigas si subieron en el ascensor.   5. Pregúnteles a los señores si asistieron al concierto.   6. Pregúntele a la señora si vendió sus acciones.   7. Pregúntele al señor por qué salió tan temprano.

14   Contesten según se indica.

1. ¿Dónde metieron ellos las bolsas? *en el baúl*   2. ¿Qué vendió el señor? *sus acciones*   3. ¿Dónde viviste? *en el segundo piso*   4. ¿Qué comiste? *chuletas de cerdo*   5. ¿Qué defendieron las señoras? *sus opiniones*   6. ¿Qué prometió él? *no hacer ruido*   7. ¿Por dónde subieron los niños? *la escalera*   8. ¿Hacia dónde corrió él? *la Plaza Mayor*

EXPLICACIÓN GRAMATICAL

Study the following forms of the preterite tense of regular verbs. Note that the endings for –er and –ir verbs are identical.

hablar	**comer**	**vivir**
hablé	comí	viví
hablaste	comiste	viviste
habló	comió	vivió
hablamos	comimos	vivimos
(hablasteis)	(comisteis)	(vivisteis)
hablaron	comieron	vivieron

The verb *dar* is conjugated as an –er or –ir verb in the preterite.

di, diste, dio, dimos, (disteis), dieron

RESUMEN

15 Sigan el modelo.

Carlos baila.
Anoche _____. → Anoche Carlos bailó.

María y Teresa cantan.
Ayer _____.

Comemos mucho.
Anoche _____.

¿Qué celebras?
¿_____ el otro día?

Viven en la capital.
El año pasado _____.

Escribo una carta.
Anoche _____.

Dan una fiesta fantástica.
El viernes pasado _____.

Elena viaja por España.
Hace un año _____.

Ellos compran una botella de coñac.
El otro día _____.

Subo la escalera.
_____ hace diez minutos.

Bailo con Teresa.
Anoche _____.

Un café popular, Barcelona

II
El pretérito de los verbos de cambio radical

Los cambios **e → i** y **o → u**

16   Sustituyan.

¿Quién | pidió / sugirió / sirvió / consiguió / repitió | eso?   Ellos lo | sirvieron. / repitieron. / sintieron. / prefirieron.

Yo lo | pedí. / serví. / repetí. / preferí. / sugerí. / seguí. | Nosotros | pedimos / preferimos / sugerimos / conseguimos | un buen queso.

¿Qué | serviste? / repetiste? / conseguiste? / sugeriste?

Vendiendo pollos delante de un restaurante

17   Contesten según se indica.

1. ¿Qué sirvió la señora? *un buen caldo*   2. ¿Qué repitió el chico? *el mismo cuento*   3. ¿Qué prefirió Roberto? *no salir*   4. ¿Quién mintió? *el niño*   5. ¿Qué pidió el señor? *queso*   6. ¿Dónde sirvieron la comida? *en el comedor*   7. ¿Cómo rieron todos? *mucho*   8. ¿Qué sintieron ellos? *la muerte del viejo*   9. ¿Qué vinos prefirieron? *los de Valdepeñas*   10. ¿Quién murió? *el viudo del primer piso*   11. ¿Cómo durmió el señor? *muy bien*   12. ¿De qué se murieron todos? *hambre*   13. ¿Por qué no durmieron ellos? *había fiesta*

18   Contesten.

1. ¿Pediste un favor?   2. ¿Serviste la comida?   3. ¿Seguiste el camino?   4. ¿Sugeriste una botella de coñac?   5. ¿Dormiste bien?   6. ¿Prefirieron Uds. las chuletas?   7. ¿Repitieron Uds. la oración?   8. ¿Consiguieron Uds. trabajo?   9. ¿Durmieron Uds. con tanto ruido?

19   Sigan las instrucciones.

1. Pregúntele a un amigo si despidió al chico.   2. Pregúntele a una amiga si pidió la cuenta.   3. Pregúntele a un amigo si durmió bien.   4. Pregúnteles a sus amigos si pidieron algo.   5. Pregúnteles a sus amigas qué sugirieron.   6. Pregúntele al señor si consiguió trabajo.   7. Pregúntele a la señora si pidió café.

EXPLICACIÓN GRAMATICAL

Radical-changing verbs of the first class do not have a stem change in the preterite. However, those verbs of the second and third-class radical changes (–*ir* verbs) do have a change in the third person singular and plural.

e → i	o → u
pedir	**dormir**
pedí	dormí
pediste	dormiste
pidió	durmió
pedimos	dormimos
(pedisteis)	(dormisteis)
pidieron	durmieron

Other verbs conjugated like *pedir* in the preterite are *conseguir, despedir, freír, mentir, perseguir, preferir, reír, repetir, seguir, sentir, servir,* and *sugerir.*

Morir is conjugated like *dormir.*

20   Sustituyan.

| Él lo | oyó.
leyó.
construyó.
incluyó.
sustituyó. | Ellos | contribuyeron
influyeron
distribuyeron | mucho. |

21   Contesten según se indica.

1. ¿Qué leyó el señor? *la noticia de la muerte*   2. ¿Quién se cayó? *el viejo*   3. ¿Qué construyó Gómez? *una casa*   4. ¿Cuánto contribuyó su amiga? *cien dólares*   5. ¿Qué oyeron ellos? *la canción*   6. ¿Qué distribuyeron los hermanos? *pescado fresco*   7. ¿De qué huyeron todos? *un ruido tremendo*

EXPLICACIÓN GRAMATICAL

Certain verbs have a *y* in the third person singular and plural of the preterite. All other forms are regular. Study the following.

construir

construí	construimos
construiste	(construisteis)
construyó	construyeron

Below are other verbs that follow the same pattern.

atribuir	atribuyó, atribuyeron
caer	cayó, cayeron
constituir	constituyó, constituyeron
contribuir	contribuyó, contribuyeron
distribuir	distribuyó, distribuyeron
huir	huyó, huyeron
incluir	incluyó, incluyeron
influir	influyó, influyeron
leer	leyó, leyeron
oír	oyó, oyeron
sustituir	sustituyó, sustituyeron

Sustantivos generales o abstractos

22 Repitan.

Las minas producen carbón.
Los campesinos eran fuertes.
La filosofía es interesante.
El amor es divino.

23 Contesten según se indica.

1. ¿Qué ponen las gallinas? *huevos*   2. ¿Qué hacen los perros? *ladrar*
3. ¿Son altos o bajos los indios? *bajos*   4. ¿Qué producen las minas? *oro*
5. ¿Qué es el carbón? *un mineral*   6. ¿Qué es la plata? *un metal*
7. ¿Qué es la esmeralda? *una piedra preciosa*   8. ¿Cómo es la filosofía?
interesante   9. ¿Qué es el amor? *una cosa divina*   10. ¿Cómo son las
matemáticas? *difíciles*   11. ¿Cómo es la ciencia? *importante*   12. ¿Cómo
es la vida? *dura*

Títulos

24 Repitan.

Buenos días, señor González.
El señor González es profesor.

25 Contesten según se indica.

1. ¿Qué es el señor? *artista*   2. ¿Qué es el doctor López? *dentista*
3. ¿Cómo es el profesor Flores? *inteligente*   4. ¿Cómo es el señor
Iglesias? *guapo*   5. ¿Qué es la señora Madero? *abogada*

26 Sigan las instrucciones.

1. Dígale buenos días al señor Romero.   2. Dígale buenas tardes a la
señorita Gómez.   3. Dígale buenas noches a la señora Madero.   4.
Pregúntele al doctor González cómo está.   5. Pregúntele al profesor
Viñas adónde va.

EXPLICACIÓN GRAMATICAL

Unlike English, a definite article accompanies all general or abstract
nouns.

Los huevos son buenos.
El oro es un metal precioso.
El amor es divino.

When talking about someone, the definite article is used with the title. However, in direct address, the article is omitted.

¿Cómo está Ud., señor López?
El señor López está bien.

At one time, the definite article had to be used with names of languages except after the verb *hablar* and the prepositions *de* and *en*. The article was also used after the preposition *en* with seasons. However, today, it is most common to omit the article.

Aprendo el español. Aprendo español.
En el verano, hace calor. En verano, hace calor.

La omisión del artículo indefinido

Sustantivo sin modificación

27   Repitan.

Hernández es cantante.
Hernández es un buen cantante.
Antonio fue soldado.
Antonio fue un soldado valiente.

28   Contesten.

1. ¿Es abogado el señor Hernández?   2. ¿Es un abogado conocido el señor Hernández?   3. ¿Es ingeniera la señora López?   4. ¿Es una ingeniera ilustre la señora López?   5. ¿Es cantante Hernández?   6. ¿Es un cantante que tiene fama Hernández?

29   Contesten según se indica.

1. ¿Qué es López? *médico*   2. ¿Qué es López? *médico famoso*   3. ¿Qué es la señora Gómez? *profesora*   4. ¿Qué es la señora Gómez? *profesora de mucha experiencia*   5. ¿Qué fue Castelar? *orador*   6. ¿Qué fue Castelar? *orador ilustre*   7. ¿Qué es Rafael? *cantante*   8. ¿Qué es Rafael? *cantante de mucha fama*

EXPLICACIÓN GRAMATICAL

After the verb *ser*, the indefinite article is omitted with an unmodified noun. However, if the predicate nominative is modified, the indefinite article is used.

El señor López es médico.
El señor López es un buen médico.
La señora López es una médica que tiene fama.
La señora López es una médica de mucho renombre.

In present day speech, however, it is common to omit the indefinite article when the noun is preceded by an adjective. It is ordinary to hear *«El señor López es buen médico»*. The indefinite article is always used, however, when the noun is modified by a clause or prepositional phrase.

 Temas de composición

1   Las reacciones del pintor en las circunstancias de este episodio pueden servir para ilustrar algo esencial en el carácter hispano. Explique lo que puede ser.
2   ¿Cuál es el punto de vista del amigo de José en cuanto a lo ocurrido?
3   ¿Por qué le molesta tanto al amigo la pérdida del dinero de José?
4   Escriba una nueva versión del episodio en el café, incluso el diálogo, cambiando el local a los Estados Unidos, y los protagonistas a norteamericanos.
5   Comente sobre la costumbre de la sobremesa en la cultura hispánica y compárela con sus manifestaciones en la cultura norteamericana. ¿Existe o no?

LECCIÓN 8
CONVERSACIÓN
En la consulta del médico

Vocabulario

1 **el domicilio** las señas o la dirección de su casa
¿Cuál es su _____, por favor?
2 **cómo no** seguro, ya lo creo
¿Te apetece tomar algo? ¡_____!
3 **se me quita (quitarse)** desaparecer, írsele
Hace quince días que tengo este catarro y no _____.
4 **el (la) enfermero(a)** el o la que ayuda a un médico o una médica
El _____ puede trabajar en el hospital o en la consulta del médico.
5 **la receta** lo que escribe el médico para que el paciente reciba medicinas del farmacéutico
Tengo que ir a la farmacia con esta _____.
6 **las pastillas** las píldoras
Hay que tomar _____ cuando uno tiene catarro.

PRÁCTICA

Completen las siguientes oraciones con una palabra apropiada.

1 Las _____ que trabajan en el hospital tienen muchas responsabilidades.
2 Prefiero tomar _____ en vez de medicinas líquidas.
3 Mi _____ es: Avenida Bolívar, 18.
4 Tengo que ir a la farmacia porque la médica me dio una _____.
5 Si no _____ este dolor, voy a consultar con el médico.

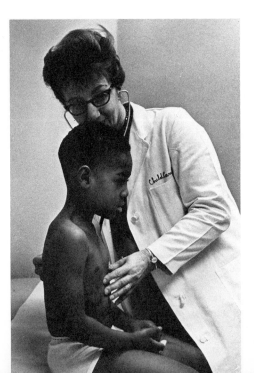

La médica examina al niño

Enfermera:	Me da Ud. su nombre, domicilio y número de teléfono, por favor.
Pablo:	Cómo no. Pablo López Gándara. Vivo en la Avenida Oriente, número 16. Mi número de teléfono es 22-14-01.
Enfermera:	Muchas gracias. Tome Ud. asiento. El doctor le atenderá en unos momentos.
Doctor:	Pase Ud., Señor López. ¿Qué es lo que le trae aquí?
Pablo:	Un dolor de garganta, doctor. No quería molestarle por tan poca cosa, pero lo tuve hace una semana, me puse mejor y ahora lo tengo de nuevo. Estuve dos días en cama. Hice todo lo posible para que se curara pero no se me quita.
Doctor:	A lo mejor no es nada serio, pero los dolores de garganta pueden ser peligrosos. Quítese la camisa, por favor. Abra Ud. la boca. Sí, está un poco roja. Vamos a hacerle un cultivo de la garganta.
Pablo:	Me marcho de la ciudad pasado mañana. ¿Tendrá Ud. el resultado a tiempo?
Doctor:	Sí, no hay problema. Dio Ud. su número de teléfono a la enfermera, ¿no? Ella le informará sobre el resultado mañana por la tarde. Suba Ud. la camiseta. Le voy a auscultar. Bien. Allí no hay nada. Ahora a ver la tensión arterial. Extienda Ud. el brazo. Ciento veinte sobre setenta. Normal.
Pablo:	¿Cree Ud. que yo pueda seguir asistiendo a clases?
Doctor:	Ya veremos. Le voy a recetar unas pastillas para aliviar el dolor de la garganta. Hay una farmacia en este mismo edificio. Si Ud. quiere, pueden llenarle la receta en seguida. Quédese en cama hoy y mañana. Tome mucho líquido y descanse. Si el cultivo resulta negativo, podrá Ud. ir de viaje pasado mañana y volver a clases. Si no, tendrá Ud. que guardar cama y le recetaré unos antibióticos. Ya puede vestirse.
Pablo:	Muchas gracias, doctor. Espero la llamada mañana.
Doctor:	Muy bien. A cama y a descansar. Aquí tiene la receta.

•dolor de garganta sore throat

•camiseta undershirt
auscultar to listen
with a stethoscope
•tensión arterial
blood pressure

CUESTIONARIO

1 ¿Dónde está Pablo?
2 ¿Con quién habla primero?
3 ¿Cuál es su domicilio?

4 ¿Cuándo le atenderá el doctor?
5 ¿Por qué va a la consulta Pablo?
6 ¿Hace cuánto tiempo que lo tiene?
7 ¿Cómo pueden ser los dolores de garganta?
8 ¿Qué tiene que quitarse Pablo?
9 ¿Qué examina el médico? ¿Cómo está?
10 ¿Qué quiere hacerle el médico?
11 ¿Cuándo tendrá el resultado?
12 ¿Quién le va a avisar a Pablo? ¿Cómo?
13 ¿Por qué tiene que subir la camiseta?
14 ¿Cuál es su tensión arterial?
15 ¿Es normal o no?
16 ¿Qué le va a recetar el médico?
17 ¿Qué harán las pastillas?
18 ¿Dónde pueden llenarle la receta?
19 ¿Dónde tiene que quedarse Pablo?
20 ¿Qué tiene que tomar?

EJERCICIOS DE VOCABULARIO

A Basando sus respuestas en la oración modelo, contesten a las preguntas que la siguen.

1 **Pablo va a la consulta del médico porque tiene un dolor de garganta.**
¿Quién va a la consulta?
¿Adónde va Pablo?
¿De quién es la consulta?
¿Qué tiene Pablo?
¿Por qué va Pablo a la consulta del médico?

2 **Pablo se quita la camisa, abre la boca y la médica le examina la garganta.**
¿Quién se quita la camisa?
¿Qué se quita Pablo?
¿Qué abre?
¿Quién examina la garganta?
¿Qué examina la médica?
¿Qué hace Pablo y qué hace la médica?

3 **La enfermera ayuda al médico cuando le hace un cultivo de la garganta.**
¿Quién ayuda al médico?
¿A quién ayuda la enfermera?
¿Qué hace el médico?
¿Quién hace el cultivo?
¿Cuándo ayuda al médico la enfermera?

4 **El paciente extiende el brazo y la médica le toma la tensión arterial.**
¿Quién extiende el brazo?
¿Qué extiende el paciente?
¿Quién toma la tensión arterial?
¿Qué toma la médica?
¿Por qué extiende el brazo el paciente?

5 **El médico le receta unas pastillas para aliviar el dolor de garganta.**
¿Quién receta las pastillas?
¿Qué receta el médico?
¿Qué cosas van a aliviar el dolor de garganta?
¿Por qué le receta unas pastillas el médico?

B Reemplacen las expresiones en letra bastardilla con la forma apropiada de una expresión equivalente.

1 *Salgo* de la ciudad.
2 Él tendrá que *guardar* cama.
3 Le voy a recetar *unas píldoras.*
4 El doctor *estará con Ud.* en un momento.
5 *Ya lo creo.*
6 La enfermera le *dará* el resultado.
7 *Permanézcase* en cama.
8 *Siéntese* Ud.

C Den el contrario de las palabras en letra bastardilla.

1 *Cierre* Ud. la boca.
2 Si el cultivo resulta *positivo,* tendrá Ud. que volver.
3 *Baje* Ud. la camiseta.
4 *Póngase* la camisa.
5 Es *anormal.*

ESTRUCTURA

El pretérito de los verbos irregulares

tener, andar, estar

1 Repitan.

Ellos estuvieron en la sala de consulta.
El turista anduvo por la Plaza Mayor.
Tuvimos que trabajar mucho.
Estuve en el banco.
¿Por qué anduviste por las islas?

2   Contesten.

1. ¿Estuvieron en el café Pepe y su amigo?   2. ¿Estuvieron en la sala de consulta las señoras?   3. ¿Anduvieron por las montañas los campesinos? 4. ¿Anduvieron despacio los carros?   5. ¿Tuvieron muchas conversaciones los amigos?   6. ¿Tuvieron que guardar cama los enfermos? 7. ¿Estuvo Juan en Puerto Rico?   8. ¿Estuvo la señora en la capital? 9. ¿Anduvo por los campos el dueño?   10. ¿Anduvo por el hospital el médico?   11. ¿Tuvo que tomar pastillas el niño?   12. ¿Tuvo que hablar con el presidente la señorita?   13. ¿Estuvieron Uds. en el mercado? 14. ¿Estuvieron Uds. con los enfermeros?   15. ¿Anduvieron Uds. por el interior de la isla?   16. ¿Tuvieron Uds. que leer la receta?   17. ¿Tuvieron Uds. que tomarle la tensión arterial?   18. ¿Estuviste allí?   19. ¿Estuviste de acuerdo con el resultado?   20. ¿Anduviste solo?   21. ¿Tuviste un dolor de garganta?   22. ¿Tuviste que quitarte la camiseta?

3   Sigan las instrucciones.

1. Pregúntele a un amigo si estuvo en la sala de consulta.   2. Pregúntele a la señorita si tuvo la oportunidad de trabajar.   3. Pregúntele a la señora si anduvo por la plaza.   4. Pregúnteles a los amigos si estuvieron en el café.   5. Pregúnteles a las señoras si anduvieron por las calles castizas de la ciudad.

Un hospital de Lima

The verbs *tener, andar,* and *estar* have a similar irregularity in the stem and are conjugated the same in the preterite. Study the following forms.

tener	andar	estar
tuve	anduve	estuve
tuviste	anduviste	estuviste
tuvo	anduvo	estuvo
tuvimos	anduvimos	estuvimos
(tuvisteis)	(anduvisteis)	(estuvisteis)
tuvieron	anduvieron	estuvieron

RESUMEN

4   Contesten según el modelo.

¿Tienes tiempo? → No, pero tuve tiempo ayer.

1. ¿Andas por allí?   2. ¿Tienen Uds. que leer el libro?   3. ¿Está Juan con el médico?   4. ¿Están aquí los cantantes?   5. ¿Andan Uds. por el centro?   6. ¿Tienes todo arreglado?   7. ¿Está enfermo el abuelo? 8. ¿Tiene éxito el señor?

poner, poder, saber

5   Repitan.

Ellos pudieron hacer el trabajo.
Él lo puso allí.
Nosotros supimos la noticia ayer.
Yo no pude trabajar tanto.
¿Pusiste todo en orden?

6   Contesten.

1. ¿Pudieron resistir el calor los peatones?   2. ¿Pudieron trabajar en el extranjero los estudiantes?   3. ¿Pusieron ellos las compras en el baúl del carro?   4. ¿Supieron tus amigos lo que pasó?   5. ¿Pudo salir el enfermo? 6. ¿Pudo salir del hospital el paciente?   7. ¿Puso Carlos los instrumentos allí?   8. ¿Supo los problemas el médico?   9. ¿Supo la noticia el presidente?   10. ¿Supo el resultado el paciente?   11. ¿Pudieron Uds. salir a tiempo?   12. ¿Pudieron Uds. terminar el trabajo?   13. ¿Pusieron Uds. el dinero sobre la mesa?   14. ¿Supieron Uds. la verdad?   15. ¿Pudiste ayudar a los pobres?   16. ¿Pudiste trabajar con ellos?   17. ¿Pusiste todo allí?   18. ¿Pusiste la radio?   19. ¿Supiste lo de Rodríguez?

7 Sigan las instrucciones.

1. Pregúntele a un amigo si pudo ayudar al pobre.   2. Pregúntele a un amigo si puso la mesa anoche.   3. Pregúntele al señor Dávila si supo el resultado.   4. Pregúnteles a unas amigas si pudieron oír la canción.   5. Pregúnteles a unas amigas si pusieron todo en orden.   6. Pregúnteles a los Romero si supieron lo que pasó.

EXPLICACIÓN GRAMATICAL

The verbs *poner, poder,* and *saber* all have a *u* in the stem of the preterite.

poner	poder	saber
puse	pude	supe
pusiste	pudiste	supiste
puso	pudo	supo
pusimos	pudimos	supimos
(pusisteis)	(pudisteis)	(supisteis)
pusieron	pudieron	supieron

In the preterite the verb *saber* can also mean "to have found out."

RESUMEN

8 Transformen las siguientes oraciones al pretérito.

1. No podemos hacerlo.   2. No sé cómo pueden hacer tal cosa.   3. Yo pongo todo en orden.   4. ¿Quiénes saben la verdad?   5. Puedes salir a tiempo.   6. Nadie sabe escribir como Hernández.   7. Ponen a los esclavos en las minas.   8. Ellos no saben la verdad.

Rayos equis en México

querer, hacer, venir

9   Repitan.

Ellos vinieron en tren.
El señor hizo una señal.
No quisimos ofender a nadie.
No hice nada.
¿Por qué no quisiste asistir?

10   Contesten afirmativamente o negativamente.

1. ¿Quisieron empezar la guerra los soldados?   2. ¿Quisieron dejar a sus familias los trabajadores?   3. ¿Hicieron mucho trabajo los campesinos?   4. ¿Hicieron un viaje al extranjero los Gómez?   5. ¿Vinieron con la receta?   6. ¿Vinieron a pie las amigas?   7. ¿Quiso ofender a su amigo José?   8. ¿Hizo las compras el señor?   9. ¿Hizo el señor una visita al médico?   10. ¿Vino en seguida el enfermero?   11. ¿Vino él solo o con su mujer?   12. ¿Quisieron Uds. hablar con él?   13. ¿Quisieron Uds. darle una limosna?   14. ¿Hicieron Uds. un cultivo de la garganta?   15. ¿Hicieron Uds. una obra de caridad?   16. ¿Vinieron Uds. acompañados?   17. ¿Quisiste abrir la puerta con la llave?   18. ¿Quisiste cumplir con tus responsabilidades?   19. ¿Hiciste suficiente trabajo?   20. ¿Hiciste un viaje largo?   21. ¿Viniste a tiempo?   22. ¿Viniste de Panamá?

11   Sigan las instrucciones.

1. Pregúntele a un amigo si quiso ayudar.   2. Pregúntele a una amiga si hizo el trabajo.   3. Pregúntele al señor si vino en tren.   4. Pregúnteles a unos amigos cuándo vinieron.   5. Pregúnteles a unos señores qué hicieron.

EXPLICACIÓN GRAMATICAL

The verbs *querer, hacer,* and *venir* have an *i* in the stem of the preterite. Note the difference between the spelling of *querer* and *hacer (sa, se, si, so, su* and *za, ce, ci, zo, zu).*

querer	hacer	venir
quise	hice	vine
quisiste	hiciste	viniste
quiso	hizo	vino
quisimos	hicimos	vinimos
(quisisteis)	(hicisteis)	(vinisteis)
quisieron	hicieron	vinieron

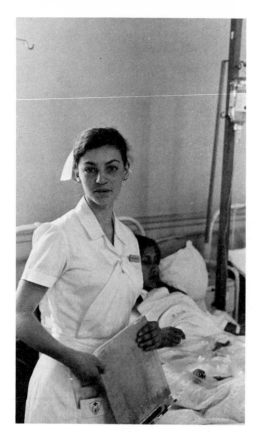

Una enfermera en un hospital de Lima

RESUMEN

12   Contesten según el modelo.

   Él quiso hacerlo. ¿Y tú? → Yo quise hacerlo también.

1. Ellos vinieron en barco. ¿Y Uds.?   2. Nosotros hicimos mucho trabajo. ¿Y Ud.?   3. Él quiso salir. ¿Y sus amigos?   4. Ellos hicieron una ensalada. ¿Y Uds.?   5. Yo vine temprano. ¿Y Carlos?   6. Tú quisiste ayudar. ¿Y los otros?   7. Gómez vino a pie. ¿Y tú?

decir, traer, producir, traducir

13   Repitan.

Mis amigos dijeron que sí.
Él no trajo nada.
Produjimos mucho trabajo.
Traduje la canción al español.
¿Qué dijiste?

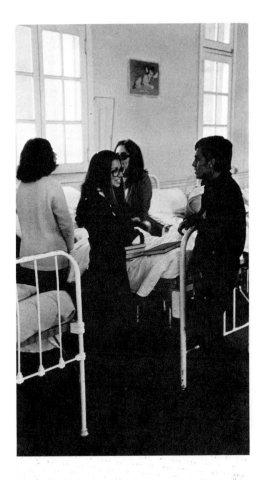

Visitando a un paciente en un hospital de Lima

14   Contesten.

1. Ellos dijeron que no, ¿verdad?   2. ¿Dijeron la verdad los soldados?
3. ¿Trajeron ellos mucho dinero?   4. ¿Trajeron sus productos los campesinos?   5. ¿Produjeron muchos vegetales los jardines?   6. ¿Tradujeron los poetas sus poesías?   7. ¿Dijo algo de interés el soldado?
8. ¿Trajo libros el profesor?   9. ¿Produjo oro la mina?   10. ¿Tradujo la
conferencia la intérprete?   11. ¿Dijeron Uds. eso?   12. ¿Trajeron Uds. la
lista?   13. ¿Produjeron Uds. lo necesario?   14. ¿Tradujeron Uds. el
libro?   15. ¿Dijiste que no?   16. ¿Trajiste comida?   17. ¿Produjiste
suficiente?   18. ¿Tradujiste la carta?

15   Sigan las instrucciones.

1. Pregúntele a una amiga qué dijo.   2. Pregúntele a un amigo qué trajo.
3. Pregúntele al señor qué produjo.   4. Pregúnteles a unos amigos por
qué lo dijeron.   5. Pregúnteles a los señores si produjeron una gran
cantidad.   6. Pregúnteles a las señoras si tradujeron la canción.

The verbs *decir, traer, producir, traducir,* and *conducir* have a *j* in the preterite stem. Note that the third person plural ending is *–eron* rather than *–ieron*.

decir	traer	producir
dije	traje	produje
dijiste	trajiste	produjiste
dijo	trajo	produjo
dijimos	trajimos	produjimos
(dijisteis)	(trajisteis)	(produjisteis)
dijeron	trajeron	produjeron

Una escuela para enfermeras, Guatemala

*El médico toma
un historial
clínico*

RESUMEN

16   Contesten según se indica.

1. ¿Qué dijiste? *la verdad*   2. ¿Qué trajeron todos? *comida*   3. ¿Cómo condujo él? *con cuidado*   4. ¿Qué tradujeron Uds.? *la carta*   5. ¿Qué produjo la mina? *carbón*   6. ¿Cómo lo dijeron ellos? *seriamente*   7. ¿Cómo tradujiste el poema? *fácilmente*   8. ¿Cómo trajeron a los esclavos? *en barco*

ir, ser

17   Repitan.

Fueron ellos.
Fuimos a Panamá.
¿Quién fue?
El campesino fue al mercado.
Fui a la guerra.
¿Fuiste tú?
¿Adónde fuiste?

18   Contesten según el modelo.

¿Fuiste tú? → Sí, fui yo.

1. ¿Fueron Uds.?   2. ¿Fuiste tú?   3. ¿Fue Juan?   4. ¿Fue el chico?
5. ¿Fueron Juan y María?   6. ¿Fueron ellos?

19   Contesten según se indica.

1. ¿Adónde fuiste? *al mercado*   2. ¿Adónde fueron los esclavos? *a las minas*   3. ¿Fueron Uds. en barco? *sí*   4. ¿Con quién fue Carlos? *su novia*   5. ¿Fuiste solo? *no, acompañado*   6. ¿Adónde fue María? *a trabajar*   7. ¿Cuándo fueron Uds. a la playa? *el verano pasado*

20   Sigan las instrucciones.

1. Pregúntele a un amigo si fue a la capital.   2. Pregúntele a una amiga si fue a pie.   3. Pregúntele al señor López si fue en tren.   4. Pregúntele a la señora si fue a aquel hotel.   5. Pregúnteles a sus amigos adónde fueron.   6. Pregúnteles a los señores cómo fueron a las montañas.

EXPLICACIÓN GRAMATICAL

The verbs *ir* and *ser* are the same in the preterite. Meaning is clear from the context of the sentence. Study the following forms.

ir	**ser**
fui	fui
fuiste	fuiste
fue	fue
fuimos	fuimos
(fuisteis)	(fuisteis)
fueron	fueron

Temas de conversación

1   Imagínese que Ud. está hablando con un(a) enfermero(a) antes de consultar con el médico. Déle su nombre, domicilio y número de teléfono.

2   Invente Ud. una conversación entre Ud. y un(a) médico(a). Dígale lo que Ud. tiene. Incluya las recomendaciones del (de la) médico(a).

3   Invente una conversación entre Ud. y un(a) amigo(a). Ud. acaba de salir de la consulta del médico. Explíquele al (a la) amigo(a) lo que pasó y lo que dijo el médico.

LITERATURA

Una escena de Nochebuena de Gutiérrez Nájera

Introducción

La mayoría de las crueldades son cometidas por personas que no son crueles. Hieren, no por malicia sino por ignorancia.

En el cuento de Gutiérrez Nájera, *Una escena de Nochebuena*, el autor nos presenta un enfermo, moribundo en aquella noche de alegría. Cuando los convidados a una fiesta se enteran del estado del enfermo se miran como diciendo: «Pero, ¿hay quién esté enfermo en Nochebuena?»

Es difícil pensar en uno que esté enfermo aquella noche. Pero también es difícil pensar en los enfermeros y los médicos que en aquella noche, como en todas, cuidan de los enfermos. Es difícil pensar en los pilotos, los marinos, los policías y los bomberos que aquella noche como cualquier otra noche no pueden faltar a su obligación.

Pero mientras gozamos y nos entretenemos con nuestros juegos y recreos, es difícil pensar que hay otros que no pueden hacer lo mismo.

Episodios crueles, como el que describe este conocido autor mexicano, existen y se repiten casi a diario, desgraciadamente.

moribundo casi muerto
•convidados guests

Una escena de Nochebuena
de Gutiérrez Nájera

Una escena de Nochebuena
de Gutiérrez Nájera

PRÓLOGO

escribiente primero
secretario

Ahí va, para vuestra edificación y contento, una escena trágico-cómica de la Noche de Navidad. La escena pasa en la casa del escribiente primero del oficial segundo de la mesa cuarta de la sección octava del Ministerio de Justicia. Atención.

—Vamos, date prisa, mujer, que ya no tardará Luisito.

—¡Si todo lo tengo al corriente, hombre de Dios!

—¿Todo? ¿Y qué es ello, Nicanora?

—Pues te lo voy a decir, Sisebuto. Primero . . . la sopa . . .

—¡Ah! Supongo que mandarías al *restaurante*, de que soy parroquiano, con la tarjetita que me dieron.

—Sí, ha ido la muchacha esta tarde y le han llenado dos soperas.

—Perfectamente. Ya tenemos la sopa. ¿Qué más?

—Entremeses de pepinillo y aceitunas. Nuestro sobrino se muere por las aceitunas.

—A mí también me gustan. Sigue, sigue.

—Un magnífico bacalao de a tres libras.

—¿Soberbio, eh?

—¡Por supuesto!

—Acompañamiento de vinos . . . ¿Qué vinos tenemos?

—Jerez y Burdeos.

—¡Al pelo, Nicanora, al pelo!

—Hay, además, un guachinango.

—Mucho pescado me parece.

—No lo creas . . . ¡Ensalada de Nochebuena!

—¡La ensalada! ¡Sublime! ¡Incomparable!

—Postres: queso de Gruyère, Roquefort, pasas, turrón, almendras y una botella de Chartreuse para el café. ¿Qué te parece el programa?

—¡Suculento! ¡Magnífico! ¡Como tuyo! Pero, ¡cuánto tarda ese chiquillo! . . . ¡Estoy ya rabiando por hincar el diente al bacalao! ¡Ah! ¿Has oído la campanilla? Abrid, abrid, será él . . .

—No, no, señor . . . ¡es el sastre que trae la cuenta!

—La cuenta del sastre en un día como hoy . . . ¡Qué poca consideración! Di que mañana pasaré por allá.

—¡Vuelven a llamar! Ése sí que es Luisito.

—Tío, ¡aquí estamos todos!

—¡Pues a la mesa, a la mesa!

Glosario (margen)

- **escribiente primero** secretario
- **al corriente** listo, preparado
- **parroquiano** cliente
- **soperas** soup tureens
- **Entremeses de pepinillo** Hors d'oeuvres of pickle
- **Soberbio** Magnífico
- **Jerez y Burdeos** vinos de España y de Francia
- **Al pelo** Estupendo
- **guachinango** tipo de pescado
- **Ensalada de Nochebuena** Ensalada con pescado
- **pasas** raisins
- **turrón** dulce español con almendras
- **almendras** almonds
- **rabiando . . . diente** anxious to get at
- **campanilla** doorbell
- **sastre** tailor

EPÍLOGO

—Dígame Ud., señor médico, ¿qué tal encuentra Ud. al enfermo?

—Mal, señora, muy mal; la fiebre continúa; ¡el delirio me hace temer un ataque cerebral! . . . Procuren Uds. guardar silencio.

—¡Ah! Es que Ud. no sabe lo peor. Encima de su alcoba está la sala del cuarto principal. Tienen baile, corren, gritan y, por más recados que les envío, no callan.

—Pues eso hace mucho daño al enfermo. ¿Observa Ud.? Cada pisada, cada voz que oye le arranca un grito de dolor . . . Vuelva Ud. a avisar a la familia del piso principal.

—¡Subiré yo misma!

La esposa atribulada sube a la habitación de los vecinos.

—¡Señores!— dice entrando en la sala. —Mi esposo moribundo tiene su alcoba debajo de esta pieza . . . ¡Suplico a Uds. que, por caridad, no metan ese ruido que agrava su dolencia de una manera terrible!

Los circunstantes se miran unos a otros con extrañeza.

Aquella mirada parece decir: «Pero, ¿hay quién esté enfermo en Nochebuena?»

La señora de la casa da todo género de seguridades, y aconseja a sus comensales que hagan juegos de prendas en la sala.

Por lo pronto, los convidados guardan silencio; se cierra el piano, se suspende el baile y empiezan esos juegos inocentes de que tanto partido saben sacar los enamorados.

Pero a los quince minutos hay un convidado que levanta un poco la voz; todos lo imitan; circulan las bandejas con copas; suben los vapores a todos los cerebros; y aquella tertulia se reanima, olvidando que a sus pies exhala tristes gemidos un pobre enfermo.

Al amanecer, cuando los convidados se retiran, oyen el llanto de una viuda; el médico sale del entresuelo, y la criada que le abre la puerta dice:

—¡Vaya Ud. con Dios, señor médico! Ahora mismo voy a encargar el ataúd y las velas.

Procuren Traten de

recados mensajes

pisada footstep
arranca tears out
piso principal main floor

pieza cuarto
agrava hace peor
circunstantes personas presentes

comensales los que comen a la misma mesa
partido provecho, ventaja

bandejas trays
vapores vapors (alcohol)
cerebros brains
gemidos sighs
llanto weeping

encargar pedir
ataúd coffin
velas candles

CUESTIONARIO

1 ¿Qué día es?
2 ¿Cómo se llama la señora de la casa?
3 ¿Cómo se llama el esposo?
4 ¿Preparó la sopa Nicanora?
5 ¿Dónde consiguió la sopa?

6   ¿Qué tienen de entremeses?
7   ¿Qué tipo de pescado tienen?
8   ¿Cuánto pesa el pescado?
9   ¿Qué vinos tienen?
10 ¿Cómo se llama la ensalada?
11 De postre, ¿qué tienen?
12 ¿Está el sastre a la puerta?
13 ¿Quién está a la puerta?
14 ¿Cómo está el enfermo?
15 ¿Qué les pide el médico que procuren hacer?
16 ¿Quiénes viven encima de la alcoba del enfermo?
17 ¿Qué le hace daño al enfermo?
18 ¿Adónde sube la esposa?
19 ¿Qué les suplica la esposa?
20 ¿Qué hacen los circunstantes?
21 ¿Qué parece decir la mirada?
22 ¿Guardan silencio los convidados?
23 ¿Se reanima la tertulia?
24 ¿De qué se olvidan los convidados?
25 ¿Qué oyen al amanecer?
26 ¿Qué le pasó al enfermo?

EJERCICIOS DE VOCABULARIO

A   Contesten a las siguientes preguntas según se indica.

1   ¿Qué haces ahora? *preparar el bacalao*
2   ¿No le gusta la música? *no, agravarme*
3   ¿Qué hizo la viuda? *exhalar llantos*
4   La luz es brillante, ¿no? *sí, hacer daño a los ojos*
5   ¿Qué compras ahora? *aceitunas*
6   ¿Qué oigo del piso principal? *llantos de la viuda*
7   ¡Qué ruido! ¿Qué podemos hacer? *callar a los niños*

B   Contesten a las siguientes preguntas con oraciones completas.

1   ¿En qué se sirve la sopa?
2   ¿Cómo se llama el que compra frecuentemente en la misma tienda?
3   ¿Qué se sirven para comer antes de la comida?
4   ¿Cuál es el fruto del olivo?
5   ¿Quién hace trajes de señor?
6   ¿Cómo se llama la noche antes de la Navidad?
7   ¿En qué se sirven los entremeses?
8   ¿Cómo se llaman las personas que están invitadas a una tertulia?

C   Reemplacen las palabras en letra bastardilla con la forma apropiada de una expresión equivalente.

1   Don Pedro es *el cliente* favorito del restaurante.
2   Cada *invitado* se sentó en la sala.
3   Voy a servir la sopa en *ese plato*.
4   *Trate de* callar a los jóvenes.
5   Ese ruido *hace más grave* la situación.
6   ¿No te dejaron ningún *mensaje*?

D   Completen las siguientes oraciones con la forma apropiada de una palabra de la lista.

parroquiano	hacer daño	convidado
agravar	libra	vela
entremés	ataúd	llanto
callar	bandeja	sastre

1   En aquella tienda soy un _____ muy bueno.
2   En la mesa, había tres _____ llenas de dulces.
3   Todavía oigo los _____ de la viuda.
4   Antes de morir el pobre pidió un _____ humilde.
5   Los _____ llegaron a las ocho.
6   Su personalidad _____ una situación ya difícil.
7   La pobre no pudo _____ a los convidados.
8   Llama al _____. Necesito mi traje nuevo.
9   Para celebrar la ocasión había mil _____ en la iglesia.
10 Cómprame tres _____ de tomates.

Interpretación y análisis

1   Describa la Nochebuena en su casa.
    ¿Es una noche especial?
    ¿Hay un árbol de Navidad?
    ¿Hay platos especiales?
    ¿Cómo se divierten Uds.?
2   En unos párrafos, ¿qué piensa Ud. de los convidados en el cuento?
    ¿Querían callarse?
    ¿Eran descorteses?
    ¿Trataron mal a la esposa del enfermo?
    ¿Podían darse cuenta de lo serio de la situación?
3   Imagínese la viuda del enfermo y describa a los vecinos de arriba.
    ¿Son corteses?
    ¿Comprendieron sus problemas?
    ¿Causaron la muerte de su esposo?
    ¿Qué tipos son?

LECCIÓN 9
CULTURA
La influencia negra

Vocabulario

I

1 **el trato**   la acción de tratar (treatment)
   Me molesta ver el _____ que recibieron esos pobres esclavos.

2 **trasladar**   mudar de un lugar a otro
   Don Pedro quiere _____ a su familia a San Francisco.

3 **derogó (derogar)**   abolir (to abolish)
   El rey _____ la ley que protegía a los esclavos.

4 **es digno de**   vale, merece
   _____ la cortesía que recibe.

5 **el afecto**   el amor, el cariño
   El joven respondió a su novia en un tono de _____.

6 **la nata**   la crema
   El señor separa la _____ de la leche.

7 **han desempeñado (desempeñar) papeles**   hacer un papel
   Todos los actores querían _____ el _____ de Hamlet.

PRÁCTICA

Den la palabra cuya definición sigue.

1 cambiar de residencia, ir a vivir en otro lugar
2 el cariño
3 la parte más rica de la leche
4 lo que hacen los actores y las actrices
5 el contrario de *establecer*

II

1 **la pérdida**   la acción de perder
   España sufrió la _____ de sus colonias en el siglo XIX.

2 **negaba (negar)**   rehusar, decir que no es verdad, no permitir
   Mi padre me _____ el uso del automóvil.

3 **la valentía**   el valor, la bravura
   No podemos negar la _____ de los soldados.

4 **el don**   el talento, la gracia especial
   El profesor tiene el _____ de hablar.

5 **los insurgentes**   los rebeldes, los revolucionarios
   Al ver salir las tropas federales, los _____ atacaron la capital.

6 **traicionado (traicionar)**   violar la lealtad (to commit treason)
   El soldado murió _____ por uno de sus amigos.

7 **sobresalir**   salir bien, hacer mejor que otro
   Él siempre quiere _____ en todo lo que hace.

8 **el nivel**   el plano, el grado (level)
   La instrucción todavía no ha llegado al _____ deseado.

9 **pésimas**   muy malas
   Descubrieron que las condiciones eran _____.

PRÁCTICA

Completen las siguientes oraciones con una palabra apropiada.

1 Con tanta inflación, las condiciones económicas son _____.
2 Aunque todos sabían que él había recibido las noticias, _____ haberlas visto.
3 Los que no estaban en favor del gobierno luchaban con los _____.
4 Los soldados lucharon bien, pero a pesar de su _____ no ganaron la batalla.
5 Ella tiene el _____ de hacernos reír.
6 Los insurgentes sufrieron una gran _____ de vidas cuando entraron en la capital.
7 Es imposible _____ en todo lo que hacemos. Todos podemos equivocarnos.
8 El mismo _____ de vida no existe en todos los países del mundo.
9 El presidente no pudo creer que era uno de sus mejores amigos que lo había _____.

III

1 **ingresó (ingresar)** entrar
    A la edad de veintiún años, _____ en el monasterio.
2 **socorría (socorrer)** ayudar, dar socorro
    Los policías tienen que _____ a mucha gente.
3 **los mendigos** las personas que piden limosna
    Me sorprendió ver a tantos _____ por las calles de la capital.
4 **se aglomeraban (aglomerarse)** juntarse, reunirse
    Todos los días los pobres _____ delante de la catedral.
5 **en cuanto a** relativo a
    _____ la comida, ya tenemos todo preparado.
6 **la pizca** una cantidad muy pequeña (pinch)
    La criada echó otra _____ de sal en la sopa.

PRÁCTICA

Reemplacen las expresiones en letra bastardilla con la forma apropiada de una expresión equivalente.

1 A la carne le hace falta una *pequeña cantidad* de pimienta.
2 Cada sábado los niños *se reunían* en la plaza.
3 El policía *ayudaba* a las víctimas del accidente.
4 Ellos *entraron* en la universidad a los dieciocho años.
5 ¿No viste a los *que pedían dinero* delante de la catedral?
6 Yo no sé nada *del* problema económico.

La influencia negra

subyugados
dominados

Cuando el padre Las Casas y otros se quejaron del trato dado a los indios subyugados por los conquistadores españoles, abrieron paso a otra infamia . . . el tráfico de negros. El venerable obispo de Chiapas aconsejó que se trajeran negros africanos a las colonias americanas para trabajar en las minas y los campos, reemplazando así a los indios. No pensó fray Bartolomé que más cruel aun era separar a un individuo de su familia y de su tierra y trasladarlo a otro lugar a medio mundo de distancia.

flamencos Flemish

impuesta imposed

El cardenal Cisneros prohibió en 1516 la importación de esclavos a las Indias. Sin embargo el emperador Carlos V concedió a los flamencos de su corte licencia para importar a negros y derogó la prohibición impuesta por Cisneros.

cifra número

En 1524 llegaron los primeros esclavos negros a Cuba. Ya en 1534 su número llegó a los quinientos. Con todo, es digno de notar que en los últimos años de la dominación española en América, el número de esclavos negros en todas las colonias españolas no llegaba a la cifra de esclavos sólo en el estado de Virginia.

•calurosas de
mucho calor

La mayor concentración de la población negra en la América Hispana ha sido en las tierras del Caribe, es decir, en las Antillas, Yucatán, la costa de Centroamérica, Venezuela y Colombia. A estas tierras calurosas trajeron a los negros para trabajar donde no resistían ni los indios ni los blancos.

**estrechamente
vinculadas** closely
linked

A través de los años las comunidades negra y blanca o indígena se encontraban cada vez más estrechamente vinculadas. Si bien esta asimilación del negro en la cultura predominante de su país ha hecho que él haya perdido algunas de sus costumbres y tradiciones, también hay que reconocer que los otros han adoptado tradiciones y costumbres que antes habían sido patrimonio del negro sólo.

Capitolio, La Habana

La música de toda aquella zona del Caribe antes delimitada refleja la influencia del negro tanto en sus ritmos como en los instrumentos con los que se toca.

Mucho antes de que se empleara en los Estados Unidos la expresión *Afro-American,* se hablaba de música y de bailes *afrocubanos.* En Cuba se emplea el vocablo *negro* como término de afecto. Es común que un joven llame a la novia *negra* como señal de cariño aunque ella sea tan blanca como la nata.

Negros y mulatos han llegado a ser personajes ilustrísimos en los países del Caribe y han desempeñado papeles de gran importancia en la política, las artes y otros campos. He aquí a algunos.

II

ANTONIO MACEO

Todo el mundo conoce la guerra de Cuba de 1898. En aquel año España y los Estados Unidos se encontraron en una guerra. La guerra duró menos de un año y resultó en la pérdida de las últimas colonias españolas en América y también en la pérdida de las islas Filipinas. Cuba ganó su independencia. Durante más de treinta años antes de 1898, sin embargo, patriotas cubanos lucharon contra los españoles para lograr esa libertad **prohombre** gran que se les negaba. El nombre que sobresale en esa lucha es el del pro- **hombre** hombre de la independencia cubana, José Martí. Pero hay uno que ocupa **escalafón** lista un alto puesto en el escalafón de héroes de la independencia cubana, uno que, aunque poco conocido en el extranjero, permanecerá para siempre en la memoria colectiva del pueblo cubano.

El jefe de las tropas cubanas durante el largo combate, que se inició en 1868 y no terminó hasta treinta años más tarde, era Máximo Gómez y su segundo era Antonio Maceo. Al iniciarse la lucha Maceo era un soldado entre tantos otros, pero gracias a su valentía y al don de mandar **teniente general** llegó a ser teniente general de las tropas insurgentes. Maceo era negro y **lieutenant general** entre sus tropas se contaban hijos de las más ilustres familias blancas de la isla. Todos lo consideraban un honor poder servir bajo el mando de tan valiente comandante. Sus contemporáneos le describieron a Maceo •**fornido** robusto, como alto y fornido. En la ciudad se vestía como un típico burgués de **fuerte** su época con frac, sombrero de seda y bastón. En el campo de batalla •**burgués** de la llevaba una pistola de 38 con largo cañón. Maceo no sólo fue héroe; **clase media** también como Martí, fue mártir. Traicionado por uno de los suyos perdió la vida a manos de los españoles antes de lograrse la independencia de su patria.

RAFAEL HERNÁNDEZ

En Aguadilla, Puerto Rico, nació Rafael Hernández en 1893. Rafael Her- **estadista** político nández no era libertador ni estadista pero sí era un artista cuya obra reflejaba siempre los ideales, los deseos y las tragedias de su pueblo. Pero no sólo el pueblo suyo, el puertorriqueño, ha reconocido y apreciado el arte de este insigne compositor borincano. En toda Hispanoamérica y aun en Norteamérica, ha sido aclamada su música. En una ocasión, en una fiesta en la Casa Blanca en Wáshington, Rafael Hernández fue presentado al presidente Kennedy, quien lo recibió saludándole con «Hola, señor Cumbachero». *El cumbachero* era el título de una canción de Hernández que era popularísima en aquel tiempo.

Todo el mundo conoce la famosa *Operation Bootstrap* de los años cincuenta que resultó en unos impresionantes avances económicos en Puerto Rico y en un importante mejoramiento del nivel de vida en la isla. Pero en los años anteriores al mencionado programa, las condiciones del pueblo en Puerto Rico eran pésimas. Era entonces cuando Rafael Hernández observaba con tristeza la miseria de los suyos y de su alma de poeta sacó los siguientes versos.

LAMENTO BORINCANO

Sale loco de contento
con su cargamento
para la ciudad, ay
para la ciudad.
Lleva en su pensamiento
todo un mundo lleno
de felicidad, ay
de felicidad.
Piensa remediar la situación
del hogar que es toda su ilusión, sí.
Y alegre el jibarito va
pensando así, diciendo así
cantando así por el camino.
Si yo vendo esta carga
mi Dios querido
un traje a mi viejita
voy a comprar.
Y alegre también su yegua va
al presentir que aquel cantar
es todo un himno de alegría
en eso le sorprende la luz del día
y llegan al mercado de la ciudad.
Pasa la mañana entera
sin que nadie quiera
su carga comprar, ay
su carga comprar.

Marginal glosses:

•borincano de Puerto Rico

•avances advances

•cargamento lo que lleva

•jibarito campesino de Puerto Rico

yegua caballo
presentir tener la impresión

Todo, todo está desierto
el pueblo está muerto
de necesidad, ay
de necesidad.
Se oye este lamento por doquier
en mi desdichada Borinquen, sí.
Y triste el jibarito va
pensando así, diciendo así
llorando así por el camino
qué será de Borinquen
mi Dios querido
qué será de mis hijos
y de mi hogar.
Borinquen la tierra del Edén
la que al cantar
el gran Gautier
llamó la perla de los mares
y ahora que tú te mueres con tus pesares
déjame que te cante yo también
yo también.

doquier donde- quiera
desdichada Borinquen infeliz Puerto Rico

Gautier poeta puertorriqueño

•**pesares** tristezas

Rafael Hernández amó y fue amado por los jíbaros de su tierra y también por los millones que comprendieron y sintieron su arte. Murió en 1965.

III

MARTÍN DE PORRES

La raza negra en Hispanoamérica ha contribuido héroes, artistas, poetas y estadistas y hasta un santo.

Hijo natural Hijo ilegítimo

Hijo natural de un español y una sirvienta negra de Panamá era Martín de Porres. Nació en Lima, Perú, en 1579. De joven ingresó en un convento de frailes donde dedicó toda su vida a labores humildes como las de barbero y labrador. Socorría a los enfermos y a los mendigos que se aglomeraban todos los días en el portón del convento. Martín no permitía que se les hiciera daño a ninguna de las criaturas de Dios y, por consiguiente, protegía hasta a los ratones. La fama de Martín de Porres llegó a todos los niveles de la sociedad limeña de su época, y venían los ricos y los aristócratas al humilde fraile a consultarle en cuanto a los problemas personales que tenían.

portón puerta grande

ratones mice

•**limeña** de Lima

•**conciudadanos** fellow citizens
•**se puso de acuerdo con** agreed with
canonizó canonized (proclaimed a saint)

Martín de Porres murió en 1639 en su ciudad natal. Sus conciuda- danos estaban ya convencidos de la santidad de su Martín y la Iglesia se puso de acuerdo con ellos en 1962 cuando canonizó a San Martín de Porres. En los Estados Unidos, los católicos han elegido a San Martín como santo patrón de las obras para la justicia y comprensión entre las razas.

sal o pique   spice

Sin aquella aportación de sangre negra las culturas de muchos países hispanoamericanos no serían lo que son. Se les faltaría esa pizca de sal o pique que da un verdadero sabor a la vida.

CUESTIONARIO

I

1   ¿Para qué trajeron a los negros a las colonias?
2   ¿Quién aconsejó que trajeran a los africanos?
3   ¿Por qué era cruel?
4   ¿Quién prohibió la importación de esclavos a las Indias?
5   ¿Quién derogó esa prohibición?
6   ¿Cuándo llegaron los primeros esclavos a Cuba?
7   ¿Dónde se encuentra la mayor concentración de la población negra?
8   A través de los años, ¿cómo se encontraban las comunidades?
9   ¿Cómo refleja la música la influencia negra?
10   ¿Cómo se emplea el vocablo *negro* en Cuba?

II

1   ¿En qué resultó la guerra de 1898?
2   ¿Quién es el prohombre de la independencia cubana?
3   ¿Quién era el segundo al jefe de las tropas?
4   ¿Qué llegó a ser Maceo?
5   ¿Cómo describieron a Maceo sus contemporáneos?
6   ¿Cómo se vestía?
7   ¿Qué llevaba en el campo de batalla?
8   ¿Cómo murió Maceo?
9   ¿Dónde nació Rafael Hernández?
10   ¿Quién era?
11   ¿Cómo le saludó a Hernández el presidente Kennedy?
12   ¿En qué resultó la *Operation Bootstrap*?
13   Según el *Lamento borincano,* ¿qué lleva el campesino en su pensamiento?
14   ¿Cómo va el jibarito a la ciudad?
15   ¿Qué va a comprar si vende su carga?
16   ¿Adónde llegan el jibarito y su yegua?
17   ¿Vendió su carga?
18   ¿Cómo describe a Puerto Rico?
19   ¿Qué llamó la isla Gautier?

III

1   ¿Dónde nació Martín de Porres?
2   ¿A qué dedicó su vida?
3   ¿A quiénes socorría?

4 ¿Cuándo murió Martín de Porres?
5 ¿Cuándo canonizó la Iglesia a San Martín de Porres?
6 ¿Qué les faltaría a los hispanoamericanos sin la aportación de sangre negra?

EJERCICIOS DE VOCABULARIO

A Basando sus respuestas en la oración modelo, contesten a las preguntas que la siguen.

1 **Es digno de notar la valentía de los insurgentes.**
   ¿Quiénes tienen valentía?
   ¿Qué es digno de notar?
2 **El actor desempeñó el papel de un insurgente valiente.**
   ¿Quién desempeñó el papel?
   ¿Qué papel desempeñó el actor?
   ¿Cómo era el insurgente?
   ¿Qué hizo el actor?
3 **Los mendigos se aglomeraban delante de la catedral.**
   ¿Quiénes se aglomeraban delante de la catedral?
   ¿Dónde se aglomeraban los mendigos?
   ¿Qué hicieron los mendigos?
4 **El rey negó la pérdida de sus colonias.**
   ¿Quién negó la pérdida?
   ¿Qué negó el rey?
   ¿Qué pérdida negó el rey?
   ¿Qué hizo el rey?

B Contesten a las siguientes preguntas según se indica.

1 ¿De qué se quejaron los esclavos? *la pérdida de sus derechos*
2 ¿Qué hace don Pedro con su familia? *trasladar a América*
3 ¿Por qué no hay una ley contra ese trato? *el rey, derogar*
4 ¿Qué hacía el fraile? *socorrer a los mendigos*
5 ¿Cuánta sal pongo en la sopa? *una pizca*
6 En Cuba, ¿qué es la palabra *negro*? *un término de afecto*
7 ¿Cómo son las condiciones en su pueblo? *pésimas*
8 ¿Qué hizo Teresa a la edad de quince años? *ingresar en el convento*
9 ¿Qué hizo Benedict Arnold? *traicionar a su patria*
10 ¿No te gusta la leche? *no, pero la nata sí*

C Completen las siguientes oraciones con una expresión apropiada.

1 Nadie pudo negar el _____ que tenía Maceo de mandar a las tropas.
2 En aquella batalla los insurgentes vencidos sufrieron una gran _____.
3 Cada actor quiere _____ más importante.

4 El soldado trató de _____ a sus compañeros heridos.
5 ¿Cómo puedes ganarte la vida aquí? Las condiciones son _____
6 El bajo _____ de vida en algunos países es increíble.
7 ¿Qué piensa el presidente _____ la situación política?
8 Todos los días la gente _____ en la plaza.
9 No nos gusta el _____ que recibieron los indios.
10 El gobierno _____ las leyes contra los monopolios.

ESTRUCTURA

I

La diferencia entre el imperfecto y el pretérito

Acción repetida o acción determinada

1 Repitan.

Los insurgentes luchaban todos los días.
Los insurgentes lucharon el otro día.
De vez en cuando hablaba con el general.
Hablé con el general ayer.

2 Sustituyan.

| Nosotros siempre | servíamos veíamos comprábamos decíamos discutíamos producíamos | algo. |

| Nosotros no | servimos vimos compramos dijimos discutimos produjimos | nada ayer. |

| ¿Por qué | empezabas volvías salías ibas insistías | tan a menudo? |

$$\text{¿Por qué} \begin{cases} \text{empezaste} \\ \text{volviste} \\ \text{saliste} \\ \text{fuiste} \\ \text{insististe} \end{cases} \text{el otro día?}$$

3   Contesten.

1. ¿Tenías tabaco todos los días?   2. ¿Cuándo tenías tabaco?   3. ¿Tuviste tabaco ayer?   4. ¿Cuándo tuviste tabaco?   5. ¿Volvían los soldados con frecuencia?   6. ¿Cuándo volvían los soldados?   7. ¿Volvieron los soldados el año pasado?   8. ¿Cuándo volvieron los soldados?   9. ¿Mataba el policía a criminales cada año?   10. ¿Cuándo mataba el policía a criminales?   11. ¿Mató el policía al criminal anoche?   12. ¿Cuándo mató el policía al criminal?   13. ¿Salían Uds. con el general muy a menudo?   14. ¿Cuándo salían Uds. con el general?   15. ¿Salieron Uds. con el general hace dos días?   16. ¿Cuándo salieron Uds. con el general?   17. ¿Hablabas con Rafael los sábados?   18. ¿Cuándo hablabas con Rafael?   19. ¿Hablaste con Rafael el sábado?   20. ¿Cuándo hablaste con Rafael?   21. ¿Iban ellos con frecuencia a México?   22. ¿Cuándo iban ellos a México?   23. ¿Fueron ellos una vez a México?   24. ¿Cuándo fueron ellos a México?

Dos muchachas de Puerto Rico

4   Transformen las siguientes oraciones según el modelo.

    Ellas iban diariamente al mercado.
    _____ ayer. → Ellas fueron al mercado ayer.

Anoche discutimos el problema.
  Siempre _____.
El soldado volvía a casa los viernes.
  _____ ayer.
Ella siempre nos traía algo del mercado.
  El otro día _____.
Él me invitó a cenar el viernes.
  _____ cada viernes.
De vez en cuando Rafael cantaba ante el presidente.
  En 1961 _____.
Yo siempre decía la verdad.
  Anoche _____.

EXPLICACIÓN GRAMATICAL

You have already learned (Lesson 5) that the imperfect is used to express a continuous, repeated action in the past. In contrast, the preterite is used to express an action for which the beginning and termination points are well established.

    Íbamos allí a menudo.
    Fuimos allí ayer.
    Yo lo visitaba con frecuencia.
    Yo lo visité el otro día.

Even though an action may have taken place for an extended period of time in the past, the preterite is used if the action has been terminated.

    Mi padre estuvo enfermo por seis meses.
    Los árabes ocuparon a España por ocho siglos.

Haciendo una máscara, Loiza Aldea, Puerto Rico

5   Sigan el modelo.

¿Recibir el paquete? Sí, ayer. → Sí, recibí el paquete ayer.

1. ¿Hablar con Pedro? Sí, con frecuencia.   2. ¿Ir al campo? Sí, el verano pasado.   3. ¿Vivir en la capital? Sí, hace dos años.   4. ¿Comer en aquel restaurante? Sí, muy a menudo.   5. ¿Asistir a la ópera? Sí, todos los viernes.   6. ¿Trabajar mucho? Sí, anoche.   7. ¿Ir al mercado? Sí, a diario.   8. ¿Llevar el capacho? Sí, ayer por la mañana.   9. ¿Conducir? Sí, el otro día.   10. ¿Castigar al niño? Sí, de vez en cuando.

II
Dos acciones en una oración

6   Repitan.

Él hablaba cuando yo llamé.
Mataban al general cuando apareció el policía.
Comíamos cuando llegaron nuestros amigos.

7   Sustituyan.

Carlos hablaba cuando yo
| llamé.
| entré.
| volví
| salí.

Ellos lo discutían cuando nosotros
| interrumpimos.
| llegamos.
| salimos.
| terminamos.

8   Contesten.

1. ¿Hablabas por teléfono cuando ellos volvieron?   2. ¿Lo discutían Uds. cuando los otros llegaron?   3. ¿Dormías cuando yo entré?   4. ¿Trabajaban ellos cuando Tomás interrumpió?   5. ¿Preparabas la comida cuando ellos llamaron?   6. ¿Luchaban los soldados cuando el general murió?

9   Repitan.

Él hizo su trabajo y yo hice el mío.
Cuando yo salí, él empezó a hablar.

10   Sustituyan.

Un mendigo salió y otro
| volvió.
| entró.
| regresó.
| se quedó.

11 Sigan el modelo.

Yo hablo en voz baja y él grita. → Yo hablé en voz baja y él gritó.

1. Ellas sirven la comida y él pone la mesa. 2. Algunos ríen y otros lloran.
3. Ellos empiezan y nosotros acabamos. 4. Carlos sale y Juan vuelve.
5. Ella habla y los otros escuchan. 6. Algunos luchan y otros huyen.

EXPLICACIÓN GRAMATICAL

Certain past actions are descriptive in nature. They describe what was taking place when something else happened. Since the exact time at which the prior action began or ended is unimportant, the imperfect is used. The interrupting action is expressed in the preterite. Study the following time line.

Past	**Present**	**Future**

Ellos hablaban

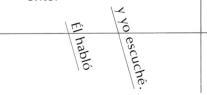

cuando yo llegué.

Two simultaneous completed actions can be expressed in the preterite.

Él habló y yo escuché.

Two simultaneous descriptive actions can also be expressed in the imperfect (see Lesson 5).

III
Los verbos reflexivos

12 Repitan.

Yo me levanto temprano.
Tú te acuestas tarde.
Carlos se despidió de sus amigos.
Nos sentamos a la mesa.
Ellas se prepararon bien.

13   Sustituyan.

Yo me | lavo / peino / acuesto | todos los días.

Tú te | preparas, / acuestas, / levantas, / peinas, | ¿no?

Él (Ud.) se | lavaba / levantaba / acostaba / marchaba | temprano.

Nosotros nos | peinamos / preparamos / levantamos | con cuidado.

Uds. se | bañaron / levantaron / marcharon / acostaron | esta mañana.

14   Contesten.

1. ¿Se lava Carlos por la mañana?   2. ¿Se baña el niño?   3. ¿Se acuestan temprano los niños?   4. ¿Se prepararon bien las muchachas?   5. ¿A qué hora te levantas?   6. ¿A qué hora te acostaste anoche?   7. ¿Cómo se llama Ud., señor?   8. ¿Se miró Ud. en el espejo?   9. ¿Se acostaron Uds. temprano?   10. ¿Se miraron Uds. en el espejo?   11. ¿Se prepararon Uds. para el examen?   12. ¿Se lavaron Uds. las manos?

15   Sigan las instrucciones.

1. Pregúntele a una amiga a qué hora se acuesta.   2. Pregúntele a un amigo si se lava la cara.   3. Pregúntele a un amigo si se despidió de los amigos.   4. Pregúnteles a unas amigas cuándo se levantaron. 5. Pregúnteles a unos amigos si se peinaron.   6. Pregúnteles a los Rodríguez si se acostaron tarde.   7. Pregúntele a la señora si se lava con agua caliente.   8. Pregúntele al señor si se afeita con agua fría.

A reflexive verb is one with which the action is both executed and received by the subject. Since the subject does also receive the action, an additional pronoun is needed. This pronoun is called the reflexive pronoun. Study the following.

lavarse	**acostarse**	**sentarse**	**despedirse**
me lavo	me acuesto	me siento	me despido
te lavas	te acuestas	te sientas	te despides
se lava	se acuesta	se sienta	se despide
nos lavamos	nos acostamos	nos sentamos	nos despedimos
(os laváis)	(os acostáis)	(os sentáis)	(os despedís)
se lavan	se acuestan	se sientan	se despiden

Note that the verbs *acostarse (ue)*, *sentarse (ie)*, and *despedirse (i, i)* are stem-changing verbs.

When either a part of the body or an article of clothing is used with a reflexive verb, the definite article rather than the possessive adjective is used.

Me lavo las manos.
Nos lavamos la cara.
Carlos se pone la camisa.
Los señores se quitan la chaqueta.

Note that *cara* and *chaqueta* are singular even though the subject is plural. Since each person has only one face and wears only one overcoat, the noun remains singular.

RESUMEN

16   Contesten afirmativamente.

1. ¿Te levantas temprano?   2. ¿Cuándo se acuestan los mendigos?
3. ¿Se bañaron Uds. con agua fría?   4. ¿Se despiden Uds. de la familia?
5. ¿Te preparas para salir?   6. ¿Se peina Elena?   7. ¿Se miran en el espejo los niños?   8. ¿Te pones la falda nueva?   9. ¿Se quitan Uds. el sombrero?

Acciones reflexivas y no reflexivas

17 Repitan.

Me levanto ahora.
Levanto al niño ahora.
¿Te lavas las manos?
No, lavo el coche.

18 Contesten.

1. ¿Se despiertan Uds. temprano?   2. ¿Despiertan Uds. al niño?   3. ¿Te lavas la cara?   4. ¿Lavas el coche?   5. ¿Se acuesta la enfermera?   6. ¿Acuesta al paciente la enfermera?   7. ¿Te cepillas los dientes?   8. ¿Cepillas al gato?   9. ¿Se miran ellos en el espejo?   10. ¿Miran ellos la televisión?

EXPLICACIÓN GRAMATICAL

Many verbs can function both reflexively and nonreflexively. If the action reverts to the subject, the verb is reflexive. However, if the action is performed on another person or object, the verb is not reflexive.

Me lavo.
Lavo la ventana.
Se despiertan temprano.
Despiertan temprano al niño.

RESUMEN

19 Transfórmen las siguientes oraciones según el modelo.

Me lavo. *al gato* → Lavo al gato.

1. Nos despertamos. *a mamá*   2. Se miran. *el libro*   3. Nos lavamos. *el coche*   4. ¿Te acuestas? *al niño*   5. Me baño. *al perro*   6. Él se sienta. *a los clientes*

Temas de composición

1 Describa Ud. a Antonio Maceo como si Ud. lo hubiera visto en las calles de una ciudad cubana.
¿Cómo era?
¿Era negro o blanco?
¿Era ilustre?
¿Cómo se vestía?
¿Qué llevaba?

*Luis E. Ramos Jordán, político
puertorriqueño*

2 En sus propias palabras, dé Ud. un resumen de la canción *Lamento borincano.*
  ¿Qué va a hacer el jibarito?
  ¿Cómo va?
  ¿Qué quiere hacer?
  ¿Cómo está su caballo?
  ¿Logra hacer lo que quiere?
  Al volver, ¿cómo está?
3 Describa Ud. los episodios en la vida de San Martín de Porres que justifican su canonización.
  Nacimiento
  Labores
  Fama

LECCIÓN 10
CONVERSACIÓN
En el restaurante

Vocabulario

1 **el camarero** _(mesero)_ el que sirve en un restaurante
   Aquí viene _____ con la comida.
2 **la minuta** el menú _la carte_
   Camarero, tráiganos _____, por favor.
3 **el aperitivo** algo de beber o comer antes de la comida
   ¿Qué vas a tomar de _____, vermut o vino seco?
4 **las raciones** las porciones
   Dos _____ de chorizo picante, por favor.
5 **al tiempo** _(clima)_ temperatura natural (room temperature)
   Yo prefiero el sabor del vino _____.

PRÁCTICA

Completen las siguientes oraciones con una palabra apropiada.

1 Algo que se come o se toma antes de la comida es un _aperitivo_.
2 El que sirve la comida en un restaurante es el _camarero_.
3 El vino que no está servido ni caliente ni fresco está _al tiempo_
4 Una porción de papas es una _ración_.
5 La lista de platos que se sirven en un restaurante es la _minuta_

_En un café,
Buenos Aires_

EN EL RESTAURANTE

		Camarero:	¿Cuántas son?
		María:	Somos dos.
		Camarero:	Por aquí, señoras.
		María:	Queremos una mesa cerca del patio.
		Camarero:	Muy bien, señora. Como Ud. guste.
		Anita:	¡Qué precioso patio! Me encanta.
		Camarero:	¿Desean pedir ahora, o más tarde?
		María:	Vamos a pedir más tarde pero nos puede traer una minuta ahora.
		Camarero:	Bien. ¿Desean algún aperitivo?
•apio	celery	María:	Sí. Tráiganos unas raciones de chorizo y jamón, apio y aceitunas.
		Camarero:	¿Algo de beber?
Jerez	sherry	María:	Sí, unas copas de Jerez seco.
		Camarero:	¿Y de primer plato?
		María:	¿Cómo está el pescado? ¿Fresco o congelado?
lenguado tipo de		Camarero:	Fresco, señora. Les recomiendo el lenguado.
pescado (sole)		María:	Lenguado será, pues. ¿Sigue siendo especialidad de la casa el cordero?
		Camarero:	Sí, señora. Aquí preparamos el mejor cordero de la ciudad.
		María:	Dos de cordero. Una ensalada de lechuga y tomate con
•aceite	olive oil		aceite y vinagre. ¿Qué legumbres hay?
•alcachofas arti-		Camarero:	Hay alcachofas, guisantes, zanahorias y repollo.
chokes		María:	Nada. Traiga también unas papas fritas.
repollo white		Camarero:	Las papas vienen con la carne sin precio adicional. ¿Querrán
cabbage			vino?
•tinto vino rojo		María:	Media botellita de tinto, por favor.
		Camarero:	¿Es todo?
		María:	Por ahora. El postre lo pediremos después.
		Camarero:	¿El vino lo quiere fresco o al tiempo?
		María:	Lo prefiero al tiempo.
		Anita:	Y una botella de agua mineral, por favor.
		María:	Ay, se me había olvidado. Sí, una botella de agua mineral.
		Camarero:	Lo siento, pero ya no queda. Pero el agua natural aquí es muy buena y pura.
		María:	Está bien.
		Camarero:	En seguida les traigo los aperitivos.

1   ¿Con quién habla María?
2   ¿De cuántas personas está acompañada María?
3   ¿Dónde quieren sentarse?
4   Según Anita, ¿cómo es el patio?
5   ¿Cuándo quieren pedir?
6   ¿Qué quiere ver María?
7   ¿Qué aperitivo desean?
8   ¿Qué van a beber?
9   ¿Qué van a comer de primer plato?
10 ¿Cómo está el pescado?
11 ¿Cuál es la especialidad de la casa?
12 ¿Qué más quieren María y Anita con el cordero?
13 ¿Qué legumbres hay?
14 ¿Qué quiere María?
15 ¿Qué vino quieren?
16 ¿Cuándo van a pedir el postre?
17 ¿Hay agua mineral?
18 ¿Qué agua van a tomar?

EJERCICIOS DE VOCABULARIO

A   Completen las siguientes oraciones con una palabra apropiada.

1   Preferimos sentarnos en _el patio_, no dentro del restaurante.
2   La señora mira _la minuta_ antes de decidir lo que quiere comer.
3   El _camarero_ sirve la comida en el restaurante.
4   Él va a beber una _copa_ de Jerez.
5   Después de decidir lo que quiere comer, el señor se lo _pide_ al camarero.
6   Aquí sirven pescado fresco, jamás _orden_.
7   De primer _plato_ quiere lenguado.
8   Cuatro legumbres son _____, _____, _____ y _____.
9   El señor quiere una ensalada de _lechuga_ y tomate con _aceite_ y vinagre.
10 Quieren vino _tinto_, no blanco.

B   Reemplacen las palabras en letra bastardilla con la forma apropiada de una expresión equivalente.

1   _Quieren_ pedir ahora.   _desean_
2   Tráiganos _una botella pequeña_.   _botellita_
3   _Las patatas_ vienen con la carne.   _las papas_
4   Como le _agrade_, señor.   _le encanta_
5   ¿Quiere Ud. ver _el menú_?   _la minuta_

C Verdad o falso. Si la oración es falsa, corríjanla.

1 El cliente mira la minuta después de comer. F
2 Para terminar la comida, tomamos postre. V
3 El lenguado es un pescado. V
4 Si uno vive cerca de la costa, puede comer mucho pescado fresco. V
5 El cordero es un pescado. F

D Preparen un menú completo.

Aperitivo
Sopa
Primer plato
Segundo plato
Ensalada
Bebidas
Postre

ESTRUCTURA

Usos de los verbos **ser** *y* **estar**

Colocación y origen

1 Sustituyan.

Madrid		aquí.
Valencia	está en España. Nosotros estamos	en clase.
Sevilla		en los Estados Unidos.
Pamplona		en el restaurante.

2 Contesten.

1. ¿Dónde está Madrid?   2. ¿Están en el restaurante los clientes?   3. ¿Está en la plaza el matador?   4. ¿Están en la tienda los señores?   5. ¿Está en la calle la familia Álvarez?   6. ¿Dónde está tu casa?   7. ¿Dónde están Uds.?

3 Sustituyan.

	Pamplona.			Sevilla.
Yo soy de	España.		Las naranjas son de	Valencia.
	Caracas.			la Florida.
	los Estados Unidos.			México.

4 Contesten según se indica.

1. ¿De dónde eres? *Estados Unidos*   2. ¿De dónde es Juan? *Puerto Rico*
3. ¿De dónde son los Álvarez? *Sevilla*   4. ¿De dónde es el vino? *Cataluña*
5. ¿De dónde son los coches? *Detroit*

5 Sigan el modelo.

Ese vino es español, ¿no? → Sí, es de España.

1. Esas flores son mexicanas, ¿no?   2. Esos caballos son andaluces,
¿no?   3. Ese gitano es irlandés, ¿no?   4. Uds. son cubanos, ¿no?
5. Tú eres chileno, ¿no?   6. Ese vino es chileno, ¿no?

6 Contesten.

1. Juan es de Chile, ¿no?   2. ¿De dónde es Juan?   3. Juan está en
Caracas, ¿no?   4. ¿Dónde está Juan?   5. ¿De dónde es Juan y dónde
está ahora?   6. Los Gómez son de Lima, ¿no?   7. ¿De dónde son los
Gómez?   8. Los Gómez están en Nueva York, ¿no?   9. ¿Dónde están
los Gómez?   10. ¿De dónde son los Gómez y dónde están ahora?
11. ¿De dónde es Ud.?   12. ¿Dónde está Ud.?   13. ¿De dónde es Ud.
y dónde está Ud. ahora?

7 Sustituyan.

La fiesta es | el siete de julio.
| mañana.
| en el restaurante Luna.
| en la plaza del pueblo.

8 Contesten según se indica.

1. ¿Dónde es la tertulia? *en casa de Gómez*   2. ¿Dónde fue el concierto?
en el teatro   3. ¿Dónde fue la corrida? *en la Real Maestranza*   4. ¿Dónde
son los festejos? *en el restaurante*   5. ¿A qué hora es la reunión? *a las
ocho*   6. ¿Cuándo es la fiesta? *en abril*

*En una cafetería,
México*

The verb *estar* is used to express location, permanent or temporary.

> Madrid está en España.
> Carlos está en clase.

The verb *ser* is used to express origin.

> Carlos es de México.
> Esos productos son de Chile.

Note the difference between origin and location.

> María es de México pero está ahora en España.
> Yo soy de Nebraska pero estoy ahora en California.

Ser is used to express *tener lugar* ("to take place").

> La feria es en Sevilla. La feria tiene lugar en Sevilla.
> El concierto es a las ocho. El concierto tiene lugar a las ocho.

RESUMEN

9 Sigan los modelos.

> El concierto tiene lugar mañana. → El concierto es mañana.
> Carlos se encuentra en Caracas. → Carlos está en Caracas.
> María es cubana. → María es de Cuba.

1. Antonio es chileno. 2. Nos encontramos en la universidad. 3. El coche es japonés. 4. Las fiestas tienen lugar en verano. 5. Me encuentro ahora en California. 6. El baile tiene lugar a las diez. 7. La chica es sevillana. 8. Ellos se encuentran en la capital.

Condición y característica

10 Sustituyan.

El agua está
| caliente.
| fría.
| helada.
| sucia.

Teresa está
| de buen humor.
| bien.
| antipática ahora.
| contenta.

En un restaurante, Lima

11 Contesten según se indica.

1. ¿Cómo está la abuela? *triste*   2. ¿Cómo está el agua? *caliente*   3. ¿Cómo está el mar? *revuelto*   4. ¿Cómo están los caballos? *agitados* 5. ¿Cómo estás? *bien*   6. ¿Cómo está Sánchez? *de mal humor*   7. ¿Cómo está la comida? *rica*   8. ¿Cómo está la sopa? *buena*

12 Sustituyan.

Rosita es	alta.	Las plazas son	modernas.
	guapa.		antiguas.
	inteligente.		pintorescas.

13 Contesten según se indica.

1. ¿Cómo es el señor? *enfermo*   2. ¿Cómo es la plaza de toros? *grande* 3. ¿Cómo son los caballos? *fuertes*   4. ¿Cómo es tu hermana? *inteligente y simpática*   5. ¿Cómo es la corrida? *emocionante*   6. ¿Cómo son las calles? *estrechas*   7. ¿Cómo es la capital? *cosmopolita*   8. ¿Cómo es la sopa? *buena para la salud*   9. ¿Cómo es el jefe? *malhumorado*   10. ¿Cómo es su mujer? *amable*

14 Contesten afirmativamente.

1. ¿Está rota la ventana?   2. ¿Están cerradas las tiendas?   3. ¿Está abierta la puerta?   4. ¿Están bien escritas las novelas?   5. ¿Está terminado el trabajo?

The verb *estar* is used to express a temporary condition.

> El agua está fría.
> Mi padre está enfermo.

The verb *ser* is used to express a characteristic.

> La plaza es antigua.
> La señora es inteligente.

Note, however, that many adjectives can be used with either *ser* or *estar* depending upon the meaning we wish to convey. Study the following.

> El jefe está malhumorado. (Something happened and he is now in a bad mood.)
> El jefe es malhumorado. (He is basically a disagreeable person.)
> María está bonita. (She is very dressed up and looks pretty.)
> María es bonita. (She is characteristically an attractive woman.)

Certain words change meaning when used with *ser* or *estar*.

> Él es listo. (He is shrewd.)
> Él está listo. (He is ready.)

> Él es aburrido. (He is boring.)
> Él está aburrido. (He is bored.)

The verb *estar* is often used with a past participle to show the result of an action.

> La puerta está cerrada. (Someone closed the door. The door is now closed.)

Igualdad de sustantivos

15   Repitan.

Gómez es poeta.
Mi hijo es ingeniero.

16   Contesten.

1. ¿Es mayorista el señor López?   2. ¿Es cantante Hernández?   3. ¿Es profesor su hermano?   4. ¿Son animales domésticos los caballos?
5. ¿Son flores los claveles?   6. ¿Es médica Teresa?   7. ¿Es cajera Elena?
8. ¿Es dentista Roberto?

En un café,
España

EXPLICACIÓN GRAMATICAL

When a predicate noun follows the verb "to be," *ser* is always used. The verb *ser* comes from the Latin *esse*, from which is derived the word "essence." Since in this case the subject and predicate noun name the same person or thing, the use of the verb *ser* is most logical.

Carlos es ingeniero.
Las rosas son flores.

RESUMEN

17 Completen las siguientes oraciones con la forma apropiada de *ser* o *estar*.

1. Mi hermano _____ abogado.   2. Con la tempestad el mar _____ revuelto.   3. Carlos _____ muy guapo con su nueva chaqueta. 4. Carmen _____ bonita. Es una verdadera belleza.   5. Caracas _____ en Venezuela.   6. Mis amigos _____ de Cuba.   7. Este libro _____ interesante.   8. La tienda no _____ abierta.   9. ¡Qué malhumorado _____ él! Es su manera de ser.   10. Algo le ha pasado. _____ malhumorado hoy.   11. Nosotros _____ listos para salir.   12. ¡Qué lista _____ ella! Siempre tiene éxito.   13. Aquel caballo _____ de Andalucía.   14. El caldo _____ bueno para la salud.

Los complementos directos e indirectos

me, te, nos

18 Sustituyan.

Carlos me	mira. habla. busca. enseña. quiere.	Ella nos	enseña. quiere. busca. paga. observa.	

19 Contesten.

1. ¿Te cree tu amigo? 2. ¿Te hace caso la profesora? 3. ¿Te miran las chicas? 4. ¿Te quiere la guapa? 5. ¿Los mira el profesor a Uds.? 6. ¿Los ve el camarero? 7. ¿Las busca el señor? 8. ¿Les habla el director? 9. ¿Les compra la comida Eduardo? 10. ¿Les apetece un vino tinto al tiempo?

20 Sustituyan.

Ellos te compran	una comida. un aperitivo. una copa de Jerez. un postre.	¿No te	habla quiere hace caso	Juan?

21 Sigan las instrucciones.

1. Pregúntele a un amigo si María lo quiere. 2. Pregúntele a una amiga si su novio la busca. 3. Pregúntele a un amigo si el camarero le habla. 4. Pregúntele a un amigo si la profesora le pide algo. 5. Pregúntele a una amiga si Tomás le devuelve el dinero. 6. Pregúntele a un amigo si el abogado le da consejos.

EXPLICACIÓN GRAMATICAL

The object pronouns *me, te,* and *nos* function as either direct or indirect object pronouns. Note that with a conjugated form of a verb the object pronoun precedes the verb.

María me mira.	Ella te busca.	Nos conocen.
Carlos me habla.	Te dicen la verdad.	Nos compró un regalo.

Temas de conversación

1 Prepare Ud. una conversación entre un camarero y un cliente en un restaurante.
2 Imagínese camarero y describa la comida que ha pedido uno de sus clientes.
3 Prepare Ud. un diálogo original utilizando las expresiones siguientes:

aperitivo	vino tinto
minuta	les recomiendo
fresco o congelado	sin precio adicional
aceite y vinagre	ya no queda

LECCIÓN 11
CULTURA
¿Una o muchas?

Vocabulario

I

1 **las bodas**   la ceremonia matrimonial (casamiento) y fiesta que la
    sigue
    Los novios celebraron las ———— en el Hotel Nacional.

2 **tiende (tender)**   inclinarse a un fin determinado to tender
    Don Pedro ———— a preferir las tradiciones antiguas.

3 **sospechar**   no tener confianza to suspect
    Es fácil ———— de una persona que suele no decir la verdad.

4 **desconocidos**   no conocidos   unknown
    Han construido un monumento en honor de los héroes ————.

5 **la bala**   el proyectil de un arma (bullet)
    Las tropas lucharon hasta la última ————.

6 **el sueño**   la fantasía que ocurre por lo general cuando uno está dur-
    miendo   dream
    El ———— de los pobres es tener bastante que comer.

7 **en vez de**   en lugar de   instead of
    ¿Por qué no vas al teatro ———— ir al cine?

*Una vista de
Panamá*

Contesten a las siguientes preguntas con oraciones completas.

1 ¿Tiene Ud. muchos sueños mientras duerme?
2 ¿Tiende Ud. a seguir los consejos de otros?
3 ¿Cuál es un mes popular para las bodas?
4 ¿Prefiere Ud. hacer otras cosas en vez de estudiar?
5 ¿Sospecha Ud. de una persona que dice mentiras?
6 ¿Es Cervantes un autor desconocido?
7 ¿Hay guerras sin balas?

II

1 **el orgullo**   el amor propio, la estimación de la dignidad personal
          (pride)
     Todos deben tener _____ en su propia cultura.
2 **superar**   dominar, triunfar, vencer   *to overcome*
     Los inmigrantes tienen que _____ muchos obstáculos al llegar a
     un nuevo país.
3 **sin par**   que no tiene igual   *not equal*
     Ella es una profesora _____. Es de las mejores que hay.
4 **en cuanto**   tan pronto como   *as soon as*
     _____ llego al centro de una ciudad grande, me desoriento.
5 **los ciudadanos**   nacionales del mismo país   *citizen*
     Los _____ tienen el derecho al voto; los extranjeros, no.
6 **el alcalde**   el jefe de un pueblo o de una ciudad   *mayor*
     La elección popular nombró a don Alejandro _____ del pueblo.
7 **semejante**   parecido, similar
     Esta casa es _____ a la de los Gómez.

PRÁCTICA

Completen las siguientes oraciones con una palabra apropiada.

1 Es una dificultad que tendrás que *superar* si quieres realizar tu sueño.
2 Los *ciudadanos* no tienen que llevar pasaporte cuando viajan de una
   ciudad a otra en su país.
3 Aunque había sido una ausencia larga, reconoció a su hijo *en cuanto*
   lo vio.
4 El *alcalde* que hemos elegido quiere mejorar las condiciones de la
   ciudad.
5 Sí, las dos cosas son *semejante*. Tienen mucho en común pero hay
   también pequeñas diferencias.
6 Ella tiene *el orgullo* de haber tenido tanto éxito.
7 A mi parecer, ella es una actriz *sin par*. No se puede compararla
   con nadie.

¿Una o muchas?

I

lema   motto

El lema de la España de los últimos casi cuarenta años ha sido «Una grande libre». El lema fue adoptado por el gobierno victorioso en una terrible guerra civil que terminó en 1939.

La palabra *una* en el lema tiene muchísima importancia. Significa que España es una, que es unida. O, por lo menos, así lo desean los gobernantes.

España era, antiguamente, sólo un grupo de reinos independientes como Castilla, Aragón y León. Las bodas de Fernando de Castilla e Isabel de Aragón en 1469 por fin unificaron la España cristiana. La

moros   árabes
musulmana   árabe

victoria de estos dos monarcas sobre los moros en Granada en 1492 dio fin a la España musulmana. Por fin España se vio una. Pero algo existe en el alma hispana que tiende a la separación y no a la unificación. Algo en el hispano le hace sospechar de un gobierno distante y de gobernantes desconocidos.

gallegos   personas
de Galicia
catalanes   personas
de Cataluña
Vascongadas   Provin-
cias Vascongadas, en
el norte de España

En España los gallegos se consideran gallegos primero y después, quizás, españoles. Hay catalanes que niegan ser españoles. Hace casi quinientos años que existe un movimiento separatista en Vascongadas. Hay organizaciones vascas que emplean la bala y la bomba en su lucha contra el gobierno central.

virreinatos
viceroyalties

Esta tendencia separatista no se limita a los españoles. Existe tanto o más entre los hispanoamericanos. El sueño de Simón Bolívar, el gran libertador, era la creación de los Estados Unidos de Sudamérica. Este sueño nunca se realizó. Después de la independencia, los tres virreinatos de la época colonial se dividieron en doce repúblicas en vez de unirse en una grande. De las doce repúblicas de habla española, la más grande es la Argentina. Tiene 1.715.300 kilómetros cuadrados y una población de 24.120.000 personas. Pero muchas de estas repúblicas son pequeñas. Por ejemplo, El Salvador tiene 13.200 kilómetros cuadrados y una población de 3.440.000 personas.

II

salvadoreño   de
El Salvador

Habla Fernando Pérez Garrido, estudiante salvadoreño en una universidad norteamericana.

Mis amigos norteamericanos a veces ni tienen idea de donde está El Salvador. Para muchos de ellos sólo existe *Latin America*. Como las colonias norteamericanas, al encontrarse libres, se unieron en una nación grande, la variedad y la riqueza culturales representadas en tantas repúblicas hermanas no les tienen importancia. Es verdad que tenemos en común el idioma, la religión y gran parte de nuestras costumbres y

hondureño   persona
de Honduras

nuestra historia. Pero el salvadoreño es salvadoreño. No es ni hondureño ni guatemalteco. Cada uno de nosotros lleva en el corazón

Una vista de Caracas

native country

el orgullo de nuestra patria. El norteamericano diría que con tanto en común, ¿por qué no podemos unirnos? Quizás tengan razón. Ellos han podido superar mayores diferencias que las nuestras para poder crear una sola nación.

Pero nosotros diríamos, ¿por qué tratar de hacer una sola entidad homogénea de una preciosa variedad de repúblicas, cada una con su propio sabor y su personalidad sin par? Es difícil explicar. Aquí en los Estados Unidos, en la universidad, me siento entre hermanos cuando estoy con muchachos chilenos, mexicanos, puertorriqueños. No importa de qué parte del mundo hispano son. Pero cuando nos miramos de cerca somos muy distintos los unos de los otros. Tenemos nuestra propia forma de hablar—el chileno dice *choclo*, el mexicano, *maíz*. El peruano dice *palta*, y el hondureño, *aguacate*. El puertorriqueño dice *guagua*, y el español, *autobús*. En cuanto vuelva a casa, el argentino comerá *churrasco*, el chileno, *pastel de choclo*, el peruano, *anticuchos* y el mexicano, *tacos y tamales*. No se puede negar que somos ciudadanos de distintas repúblicas. Y cada una tiene algo suyo.

•**aguacate** avocado

churrasco carne asada
anticuchos piquant meat on a skewer

Nuestra tendencia hacia el separatismo se refleja también en nuestra política. Es raro encontrar en uno de nuestros países un sistema político basado en sólo dos partidos. Es o uno o muchos.

Como ya hemos visto, el separatismo es algo que existía y sigue existiendo en la «madre patria». Pregúntele a un español de dónde es. Primero le dirá el pueblo, luego la provincia o la región y, por fin, España. El siguiente episodio sintetiza el amor por la «patria chica»:

En 1808 las tropas del emperador Napoleón de Francia invadieron a España. Don Andrés Torrejón, el alcalde del pequeño pueblo de Móstoles cerca de Madrid, no iba a permitir semejante cosa. Napoleón no iba a ser dueño de su pueblo. Como alcalde, y en nombre de Móstoles, don Andrés declaró la guerra contra el imperio francés.

—Allá en París mandará Bonaparte. Pero aquí en Móstoles, mando yo.

patria chica precise area of origin (region, province, or town)

CUESTIONARIO *write out*

I

1 ¿Cuál es el lema de la España de hoy?
2 ¿Qué guerra terminó en 1939?
3 ¿Qué significa *una* en el lema?
4 ¿Qué era España antiguamente?
5 ¿Qué unificó a España?
6 ¿Qué dio fin a la España musulmana?
7 ¿A qué tiende el alma del hispano?
8 ¿De qué sospecha?
9 ¿Cómo se consideran los españoles de Galicia y de Cataluña?
10 ¿Contra qué luchan algunas organizaciones vascas?
11 ¿Se limita la tendencia separatista a los españoles?
12 ¿Cuál era el sueño de Simón Bolívar?
13 ¿Se realizó este sueño?
14 ¿En cuántas repúblicas se dividieron los tres virreinatos coloniales?
15 ¿Cuál es la república de habla española más grande de Sudamérica?
16 ¿Cuál es una de las más pequeñas?

II

1 Según Fernando Pérez Garrido, ¿saben sus amigos norteamericanos mucho de los varios países hispanoamericanos?
2 Para muchos de ellos, ¿qué existe?
3 ¿Qué tienen en común las repúblicas hispanoamericanas?
4 ¿Tiene el hispano orgullo en su patria?
5 ¿Qué han creado los norteamericanos?
6 ¿Qué características tiene cada república hispanoamericana?

7 ¿Se siente Fernando entre hermanos cuando está con muchachos de otras naciones hispánicas?

8 Sin embargo, ¿se dan cuenta de que son distintos los unos de los otros?

9 ¿Qué dice el chileno en vez de *maíz*?

10 ¿Qué dice el peruano en vez de *aguacate*?

11 ¿Qué dice el español en vez de *guagua*?

12 ¿Cómo se refleja la tendencia hacia el separatismo en la política?

13 ¿Cómo contesta un español cuando uno le pregunta de dónde es?

14 ¿Quiénes invadieron a España en 1808?

15 ¿Qué era don Andrés Torrejón?

16 ¿Dónde está Móstoles?

17 ¿Qué no iba a permitir don Andrés?

18 ¿Qué hizo él?

19 ¿Qué dijo?

EJERCICIOS DE VOCABULARIO

A Basando sus respuestas en la oración modelo, contesten a las preguntas que la siguen.

1 **Aquel alcalde casi desconocido tenía que superar dificultades para ganar el respeto de los ciudadanos.**
¿Era desconocido el alcalde?
¿Tenía que superar dificultades el alcalde?
¿Ganó él el respeto de los ciudadanos?
¿Superó él dificultades para ganar su respeto?
¿Qué tenía que hacer el alcalde casi desconocido?

2 **En vez de tratar de superar sus problemas, tiende al pesimismo.**
¿Trata de superar sus problemas?
¿Tiende al pesimismo?
¿A qué tiende en vez de tratar de superar sus problemas?

B Reemplacen las palabras en letra bastardilla con la forma apropiada de una expresión equivalente.

1 *El jefe del pueblo* declaró la guerra.

2 El alcalde le hablará *en el primer momento que* pueda.

3 ¿Por qué no tratas de hacer algo *parecido*?

4 Ellas tienen que *vencer* esas injusticias.

5 Estos políticos *no son conocidos*.

6 Con todo lo que ha hecho, no se puede negar que es una alcaldesa *única*.

7 No es nada más que *una fantasía* que nunca se realizará.

8 ¿Asistirán todos los ciudadanos *al casamiento* del rey?

9 Él *se inclina a* sospechar de todo lo desconocido.

10 Él es digno del *amor propio* que tiene.

worthof

C Den la palabra o expresión cuya definición sigue.

1 no muy diferente
2 el jefe del pueblo
3 sin igual
4 la opinión personal que uno tiene de su valor
5 los nacionales de un país
6 tan pronto como
7 conquistar o vencer
8 el contrario de *conocido*

ESTRUCTURA

I
El futuro

Los verbos regulares

1 Sustituyan.

Ella me	hablará. ayudará. verá. preferirá. recibirá.	Ellos	darán explicarán comprenderán leerán discutirán	la lección.

2 Contesten.

1. ¿Entrará con el capitán el soldado?   2. ¿Hablarán los novios de la boda?   3. ¿Le causará tristeza la guerra?   4. ¿Sospecharán ellos del plan?   5. ¿Comerá ella con el alcalde?   6. ¿Conocerán ellos al alcalde? 7. ¿Defenderá a su novio Carmen?   8. ¿Venderán la casa los recién casados?   9. ¿Preferirá ella vivir en Galicia?   10. ¿Discutirán los problemas los jóvenes?   11. ¿Sufrirá él?   12. ¿Vivirán ellos en la capital?

3 Sustituyan.

Yo	investigaré estudiaré comprenderé discutiré	el asunto.

Nosotros	llegaremos volveremos partiremos	dentro de poco.

Una vista de Lima

4 Contesten.

1. ¿Recordarás mis palabras? 2. ¿Estudiarán Uds. los detalles? 3. ¿Cuidarás de los niños? 4. ¿Pensarán Uds. en el matrimonio? 5. ¿Comprenderás las dificultades? 6. ¿Leerán Uds. el anuncio? 7. ¿Volverás con tu familia? 8. ¿Venderán Uds. la casa? 9. ¿Escribirás a tu novia? 10. ¿Vivirán Uds. en Hispanoamérica? 11. ¿Repetirás el lema? 12. ¿Discutirán Uds. la decisión?

5 Sustituyan.

Tú	despertarás acostarás verás seguirás	al niño.	¿Cuándo	se casarán llegarán comprenderán oirán	Uds.?

6 Sigan las instrucciones.

1. Pregúntele a un amigo si ayudará con el problema. 2. Pregúnteles a unos amigos si cuidarán de los niños. 3. Pregúntele a una amiga si defenderá sus derechos. 4. Pregúnteles a los Gómez si volverán el año próximo. 5. Pregúntele a Teresa si escribirá una poesía. 6. Pregúnteles a unos amigos si pedirán dinero.

7 Repitan.

¿Cantará Ud. en el teatro, señorita?
¿Comprenderá Ud. el problema, señora?
¿Servirá Ud. al gobierno, señor?

8   Sigan las instrucciones.

1. Pregúntele al señor si olvidará el pasado.   2. Pregúntele a la señorita si volverá pronto.   3. Pregúntele a la señora si escribirá el artículo.

9   Contesten.

1. ¿Obedecerá el alcalde al pueblo?   2. ¿Discutirán Uds. cualquier problema?   3. ¿Volverá él con su novia?   4. ¿Cuidarás del niño? 5. ¿Darás consejos a tu hijo?   6. ¿Servirán Uds. durante el discurso? 7. ¿Pedirá él permiso a los padres?   8. ¿Se casarán ellos pronto?

EXPLICACIÓN GRAMATICAL

The root for the formation of the future tense of regular verbs is the infinitive. The future endings are added to the infinitive.

mirar	comer	escribir
miraré	comeré	escribiré
mirarás	comerás	escribirás
mirará	comerá	escribirá
miraremos	comeremos	escribiremos
(miraréis)	(comeréis)	(escribiréis)
mirarán	comerán	escribirán

Los verbos irregulares

10   Sustituyan.

Él lo | dirá / querrá. / sabrá. / tendrá. / pondrá. | Las jóvenes | dirán / harán / sabrán / tendrán | eso.

11   Contesten.

1. ¿Dirá Carmen la verdad?   2. ¿Querrán ellos salir?   3. ¿Podrá María asistir a la fiesta?   4. ¿Sabrán los padres los detalles?   5. ¿Saldrá Antonio con Carmen?   6. ¿Tendrán los chicos bastante tiempo?   7. ¿Vendrá a la boda la abuela?   8. ¿Pondrán ellos todo en orden?

12   Sustituyan.

Yo lo | diré / haré. / sabré. / tendré. / pondré. | Nosotros | lo haremos / lo diremos / saldremos / vendremos | pronto.

13   Contesten.

1. ¿Dirás que sí?   2. ¿Harán Uds. la comida?   3. ¿Cabrás en el carro?
4. ¿Podrán Uds. asistir?   5. ¿Sabrás la hora?   6. ¿Vendrán Uds. acompañados?   7. ¿Tendrás tiempo?   8. ¿Se pondrán Uds. el vestido?

14   Sustituyan.

¿A qué hora | querrás salir?
             | lo tendrás?
             | saldrás?
             | vendrás?

¿Cuándo lo | harán Uds.?
            | quérrán Uds.?
            | sabrán Uds.?
            | pondrán Uds.?

¿Lo | dirá
     | querrá
     | sabrá
     | hará | Ud.?

15   Sigan las instrucciones.

1. Pregúntele a un amigo si lo sabrá.   2. Pregúnteles a unos amigos si
pondrán la mesa.   3. Pregúntele a una amiga si saldrá temprano.
4. Pregúnteles a ellos si podrán volver.   5. Pregúntele al señor si vendrá
mañana por la mañana.   6. Pregúntele a la señorita si podrá llegar a
tiempo.   7. Pregúntele a la señora si tendrá suficiente tiempo.

*Una vista de
Bogotá*

Una vista de Buenos Aires

16   Sigan el modelo.

Carlos lo sabe. ¿Y tú? → Yo lo sabré también.

1. Ellos vienen. ¿Y Uds.?   2. Carlos lo hace bien. ¿Y su hermana?
3. Timoteo sale el viernes. ¿Y los otros?   4. Ella quiere esquiar. ¿Y tú?
5. Yo digo que no. ¿Y Timoteo?   6. Él puede estar. ¿Y los otros?   7.
Carlos lo pone en orden. ¿Y tú?

EXPLICACIÓN GRAMATICAL

Several verbs have an irregular future stem. Study the following.

decir	dir–	diré	**poner**	pondr–	pondré
hacer	har–	haré	**salir**	saldr–	saldré
querer	querr–	querré	**tener**	tendr–	tendré
caber	cabr–	cabré	**valer**	valdr–	valdré
poder	podr–	podré	**venir**	vendr–	vendré
saber	sabr–	sabré			

RESUMEN

17 Contesten según el modelo.

¿Fuiste a la iglesia ayer? → No, pero iré mañana.

1. ¿Pediste ayuda ayer? 2. ¿Hablaron ellos con los novios ayer? 3. ¿Vinieron Uds. ayer? 4. ¿Lo supo él ayer? 5. ¿Comprendieron ellos el problema ayer? 6. ¿Hiciste el trabajo ayer? 7. ¿Tuvieron Uds. tiempo ayer? 8. ¿Escribió ella la carta ayer? 9. ¿Durmieron bien los niños ayer? 10. ¿Lo viste ayer?

II
El condicional

Los verbos regulares

18 Sustituyan.

| Carlos | ayudaría.
contestaría.
comprendería.
insistiría. | Ellos no lo | aconsejarían.
venderían.
escribirían.
devolverían. |

| Yo | ayudaría
vestiría
conocería | al niño. | Nosotros lo | expresaríamos.
entenderíamos.
exigiríamos.
prohibiríamos. |

19 Contesten.

1. ¿Superaría él la dificultad? 2. ¿Se casarían ellos en seguida? 3. ¿Volvería el hondureño? 4. ¿Comprenderían todos el problema? 5. ¿Iría Carlos a la ceremonia? 6. ¿Acudirían ellos a la iglesia? 7. ¿Escucharías la música? 8. ¿Volverías temprano? 9. ¿Vivirías con los padres? 10. ¿Tenderían Uds. al separatismo? 11. ¿Comprenderían Uds. los problemas del gobierno? 12. ¿Escribirían Uds. un lema?

20 Sigan las instrucciones.

1. Pregúntele a un amigo si aconsejaría igual. 2. Pregúntele a una amiga si defendería su opinión. 3. Pregúntele a un amigo si sufriría mucho. 4. Pregúnteles a unos amigos si llegarían temprano. 5. Pregúnteles a unos amigos si ofrecerían ayuda. 6. Pregúnteles a los señores si vivirían en la capital. 7. Pregúntele a la señorita si hablaría del movimiento separatista. 8. Pregúntele al señor si aceptaría la teoría.

As with the future, the infinitive serves as the root for the conditional tense of regular verbs. Note that the conditional endings are the same as those of the imperfect of second and third-conjugation verbs. Study the following.

mirar	**comer**	**escribir**
miraría	comería	escribiría
mirarías	comerías	escribirías
miraría	comería	escribiría
miraríamos	comeríamos	escribiríamos
(miraríais)	(comeríais)	(escribiríais)
mirarían	comerían	escribirían

The conditional is used to express an action or idea based on a condition. This condition can be either expressed or implied.

Yo iría, pero no puedo.
Haríamos un viaje. (Pero no tenemos bastante dinero.)

Los verbos irregulares

21   Repitan.

Él diría que sí.
Ellos podrían salir.
Yo no lo tendría.
No cabríamos todos en el auto.
¿Por qué no saldrías?

22   Contesten.

1. ¿Diría que no Carlos?   2. ¿Harían ellos suficiente trabajo?   3. ¿Podría ella servir la comida?   4. ¿Tendrían ellos otra casa?   5. ¿Querrías ir con ellos?   6. ¿Sabrías todos los detalles?   7. ¿Tendrías otra oportunidad? 8. ¿Saldrían Uds. mañana?   9. ¿Dirían Uds. la razón?   10. ¿Podrían Uds. terminar?

23   Sigan las instrucciones.

1. Pregúntele a una amiga si querría hablar con ella.   2. Pregúntele a un amigo si podría asistir a la boda.   3. Pregúnteles a unos amigos si harían el viaje.   4. Pregúnteles a los Gómez si saldrían por la mañana. 5. Pregúntele al señor López si sabría la fecha.   6. Pregúntele a la señorita Rivera si pondría todo en orden.

Those verbs which have an irregular root in the future use the same root to form the conditional.

decir	dir–	diría	**poner**	pondr–	pondría
hacer	har–	haría	**salir**	saldr–	saldría
querer	querr–	querría	**tener**	tendr–	tendría
caber	cabr–	cabría	**valer**	valdr–	valdría
poder	podr–	podría	**venir**	vendr–	vendría
saber	sabr–	sabría			

El futuro y el condicional de probabilidad y conjetura

24   Repitan.

Ellos llegarán temprano.
¿Quién será él?
El novio tendría unos veinte años.
¿Quiénes llamarían?

25   Sigan los modelos.

Probablemente llegan a las tres. → Llegarán a las tres.
Posiblemente llegaron a las tres. → Llegarían a las tres.

1. Probablemente vienen en tren.   2. Probablemente salieron temprano.
3. Probablemente lo saben.   4. Posiblemente es Juan.   5. Posiblemente
llaman mis padres.   6. Probablemente se casaron por la mañana.

In order to state a probable or possible action related to the present, the future is used. The conditional is used when there is conjecture about a past action.

Llegarán en el tren de las once. (Posiblemente llegan en el tren de las once, pero no estoy seguro.)
Llegarían en el tren de las once. (Probablemente pensaban llegar en el tren de las once, pero no estoy seguro.)

¿Qué hora será? (¿Qué hora puede ser?)
¿Qué hora sería cuando llegaron? (¿Qué hora podía ser cuando llegaron? No sé.)

26 Repitan.

Juan creyó que estarían aquí.
Ellos dijeron que se casarían.

27 Sigan el modelo.

Juan dijo: «Nos casaremos el sábado». →
Juan dijo que se casarían el sábado.

1. María dijo: «Todos estarán listos». 2. Ellos preguntaron: «¿Por qué no vendrán Uds.?» 3. Tomás dijo: «Escribiremos a menudo». 4. Graciela dijo: «Haré todo lo posible».

EXPLICACIÓN GRAMATICAL

In indirect discourse, the conditional is used to express an action which was in the future in relation to the time at which the statement was made.

Carlos dijo (el jueves) que volvería el viernes.
María dijo (a la una) que estaría aquí a las tres.

 Temas de composición

1 En un párrafo, explique Ud. la tendencia separatista de los hispanos. ¿Cómo se manifestó en el pasado y cómo sigue manifestándose hoy día?
2 Explique el orgullo que Ud. tiene de ser ciudadano(a) de su ciudad, pueblo o estado. ¿Por qué tiene Ud. este orgullo?
3 ¿Cree Ud. que existen diferencias entre la gente de distintas partes de los Estados Unidos? Describa en qué manera son diferentes y en qué manera son semejantes.

LECCIÓN 12
CONVERSACIÓN
En la estación de ferrocarril

Vocabulario

1. **el andén** el lugar donde espera la gente la llegada del tren *sidewalk platform*
   Tenemos que ir al _____ porque llega en seguida el tren.

2. **han asignado (asignar)** dar, indicar lo que corresponde a una persona
   ¿Quiénes nos _____ estos asientos?

3. **disponibles** que pueden utilizarse (available)
   No nos quedan más que doce boletos _____. Los otros están vendidos.

4. **nos apuramos (apurarse)** darse prisa, andar rápido *to hurry up*
   Si nosotros no _____, vamos a perder el tren.

5. **conseguiremos (conseguir)** obtener *obtain*
   Mañana _____ el baúl en la estación.

6. **sudando (sudar)** transpirar (sweat)
   Con el calor que hace aquí, estoy _____.

7. **tiritando (tiritar)** temblar de frío
   Fernando estaba _____ cuando miraba la foto de la nieve.

8. **atroz** cruel, horrible
   La guerra civil fue una guerra _____.

9. **odio (odiar)** abominar, contrario de **amar** *to hate*
   Yo _____ tener que trabajar los sábados.

10. **madrugar** levantarse temprano *to dawn*
    El tren sale a las siete; así tenemos que _____ si no lo queremos perder.

11. **de retraso** tarde, con una demora
    El avión llegará con dos horas _____.

12. **me quejo (quejarse)** expresar resentimiento o molestia
    Aunque no me gusta, yo no _____.

13. **el horario** lo que indica la hora de las llegadas y las salidas *schedule*
    Si no sabes a qué hora sale el tren, ¿por qué no consultas el _____?

PRÁCTICA

Reemplacen las expresiones en letra bastardilla con la forma apropiada de una expresión equivalente.

1. Mañana tenemos que *levantarnos temprano*.
2. Estoy *temblando de frío*. Tendré que ponerme un abrigo.
3. *Date prisa* o vamos a perder el avión.
4. Ellos cometieron un crimen *horrible*.
5. Tienes que *obtener* un pasaporte si vas a cruzar la frontera.
6. El profesor nos *ha dado* los asientos.
7. Mira como estás *transpirando*.
8. Aunque las cosas no le andan bien, ella nunca *expresa resentimiento*.

EN LA ESTACIÓN DE FERROCARRIL

•**lujo** luxury

Dª Carolina:	Sé que tú prefieres ir en avión, pero a mí no me gusta viajar así, porque no se puede ver nada.
D. Ignacio:	No, no. Yo prefiero el tren. Es que mis negocios no me permiten el lujo de viajar tranquilamente.
Dª Carolina:	No he visto los boletos. ¿Tenemos reservados los asientos o no?
D. Ignacio:	No nos han asignado asientos específicos. Para este tren venden justamente el número de boletos que corresponde al número de asientos disponibles. Así, estamos asegurados de tener asiento.
Dª Carolina:	Sí, asegurados de tener asiento, pero tú podrías estar en el primer vagón y yo en el último.

•**vagón** carro (car of a train)

D. Ignacio:	Tienes razón. No había pensado en eso. Cuando llegue el tren al andén, vamos directamente al primer vagón detrás de la locomotora. Si nos apuramos, conseguiremos dos asientos juntos.

•**ventanilla** ventana pequeña
•**me toca a mí** is for me

Dª Carolina:	Y acuérdate, la ventanilla me toca a mí.
D. Ignacio:	Es un problema con estos trenes de clase única. Son rápidos, cómodos y modernos, pero tienen sus inconvenientes. En los trenes tradicionales, si uno viaja en primera, tiene su asiento reservado y confirmado. Uno no tiene que ir corriendo para arriba y para abajo buscando asiento.

velocidad de carreta horse and cart speed

Dª Carolina:	Sí, sí. Y uno viaja a la velocidad de carreta, sudando en verano y tiritando en invierno.

•**coche-comedor** dining car

D. Ignacio:	Otra vez me ganas. Mira, cuando hayamos escogido los asientos, pasemos al coche-comedor para tomarnos un café y alguna cosita para comer. Tengo un hambre atroz.
Dª Carolina:	Yo también. Odio tener que madrugar como hicimos esta mañana, y salir de casa sin, por lo menos, un cafecito con leche.
D. Ignacio:	Espero que este tren salga a tiempo hoy. Me dijeron que ayer llegó a la capital con tres horas de retraso.

cuentos de hadas fairy tales

Dª Carolina:	Ignacio, tú eres un inocente. Bien sabes que los horarios son como los cuentos de hadas. Muy bonitos, pero sin tener nada que ver con la realidad.
D. Ignacio:	¿Qué quieres decir? ¿Que sería mejor ir en avión?

terrestre de la tierra
rieles rails
pajaritos birds

Dª Carolina:	Nada de eso. Me quejo de los trenes, sí. Pero soy un animal terrestre. Prefiero viajar sobre rieles y tierra firme y no como los pajaritos.
D. Ignacio:	Espera. Están anunciando algo pero no lo puedo captar.
Dª Carolina:	Será la llegada del tren. Todo el mundo se está acercando al andén.

•**consigna** check-
room
•**he facturado**
I have checked
•**talón** ticket stub,
baggage check

D. Ignacio: No te olvides, el primer vagón detrás de la locomotora . . . y te concedo la ventanilla. Voy a la consigna donde he facturado el equipaje. No lo quería cuidar mientras esperábamos. ¿Qué hice con el talón? Ah, aquí está. Te veo en el tren.

CUESTIONARIO

1   ¿Por qué no quiere viajar en avión doña Carolina?
2   Según don Ignacio, ¿es más tranquilo viajar en tren o en avión?
3   ¿Tienen reservados los asientos?
4   ¿A qué corresponde el número de boletos vendidos?
5   ¿Qué conseguirán si se apuran?
6   ¿Dónde quiere sentarse doña Carolina?
7   ¿Cuál es el problema con «estos trenes de clase única»?
8   ¿Adónde van para tomar un café?
9   ¿A doña Carolina le gusta madrugar?
10 ¿Cómo son los horarios?
11 ¿Oyó don Ignacio lo que anunciaron?
12 ¿A qué se acerca todo el mundo?
13 ¿En qué vagón van a sentarse?
14 ¿Adónde va don Ignacio?
15 ¿Qué ha facturado en la consigna?
16 ¿Qué tiene que entregar al empleado para recoger su equipaje?

EJERCICIOS DE VOCABULARIO

A   Completen las siguientes oraciones con una expresión apropiada.

1   Anuncian que el tren llegará al _____ número doce.
2   Voy a dejar el equipaje en la _____.
3   La niña va a sentarse cerca de la _____ porque quiere ver el paisaje.
4   Yo les aconsejo _____ los boletos algunos días antes de hacer el viaje.
5   Si hace mucho calor en el tren, voy a _____.
6   Tengo hambre pero este tren no tiene _____.
7   No nos gusta el primer _____ detrás de la locomotora.
8   Tenemos que _____; ya es tarde.
9   El pobre muchacho está _____ de frío.
10 El vagón está completo; no hay asientos _____.

B   Verdad o falso. Si la oración es falsa, corríjanla.

1   Si Ud. quiere facturar su equipaje, Ud. tendrá que ponerlo en el andén.
2   Al facturar el equipaje, Ud. recibe un talón.
3   El primer vagón detrás del coche-comedor es la locomotora.
4   Mucha gente odia viajar en tren porque no se puede ver nada.
5   Tenemos que apurarnos porque el tren llega con cinco horas de retraso.
6   Nos quejamos cuando el tren llega con retraso.
7   Hay que comprar los horarios antes de subir al tren.
8   Madrugar es levantarse tarde.

ESTRUCTURA

Los complementos directos

Tercera persona: **lo, los, la, las**

1   Repitan.

María quiere a su novio.
María lo quiere.
Tomás mira a Elena.
Tomás la mira.
Ella escribe la carta.
Ella la escribe.
Recibimos a nuestros amigos.
Los recibimos.
Enviaron las cartas.
Las enviaron.

Consultando el horario, Barcelona

Interior de la estación de ferrocarril, Barcelona

2   Contesten según el modelo.

¿El libro? ¿Yo? → Sí, yo lo tengo.

1. ¿Las fotografías? ¿María?   2. ¿La maleta? ¿Ellos?   3. ¿El libro? ¿Tú?
4. ¿El tiempo? ¿Nosotros?   5. ¿La recomendación? ¿Yo?   6. ¿Los periódicos? ¿La señora?

3   Contesten según el modelo.

¿Consiguió el boleto María? → Sí, María lo consiguió.

1. ¿Vio Antonio a su novia?   2. ¿Perdió la carta Guillermo?   3. ¿Acostó a los niños la madre?   4. ¿Discutieron ellas el asunto?   5. ¿Defendió la teoría el señor?   6. ¿Comprenderá los problemas la joven?   7. ¿Encontró la consigna don Ignacio?   8. ¿Tiró las balas Marta?   9. ¿Escuchó los discos el esposo?   10. ¿Resistieron ellos el frío?   11. ¿Entregó el talón el señor?   12. ¿Facturó Tomás las maletas en la consigna?

EXPLICACIÓN GRAMATICAL

The direct object pronouns *lo, los, la, las* (third person) are used to replace either a person or a thing. Unlike *me, te, nos, (os)*, these pronouns cannot function as indirect objects, only as direct objects.

María vio a Enrique. María lo vio.
Mandaron los regalos. Los mandaron.
Teresa recibió la carta. Teresa la recibió.
Visitó a sus tías. Las visitó.

Los complementos indirectos

Tercera persona: **le, les**

4   Repitan.

Hablé a Carlos. Le hablé.
Enseñó a los niños. Les enseñó.
Leí a mi hermana. Le leí.
Escribió a sus tías. Les escribió.

5   Sustituyan.

Yo le	escribí dirigí mandé	la carta a ella.	Él les	enseñó explicó presentó	la lección a ellos.

6   Contesten según el modelo.

¿Hablaste a Carmen? → Sí, le hablé.

1. ¿Hablaste a Elena?   2. ¿Hablaste a Carlos?   3. ¿Hablaste a los muchachos?   4. ¿Hablaste a las muchachas?   5. ¿Dijiste la verdad a María?
6. ¿Explicaste la razón a tu hermano?   7. ¿Diste los talones al empleado?
8. ¿Mandaste la carta a las chicas?   9. ¿Leíste el artículo a tu padre?
10. ¿Vendieron ellos la casa a los Gómez?   11. ¿Escribió al soldado Teresa?   12. ¿Explicaron ellas los detalles a Juan?

Interior de un compartimiento

*Estación de
ferrocarril,
Buenos Aires*

EXPLICACIÓN GRAMATICAL

The third person indirect object pronouns are *le, les*. Note that *le* and *les* can replace either a masculine or feminine indirect object.

> Hablé a Carlos. Le hablé.
> Hablé a María. Le hablé.
> Hablé a los muchachos. Les hablé.
> Hablé a las muchachas. Les hablé.

Since the indirect object pronoun can replace any of several persons, it is often accompanied by a prepositional phrase to add clarity.

> Le hablé a él.
> Le escribí a ella.
> Le pagué a Ud.

The third person indirect object pronoun is very often used along with the noun. In this case, the pronoun is not considered redundant.

> Les expliqué la lección a los alumnos.
> Le dije la verdad a María.

RESUMEN

7   Contesten según el modelo.

¿Mandaste la carta a María? → Sí, le mandé la carta.

1. ¿Viste a Teresa?   2. ¿Hablaste a Tomás?   3. ¿Vendiste el coche?
4. ¿Miraste a los niños?   5. ¿Escribiste la carta a Elena?   6. ¿Explicaste
la lección a las chicas?   7. ¿Leíste el libro a Antonio?   8. ¿Perdiste
los boletos?

Temas de conversación

1   Prepare Ud. una conversación entre Ud. y el agente que despacha
los boletos en la estación.
2   Prepare Ud. una conversación titulada «Un viaje en tren». Emplee
Ud. las siguientes palabras.

apurarse	facturar	el andén
llegar	los boletos	de retraso
sudar	disponibles	el horario
conseguir	los asientos	la consigna
odiar	el vagón	el talón

LITERATURA

La mujer: valor económico
de Miguel Ángel Asturias

Introducción

El ensayo que sigue es obra de Miguel Ángel Asturias (1899–1974). Este autor guatemalteco es una de las más importantes figuras de las letras hispánicas.

En sus novelas y cuentos Asturias nos habla del indio americano, de sus mitos, leyendas y tradiciones. A la vez registra una protesta contra las condiciones sociales. Miguel Ángel Asturias, en su obra maestra, «El señor presidente», une los dos temas, la mitología indígena y la protesta—en este caso la protesta contra las dictaduras.

Además de ser maestro del arte narrativo, Asturias es también gran poeta. En 1967 en reconocimiento del valor universal de su obra se le otorgó el Premio Nobel de Literatura.

El ensayo «La mujer: valor económico» apareció por primera vez en el periódico *El Nacional* de Caracas, Venezuela, el 10 de octubre de 1958. De ninguna manera se consideraría este ensayo una gran obra del autor. Lo que sí es es un excelente ejemplo de la clara inteligencia del autor y de su sensibilidad.

Al leer este ensayo, el lector debe tener en cuenta la fecha de publicación y el lugar de publicación. Este ensayo se publicó en 1958 en Caracas. La idea de la igualdad de la mujer no era muy popular en Hispanoamérica hace veinte años. Pero es importante notar que aquellas personas de inteligencia superior y gran sensibilidad reconocen la injusticia y los defectos sociales quizás antes que los demás. Asturias tenía el valor para llevarle la contraria al populacho.

La mujer: valor económico
de Miguel Ángel Asturias

La mujer: valor económico
de Miguel Ángel Asturias

•ser ser humano, persona
•cotidiana diaria
aves pájaros
puchero cooking pot
•bisabuelos padres de los abuelos
tatarabuelos padres de los bisabuelos
encadenan bind
creyentes . . . chimpancé los que creen en la interpretación bíblica de la creación o los que creen en la teoría de la evolución
soltado amarras let loose the lines (of a ship)
por su cuenta y riesgo on her own
•desempeñar cumplir, hacer
cargos empleos, tareas
trastorno upset
desviación deviation
cauce river bed
semental breeder

ente entity
•hogar casa
fuego sagrado home fires, hearth
timón rudder

glosamos explicamos un texto
•A su juicio En su opinión
imperativo histórico lo que manda la historia

devenir futuro, porvenir

bélico de guerra

El concepto semidivino o semidiabólico que nuestros antepasados tenían de la mujer ha ido quedando guardado entre las ropas viejas y sólo de vez en vez se oye todavía a los que se refieren a ella como a un ser situado en un pedestal, fuera de la vida diaria, fuera de la lucha cotidiana, aislada en las cuatro paredes de su casa, al cuidado de la familia, las aves domésticas, el puchero y las fotografías desleídas de los abuelos, bisabuelos, tatarabuelos y otros personajes que encadenan las familias, cuando son creyentes, a Adán y Eva, Caín y Abel, y cuando son positivistas al orangután, al gorila o al simple chimpancé.

Sin embargo, hay que reconocer que existe, aunque parezca mentira, esta clase de personas con mentalidad a la antigua que no conciben que la mujer haya soltado amarras y navegue ahora por su cuenta y riesgo en los mares de la existencia moderna. No se convencen ni aun viéndolas desempeñar los más difíciles y delicados cargos, y creen que se trata de un trastorno pasajero, de una desviación de las costumbres que tuvo origen en la guerra pero que volverá a su cauce todo como antes, y hasta sostienen que las mujeres tornarán a su papel pasivo, negativo, de ser que sirve de adorno o bien que sirve para la procreación del género humano, papel que si es cierto que la dignifica, no es el único que le corresponde, pues sería igual que obligar al hombre a un simple semental.

Pero como el mundo no marcha hacia atrás, afortunadamente, sino hacia adelante, y el progreso no se detiene, menos ahora que va en alas de aviones atómicos, la mujer ha empezado a ser considerada como un ente con valor económico en función de lo que produce fuera del hogar, y es en ese sentido que se educa actualmente a las jóvenes que mañana no serán las simples guardadoras del fuego sagrado, como en tiempos pasados, sino las que también llevarán las manos al timón, las que con sus ideas contribuirán al desarrollo de la actividad en todos los órdenes humanos.

A grandes líneas glosamos la conferencia pronunciada por la doctora Goldenberg en el Consejo Argentino de Mujeres Israelitas. A su juicio la mujer ha llegado a ocupar el puesto que hoy tiene, no por la acción beligerante de las sufragistas, sino por imperativo histórico. Y porque la mujer misma ha cambiado, hasta sus temas de conversación hoy son otros: política, ciencia económica, relaciones internacionales, arte, etc. La revolución industrial, por otra parte, al acentuarse en el devenir del tiempo también ha favorecido la liberación femenina, y es aquí donde debe anotarse el doloroso fenómeno bélico que obliga a la mujer a ocupar en la industria, el comercio, las universidades, y en el campo, y en todas partes, el lugar del hombre. A este respecto, y para que no se busque por los francos tiradores antifeministas, lugares escondidos para hacer su disparo, debe dejarse bien claro que no es verdad que el empleo en aumento de la mujer en los trabajos que antes estaban reservados al hombre, haya sido o sea factor de desocupación. La mujer a este respecto ha ido como colaboradora y no como concurrente. Pero otro capítulo debe también examinarse, el trabajo de la mujer casada, o mejor si decimos el caso, ya generalizado hoy de la mujer casada que trabaja fuera de su hogar.

La conveniencia de que la mujer casada trabaja fuera debe enfocarse desde el punto de vista económico más que todo. Se entiende que lo hace porque lo que gana el marido no alcanza para los gastos de la casa y educación de la familia, y en este caso, el marido, lejos de encontrarlo reprochable, tiene que sentir por su compañera un motivo más de afecto. Pero, si hemos partido al hacer esta observación, desde el punto de vista económico, en el terreno humano, hay que afirmar que la lucha de la mujer en trabajos alejados del hogar, lejos de perjudicarla, en sus sentimientos hacia el marido, la humanizan, la hacen transformarse plenamente en lo que debe ser, la colaboradora del hombre, no contra el hombre, sino con el hombre, la mujer que en medio de las necesi-dades de la vida, en el embate de los acontecimientos diarios, ha llegado a comprender la falsedad de la antítesis «hombre-mujer» (Hombre, con mayúscula, y mujer con una «m» minúscula, muy, muy minúscula), y a sentirse, como su esposo, responsable, ella también, y a la par que él en todo lo que es beneficioso, para ellos dos, para la casa y principal-mente para sus hijos.

La mujer que trabaja fuera de su hogar, sin dejar de ser mujer, sin masculinizarse, no es desde luego ese ser al que el marido encuentra al piano, al espejo, al balcón, a la lectura del almanaque o la revista frívola, ésa que le relata desde que éste llega de su trabajo, los chismes del barrio, las intrigas de sus amigas, las consabidas necesidades rela-cionadas con la servidumbre, las quejas de los hijos. Por el contrario. Es la mujer que tiene para contento de su esposo, la conversación viva, tan viva que aquél tendrá la impresión de seguir charlando con uno de sus mejores amigos. No tendrá el esposo que romper con un bostezo la entrada a su casa, sin saber de que hablar con su compañera, pues la relación entre ellos tendrá por motivo la existencia misma.

Lo dicho, sin embargo, podría tomarse en detrimento de la mujer que realiza trabajo útil en su hogar, y nada más lejos del pensamiento de la doctora Goldenberg. En este balance de posibilidades femeninas hay que hablar y ponderar a la esposa que convierte su casa en un centro de actividad útil y fecunda, función en la que desde luego también cumple un papel económico preponderante. Las virtudes del ahorro en los gastos, de la mejor disposición de las partidas del presupuesto doméstico, sea éste pomposo o humilde, y por añadidura el ejercicio de alguna actividad hogareña que también lleve agua financiera al molino,

encarar to face

sufragar to defray

•agotar to exhaust, to drain dry

salvedad exception

ya sois vuestras now you're your own disponéis . . . cuenta you are arranging your own lives without consulting us (men)

harán de ella la compañera ideal, porque lo que hay que encarar en la actualidad, y para el futuro, es que cada vez serán más los hogares donde la mujer en su casa o fuera, tendrá que trabajar para ayudar a sufragar los gastos familiares. Sin agotar el tema y como punto final, sintetizando lo que hemos transcrito y dicho, hay que repetir que en la actualidad la mujer ha llegado a ser, en un plano superior a todos los tiempos, un factor económico tan importante, si no más, que el hombre, y esta salvedad no es, queridas lectoras, sino una galantería de mi parte, que sin tal no podría despedirme de vosotras que sois además tan bellas, tan graciosas, tan amables y seductoras, cuando no erais factores económicos, pero que horror . . . estoy volviendo al pasado . . . cuando erais . . . de nosotros, pues ahora, como factores económicos que sois, ya sois vuestras, y ¡disponéis de vuestras vidas sin tomarnos en cuenta!

CUESTIONARIO

1 En el pasado, ¿cómo se le consideraba a la mujer?
2 ¿Dónde estaba aislada la mujer?
3 ¿De qué cuidaba la mujer?
4 ¿Existen hoy estas personas con mentalidad a la antigua?
5 ¿Qué significado tiene lo siguiente: «La mujer navega ahora por su cuenta y riesgo, ha soltado amarras y navega ahora por su cuenta en los mares de la existencia moderna»?
6 ¿Hay los que creen que la mujer tornará a su papel pasivo?
7 ¿Cuáles eran los dos papeles tradicionales que desempeñaban las mujeres?
8 En tiempos modernos ¿cómo se considera la mujer?
9 ¿Qué no serán mañana, las jóvenes que se educan hoy?
10 ¿Cuáles son los temas de conversación de la mujer de hoy?
11 ¿Qué revolución ha favorecido la liberación femenina?
12 Según unos antifeministas, ¿qué ha sido factor de la desocupación de los hombres?
13 ¿Ha ido la mujer como colaboradora o como concurrente?
14 Según el autor, ¿por qué trabaja la mujer fuera del hogar?
15 ¿En qué se transforma la mujer que trabaja fuera de su casa?
16 Según los estereotipos, ¿cómo encontraba el marido a su mujer?
17 ¿Cómo encontrará el marido a la mujer contemporánea?
18 ¿Cuál es el papel de la mujer que trabaja en su hogar?
19 ¿Por qué trabajarán más mujeres fuera de la casa?
20 ¿Cómo describe el autor a las mujeres?

A Completen las siguientes oraciones con una palabra apropiada.

1 Hay que respetar los derechos de cualquier _____ humano.
2 Ella _____ un papel importante con la compañía.
3 Tendremos que preparar un _____ si no queremos gastar demasiado dinero.
4 No hay más boletos; están _____.
5 Sólo estaban _____ con sus amigos. No era una conversación seria.
6 Para muchas familias, el _____ es un lugar sagrado.
7 Espero que los _____ no superen el dinero que nos queda en el presupuesto.
8 Los padres de sus abuelos son sus _____.

B Den la palabra cuya definición sigue.

1 terminar con una cosa
2 lo que se gasta
3 conversando
4 ¡cómo no!
5 lejos de
6 de todos los días
7 el resentimiento o disgusto

Interpretación y análisis

1 Según el autor, ¿cómo veían a la mujer nuestros antepasados?
2 Discuta Ud. cómo y por qué ha cambiado el papel de la mujer.
3 Según el autor, ¿cómo beneficia este nuevo papel femenino tanto al hombre como a la mujer?

LECCIÓN 13
CULTURA
Los norteamericanos hispanos

Vocabulario

I

1 **puso pie en (poner pie en)** llegar a
    Colón _____ el Nuevo Mundo en 1492.

2 **los sacerdotes** los padres, los curas (priests)
    Los _____ dijeron misa en la catedral.

3 **desde hace** durante (for + time)
    Los inmigrantes llegan al Nuevo Mundo _____ siglos.

4 **la mano de obra** trabajo manual
    La cosecha de la caña de azúcar requiere mucha _____.

5 **aprovecharse** beneficiarse de *to take advantage of*
    Los jóvenes deben _____ de las oportunidades educativas que
    existen.

6 **la prensa** el periodismo (the press)
    La libertad de la _____ es garantizada por la Constitución.

7 **los sindicatos** las asociaciones para proteger los intereses de los
                        obreros *unions*
    Los _____ luchan por los derechos de los obreros.

8 **el apellido** el nombre de familia
    El _____ del sacerdote es García.

9 **suena (sonar)** tener el sonido de (sound)
    El acento del señor me _____ francés.

10 **enojado (enojar)** enfadado, molesto
    Al comprender la injusticia, el joven se puso _____.

*Romana
Buñuelos,
ex-tesorera de los
Estados Unidos*

PRÁCTICA

Contesten a las siguientes preguntas con oraciones completas.

1   ¿Enseñaron los sacerdotes a los indígenas?
2   ¿Quiere ella aprovecharse de la oportunidad de viajar al extranjero?
3   ¿Hay muchos sindicatos en los Estados Unidos?
4   Sin la prensa, ¿podríamos recibir las noticias mundiales?
5   ¿Le suena irlandés el nombre O'Higgins?
6   ¿Se pone enojado el profesor cuando los alumnos hacen mucho ruido?
7   ¿Desde hace cuánto tiempo vive Ud. en la misma casa?
8   ¿Es importante en la economía la mano de obra?
9   Al desembarcar, ¿pusieron pie en tierra los pasajeros?
10 ¿Cuál es su apellido?

II

1   **cedió (ceder)**   dar, rendir   _yield to give up_
    El país no _____ ningún territorio a una fuerza extranjera.
2   **otorgó (otorgar)**   conceder, dar   _to grant, to award_
    El presidente _____ el premio al alcalde.
3   **el estorbo**   la molestia   _bother_
    No quiero causarte ningún _____.
4   **los cañaverales**   los campos de caña de azúcar   _sugarcane fields_
    Papá trabajaba en los _____ de Cuba.
5   **trasladarse**   mudarse, pasar de un lugar a otro
    La familia Gómez no quiere _____ de Houston a Nueva York.
6   **mejorar**   hacerse mejor
    Ellos se trasladaron del norte al sur para _____ su vida.
7   **deprimentes**   depresivos
    Los pobres están viviendo en condiciones _____.
8   **actualmente**   en el presente, hoy, ahora
    _____, podemos ver como la vida se ha mejorado aquí.

PRÁCTICA

Den la palabra cuya definición sigue.

1   en el tiempo presente, hoy día
2   donde se cultiva la caña de azúcar
3   depresivo
4   rendir un territorio
5   hacerse mejor
6   dar con ceremonia
7   mudarse
8   la molestia

Las Casitas, Hayward, California, construidas por El Spanish Speaking Unity Council

III

1 **la fábrica**   el lugar donde se manufactura algo
   Pedro trabaja en la _____ de automóviles.

2 **la dictadura**   el gobierno ae poder absoluto
   Bajo una _____, los ciudadanos suelen tener menos derechos.

3 **despegaba (despegar)**   levantarse o alzarse   *to take off (airplane)*
   El avión _____ cuando la explosión ocurrió.

4 **aterrizaba (aterrizar)**   bajar al suelo   *to land*
   El helicóptero _____ aquí todas las noches a las siete.

5 **los desfiles**   las procesiones   *parades*
   El Día de la Raza habrá varios _____ por la ciudad.

6 **el desarrollo**   el acto de hacer mejor (development)
   Es interesante estudiar el _____ de las naciones hispánicas.

PRÁCTICA

Completen las siguientes oraciones con una expresión apropiada.

1 El vuelo tarda dos horas. Así, el avión _____ a las seis y _____ a las ocho.

2 El cuatro de julio habrá _____ en casi todas las ciudades de los EE.UU.

3 Hay muchas _____ en una zona industrial.

4 El gobierno que tiene el país es una _____ militar.

5 El _____ de la industria cambia la economía de un país.

Los norteamericanos hispanos

Pascuas Floridas
Easter

Hace casi quinientos años que llegaron los primeros hispanos y siguen llegando. En 1513 don Juan Ponce de León, Gobernador de Puerto Rico, llegó al continente de Norteamérica. Puso pie en tierra en un lugar que él nombró «la Florida» porque lo descubrió el domingo de las Pascuas Floridas. Los primeros hispanos que llegaron vinieron en busca de oro y aventuras. Más tarde vinieron otros. Vinieron también los sacerdotes para establecer misiones que a través de los años dieron sus nombres a pueblos y a ciudades . . . Santa Bárbara, San José, San Diego, San Francisco y tantos más. Se oían los apellidos Cabeza de Vaca, Coronado y De Soto años antes de que se conociera en el continente un Smith, Alden o Cabot.

Vamos a mirar de cerca a algunos de nuestros compatriotas hispanos. Los norteamericanos de ascendencia mexicana son millones. Viven en todas partes del país pero se concentran en los estados del suroeste entre Tejas y California—territorio que una vez era mexicano. Algunos han estado aquí desde hace siglos, otros llegaron ayer. Muchos viven en el campo. Son agricultores y rancheros. Otros residen en las grandes ciudades como Los Ángeles y Denver.

faenas tareas,
trabajos

agrícola de la
agricultura

Dentro de la comunidad mexicano-americana siempre ha habido unos cuantos médicos, abogados, intelectuales y políticos. Pero han sido pocos. Demasiados han tenido que pasar la vida en duras faenas para el beneficio de otros. La mano de obra, que ha producido año tras año una abundancia de producto agrícola para la mesa norteamericana, era en gran parte mano de obra del mexicano-americano. Y ha sido mano de obra muy mal pagada. Pero todo eso está cambiando. Muchos mexicano-americanos se han unido para aprovecharse de las instituciones legales, sociales, gubernamentales y educativas para lograr la justicia y la igualdad. Entre los jóvenes es bastante común el término *chicano* para referirse al mexicano-americano. Hoy día los chicanos están en la universidad, en la legislatura, en la prensa y en los sindicatos. Se han establecido muchos programas bilingües en las escuelas porque hasta recientemente, muchos niños de ascendencia mexicana se encontraban en clases para atrasados mentales por no poder alcanzar buenos resultados en pruebas de inteligencia en inglés.

atrasados mentales
mentally retarded
•pruebas exámenes

Siempre que pienso en los mexicano-americanos, pienso en mi viejo amigo Luis Chávez. Nació y se crió en Albuquerque. La familia de Luis ha habitado y trabajado sus tierras desde 1770, seis años antes de firmarse la Declaración de Independencia de las trece colonias angloamericanas y ciento cuarenta años antes del ingreso del estado de Nuevo México en la unión norteamericana. Luis se graduó magna cum laude de una universidad del *Ivy League*.

Un día Luis fue a Chicago a hacer unas compras. Como de costumbre Luis pagó con cheques de viajero. El dependiente notó el nombre, Luis Chávez, y le preguntó:

—¿De qué nacionalidad es este apellido, señor?

—Norteamericana,— contestó Luis.

•Ud. me está tomando el pelo You're kidding me

—Ud. me está tomando el pelo. Ese apellido me suena español. ¿Es Ud. mexicano?

Un poco enojado, Luis le dijo:

—Oiga, amigo. Ud., ¿cómo se llama?

—Philip Allerton,— contestó el dependiente.

—Ese apellido me suena inglés. ¿Es Ud. inglés?

—No, señor. Soy norteamericano. Mi familia ha estado en este país más de cien años.

—Pues los míos han estado aquí más de dos siglos. Por eso, me parece que el apellido que llevo es tan norteamericano como el suyo, si no más.

boquiabierto con la boca abierta

Con eso tomó mi amigo su paquete y se marchó de la tienda, dejando al pobre dependiente boquiabierto.

II

En 1898 los Estados Unidos salieron victoriosos de una guerra con España. Como consecuencia de esta guerra, Cuba ganó su independencia. España cedió Puerto Rico y las islas Filipinas a los Estados Unidos. En 1917 la ley Foraker otorgó la ciudadanía norteamericana a los puertorriqueños. Desde aquella fecha los puertorriqueños pueden, sin estorbo alguno, viajar libremente al continente y establecerse donde quieran.

Un desfile puertorriqueño en Nueva York

Hoy la ciudad de Nueva York tiene una población puertorriqueña superior a la de San Juan. Pero los borinqueños no están sólo en Nueva York. Están en todos los estados de la República.

Muchos puertorriqueños que vinieron al continente después de la Segunda Guerra Mundial vinieron por motivos económicos, como habían hecho una gran mayoría de los inmigrantes europeos años antes. En Puerto Rico muchos habían trabajado en los cañaverales. Habían tenido poca experiencia en la industria.

No era nada fácil abandonar su patria y trasladarse del calor del Caribe al frío del norte para buscar trabajo en una sociedad industrializada entre gente que no hablaba su idioma. Tomaban cualquier empleo. Para muchos todo les ha salido bien. Ven a sus hijos con puestos importantes. Para otros, el sueño de mejorar su situación económica ha resultado en otros problemas. Se encuentran en barrios deprimentes donde la vida es una lucha contra drogas y prejuicios. Pero si en un momento dado quieren volver a Borinquen, lo hacen. Con el mejoramiento de la economía puertorriqueña durante los años sesenta, muchos han decidido volver a encontrar trabajo en su isla.

III

Muchos creen que los cubanos todos llegaron a los Estados Unidos después de la revolución cubana en 1959. Desde 1868 ha habido colonias de cubanos en los Estados Unidos. En ese año Vicente Martínez Ybor trasladó su fábrica de tabacos desde la Habana a Key West. Poco después otros tabaqueros cubanos siguieron a Martínez Ybor y se establecieron en Tampa con sus familias y empleados. El héroe de la independencia de Cuba, José Martí, vivió largos años de exilio en los Estados Unidos mientras preparaba la guerra de independencia contra España.

En 1959 Fidel Castro y sus guerrilleros bajaron de la Sierra Maestra en la Provincia de Oriente y dieron fin a la dictadura de Fulgencio Batista. Poco después establecieron en Cuba un gobierno marxista. Muchos cubanos de las clases acomodadas decidieron abandonar su patria y tomar el duro camino del exilio. Algunos fueron a España, a Puerto Rico y a la República Dominicana. Pero la mayoría se dirigió a los Estados Unidos. El avión despegaba de la Habana y en menos de una hora aterrizaba en Miami. Allí se quedaban millares. Miami es una nueva versión de la Habana. Algunos de los cubanos que llegaron en los años sesenta todavía hablan de su regreso a Cuba. Pero hay otros, sobre todo los jóvenes, que se consideran norteamericanos. Hablan español con sus padres y parientes, respetan y protegen sus costumbres como lo hacen los mexicano-americanos y los puertorriqueños. Pero todos son norteamericanos. Muchos cubanos han salido de Miami. Se han establecido en todas partes de los Estados Unidos. En algunos lugares como West New York y Union City, New Jersey, hay grandes colonias de cubanos.

Actualmente, llegan a los Estados Unidos grupos de colombianos, ecuatorianos, peruanos y dominicanos. El segundo idioma de nuestro país es el español. Hoy en día hay emisoras de radio de habla española, hay restaurantes que sirven comida criolla y mexicana. Hay periódicos dominicales y diarios que se publican en español. Hay desfiles hispánicos. Todos estos grupos hispanos con tantos otros contribuyen al magnífico mosaico que son los Estados Unidos. Pero esta influencia hispana no es nada nuevo. Ybor City, Tampa, Albuquerque, San Antonio, San Francisco—vocablos de uso corriente en inglés como *adobe, sierra* y *rodeo* dan testimonio de la larga influencia hispana en el desarrollo de la cultura norteamericana.

criolla Creole

mosaico mosaic

CUESTIONARIO

1 ¿Cuántos años hace que llegaron los primeros hispanos a los EE.UU.?
2 ¿Quién descubrió la Florida?
3 ¿Por qué vinieron los primeros hispanos?
4 ¿Qué querían establecer los sacerdotes?
5 ¿En qué parte de los EE.UU. se concentran los mexicano-americanos?
6 ¿Había muchos médicos y abogados entre la comunidad mexicano-americana?
7 ¿Cómo han pasado la vida muchos mexicano-americanos?
8 ¿Recibieron mucho dinero por su trabajo?
9 ¿Para qué se han unido muchos de ellos?
10 ¿Cómo se refieren a sí mismos muchos jóvenes mexicano-americanos?

Cubanos en Miami

11 ¿En qué ocupaciones se encuentran hoy los chicanos?
12 ¿Por qué se encontraban muchos en clases para atrasados mentales?
13 ¿Dónde nació Luis Chávez?
14 ¿Por qué fue a Chicago Luis?
15 ¿Cómo pagó sus compras?
16 ¿Qué notó el dependiente?
17 ¿Cómo le suena el apellido de Luis al dependiente?
18 ¿Cómo le suena el apellido del dependiente a Luis?
19 ¿Por qué es norteamericano Luis?
20 ¿Cómo dejó Luis al dependiente?

II

1 ¿Qué países cedió España a los EE.UU.?
2 ¿Qué les otorgó la ley Foraker a los puertorriqueños?
3 ¿Dónde están los borinqueños hoy?
4 ¿Por qué motivos vinieron muchos puertorriqueños?
5 ¿Dónde trabajaban muchos en Puerto Rico?
6 ¿Por qué les era difícil abandonar su patria?
7 ¿Qué tipo de puestos tienen muchos puertorriqueños hoy?
8 ¿Cómo es la vida en muchas grandes ciudades?
9 ¿Hay muchos puertorriqueños que vuelven a su isla?

III

1 ¿Cuándo llegó Vicente Martínez Ybor a los EE.UU.?
2 ¿Qué estableció Martínez Ybor?
3 ¿Qué héroe cubano vivía en los EE.UU.?
4 ¿Qué preparaba Martí mientras vivía en los Estados Unidos?
5 ¿Quién dirigió la revolución de 1959?
6 ¿Qué tipo de gobierno se estableció en Cuba?
7 ¿Adónde fueron algunos cubanos?
8 ¿Qué ciudad es una nueva versión de la Habana?
9 ¿Cómo se consideran los jóvenes cubanos?
10 ¿Quiénes llegan hoy a los Estados Unidos?
11 ¿Cuál es el segundo idioma de los Estados Unidos?

EJERCICIOS DE VOCABULARIO

A Contesten a las siguientes preguntas según se indica.

1 ¿Quiénes establecieron las misiones? *los sacerdotes*
2 ¿Están Uds. contentos? *no, enojados*
3 ¿Qué protege los derechos de los obreros? *el sindicato*
4 ¿Qué país cedió España a los Estados Unidos? *Puerto Rico*
5 ¿Dónde trabajaban los jóvenes? *los cañaverales*

6 ¿Cómo son las condiciones en aquel barrio? *deprimentes*
7 ¿Qué estableció Martínez Ybor? *una fábrica*
8 ¿Qué organizaron los hispanos? *un desfile*
9 ¿Qué hace el avión? *aterrizar*
10 ¿Qué forma de gobierno tiene el país? *una dictadura*

B Reemplacen las palabras en letra bastardilla con la forma apropiada de una expresión equivalente.

1 Los *curas* llegaron a la iglesia.
2 *La asociación de trabajadores* se reúne para discutir los sueldos.
3 González es su *nombre de familia*.
4 Mañana habrá *una procesión* por la Calle Mayor.
5 Los conquistadores *llegaron a* la isla en 1513.
6 La ley les *dio* el derecho al voto a las mujeres.
7 Ellos van a *mudarse* a Puerto Rico.
8 *Hoy en día* hay un movimiento independentista.
9 El avión *se levantó de la pista* a las ocho y media.
10 El entrar en el país no presenta *ninguna molestia*.

ESTRUCTURA

I

El presente del subjuntivo

Las formas del verbo

Study the following forms of the present subjunctive of regular verbs.

hablar	**comer**	**vivir**
hable	coma	viva
hables	comas	vivas
hable	coma	viva
hablemos	comamos	vivamos
(habléis)	(comáis)	(viváis)
hablen	coman	vivan

Note that the vowel *a* which is used for regular –*ar* verbs in the present indicative is used for the second and third conjugations in the subjunctive. Likewise, the vowel *e* is used for the first-conjugation verbs in the subjunctive.

To determine the root for the present subjunctive of most irregular verbs, the form for the first person singular *(yo)* of the present indicative is used.

decir	digo	diga	**conducir**	conduzco	conduzca
hacer	hago	haga	**conocer**	conozco	conozca
oír	oigo	oiga	**producir**	produzco	produzca
poner	pongo	ponga			
tener	tengo	tenga	**incluir**	incluyo	incluya
traer	traigo	traiga	**influir**	influyo	influya
salir	salgo	salga			
valer	valgo	valga			
venir	vengo	venga			

Stem-changing verbs of the first class have the same change pattern as followed in the present indicative.

sentar	**contar**	**perder**	**volver**
siente	cuente	pierda	vuelva
sientes	cuentes	pierdas	vuelvas
siente	cuente	pierda	vuelva
sentemos	contemos	perdamos	volvamos
(sentéis)	(contéis)	(perdáis)	(volváis)
sienten	cuenten	pierdan	vuelvan

Una tienda cubana, Miami

Stem-changing verbs of the second class have an additional change in the present subjunctive (first and second persons plural). Study the following forms.

sentir	**morir**
sienta	muera
sientas	mueras
sienta	muera
sintamos	muramos
(sintáis)	(muráis)
sientan	mueran

Stem-changing verbs of the third class effect the same stem change in all forms of the present subjunctive.

pedir	**seguir**
pida	siga
pidas	sigas
pida	siga
pidamos	sigamos
(pidáis)	(sigáis)
pidan	sigan

The following verbs are irregular in the subjunctive.

dar   dé, des, dé, demos, (deis), den

estar esté   **ir** vaya   **saber** sepa   **ser** sea

II
Los usos del subjuntivo

In Spanish, there are two basic moods of the verb, indicative and subjunctive. The indicative mood (as the word indicates) is used to report an action which is taking, has taken or will take place. The execution of this action is not dependent upon any opinion or other condition.

Los chicos estudian poco.
María come mucho.
Juan hace las compras.

The subjunctive (as the word indicates) is used to express an action which is dependent upon a subjective idea, opinion, or condition. Since the action is dependent upon a particular element of subjectivity, it is not known whether or not the action can actually be realized or carried out.

El padre quiere que los chicos estudien más.
El médico prefiere que María no coma tanto.
Será necesario que Juan haga las compras.

Even though the father wants the boys to study more, it is not certain or definite that the boys will actually carry out the father's request. The action of studying is based on the father's desire. Therefore, this action must be expressed in the subjunctive. In English, this same construction is rendered by the use of the infinitive rather than a dependent clause.

The father wants the boys to study more.

In Spanish, however, the clause must be used.

Las cláusulas nominales

1 Sustituyan.

Carlos quiere que los otros
estudien.
hablen.
coman.
vuelvan.
escriban.
vengan.
salgan.
conduzcan.
sigan.

Yo prefiero que él
termine.
empiece.
aprenda.
lea.
vaya.
salga.

Ellos mandan que yo
me levante.
trabaje.
lea.
siga.
vuelva.
venga.

Ella prohibe que
hablemos.
bailemos.
comamos.
escribamos.
salgamos.
durmamos.
sigamos.

2 Sigan los modelos.

Uds. visitan la misión. → Quiero que Uds. visiten la misión.

1. Uds. van al sudoeste. 2. Ellos hablan con el sacerdote. 3. Uds. me consideran americano. 4. María va a Puerto Rico. 5. Ellos salen con los misioneros. 6. Todos llegan a tiempo. 7. Tú estás presente. 8. Ellos piden ayuda. 9. Ella sigue el mismo camino. 10. Tú vuelves con los víveres.

Aprendemos algo de la historia. →
Mandan que aprendamos algo de la historia.

1. Hablamos de los santos. 2. Seguimos el viaje. 3. Carlos asiste a la universidad. 4. Salimos en seguida. 5. Tú sabes los detalles. 6. Todos vuelven con el título. 7. Hablamos español. 8. Él hace el trabajo.

Uds. se quedan allí. → Preferimos que Uds. se queden allí.

1. Llevas el traje nuevo. 2. Se marchan para México. 3. Sigues los estudios universitarios. 4. Compran otro sombrero. 5. Establecen el negocio aquí. 6. Produces el documento ahora. 7. Vienen en seguida. 8. Uds. miden la distancia.

Yo conozco al jefe. → Ella espera que yo conozca al jefe.

1. Hacemos el viaje al cañaveral. 2. Hablamos con los miembros del sindicato. 3. Mencionamos los apellidos españoles. 4. Lo hacen bien. 5. Me tratan con cortesía. 6. Yo le doy una entrevista. 7. Visitamos a San Francisco. 8. Aprenden algo de las misiones.

Una calle de la Nueva Orleans

Ellos no están bien. → Temo que ellos no estén bien.

1. No llegan a tiempo.   2. No sabes la verdad.   3. Ellos no pueden venir.   4. Vienen mañana.   5. Son viejos.   6. Se acuestan temprano.   7. No conocen el idioma.   8. Traen malas noticias.

Aprendemos su idioma. → Insisten en que aprendamos su idioma.

1. Vamos a México.   2. Dices que sí.   3. Somos bilingües.   4. Te aprovechas del plan.   5. Comprendemos el problema.   6. Haces el viaje en avión.   7. Trabajamos la tierra.   8. No le tomo el pelo.

3   Contesten.

1. ¿Quiere Juan que Uds. hablen?   2. ¿Prefieren ellos que tú hagas el viaje?   3. ¿Tienen miedo de que lleguemos tarde?   4. ¿Insisten en que tú lo aprendas?   5. ¿Espera María que todos estén presentes?   6. ¿Mandas que salgamos en seguida?   7. ¿Insistes en que lo visitemos? 8. ¿Quieres que hagamos el trabajo?   9. ¿Esperas que le pidamos ayuda?   10. ¿Prefieres que sigamos así?   11. ¿Quieren Uds. que yo cante?   12. ¿Prefieren Uds. que yo escriba?   13. ¿Insisten Uds. en que yo conduzca?

El uso con expresiones impersonales

4   Repitan.

Es posible que ellos lo sepan.
Es probable que yo vaya.
Es mejor que tú te quedes.

5   Sustituyan.

Es imposible que él	venga. salga. conduzca. lo sepa.		Es necesario que tú lo	termines. empieces. leas. escribas. hagas. traigas.	

Es difícil que lo	terminemos. recibamos. consigamos. produzcamos. hagamos.

La Iglesia de la Misión Dolores,
San Francisco

6   Contesten.

1. ¿Es posible que él lo sepa?   2. ¿Es imposible que no lo conozcamos?
3. ¿Es probable que ellos lleguen tarde?   4. ¿Es necesario que tú vayas
a la misión?   5. ¿Es mejor que tú conduzcas?   6. ¿Es raro que ellos
hablen español?

7   Contesten según se indica.

1. ¿Irán ellos a Nuevo México? *es posible*   2. ¿Recibirá María la cuenta?
es necesario   3. ¿Comprenderán ellos la teoría? *es preciso*   4. ¿Pedirán
ellos ayuda? *es mejor*   5. ¿Lo sabrán todos? *es preferible*   6. ¿Vendrá
Carlos en avión? *es raro*

EXPLICACIÓN GRAMATICAL

As has already been explained, the subjunctive is used to express an
action which is dependent upon a subjective opinion or idea. The subjunctive is consequently used after any expression that denotes desire,
fear, preference, necessity, or probability.

Quiero que ellos vengan.
Temen que estemos enfermos.
¿Prefieres que yo lo haga?
Es necesario que pida ayuda.
Es probable que lo sepan.

8   Repitan.

Él quiere estudiar.
Yo quiero que él estudie.
Es mejor salir.
Es mejor que ellos salgan.

9   Sustituyan.

Preferimos
| salir.
| ir en avión.
| trabajar aquí.
| comer en casa.
| vivir en Albuquerque.

Preferimos que
| salgas.
| vayas en avión.
| trabajes aquí.
| comas en casa.
| vivas en Albuquerque.

Es necesario
| estudiar.
| hablar con el astronauta.
| seguir así.
| volver temprano.

Es necesario que yo
| estudie.
| hable con el astronauta.
| siga así.
| vuelva temprano.

*Una calle de
Miami*

10   Contesten.

1. ¿Quieres ir a la Florida?   2. ¿Quieres que yo vaya a la Florida?   3. ¿Prefieres terminar?   4. ¿Prefieres que ellos terminen?   5. ¿Temen ellos salir?   6. ¿Temen que salgamos?   7. ¿Es necesario hacer el trabajo? 8. ¿Es necesario que él haga el trabajo?   9. ¿Es mejor volver?   10. ¿Es mejor que ellos vuelvan?   11. ¿Es posible salir?   12. ¿Es posible que tú salgas?

EXPLICACIÓN GRAMATICAL

When there is no change of subject in the sentence, the infinitive, rather than a clause with the subjunctive, is used. Study the following.

Esperan ir a California.
Esperan que vayamos a California.

Es necesario conducir.
Es necesario que él conduzca.

 Temas de composición

1   En uno o dos párrafos explique Ud. la reacción de Luis Chávez ante el dependiente de la tienda.
2   Describa Ud. las influencias extranjeras que se pueden encontrar en su propia familia. Piense Ud. en expresiones, comidas, fiestas y costumbres.
3   Mire Ud. un mapa de los Estados Unidos. Haga una lista de las influencias extranjeras que se revelan en los nombres de estados, ciudades, montañas, ríos, etc. Indique de qué nación procede la palabra.

LECCIÓN 14
CONVERSACIÓN
En la taquilla del teatro

Vocabulario

1 **las entradas** los boletos para entrar en el teatro *adm. ticket*
¿Ya compraste las _____ para la función de esta noche?

2 **la taquilla** el lugar donde se venden las entradas *box office*
Si quieres comprar las entradas, la _____ está abierta ahora.

3 **el (la) taquillero(a)** el (la) que vende las entradas
¿Te dijo el _____ cuánto cuestan las entradas?

4 **el escenario** la parte del teatro donde están los actores *stage*
No debemos sentarnos muy lejos del _____ si queremos ver bien a los actores.

5 **la butaca** un asiento en el teatro *seat*
¿Te gustan las _____ en la primera fila?

6 **el patio** la parte del teatro más cerca del escenario *orchestra*
Prefiero sentarme en el _____ porque se oye mejor.

7 **el entresuelo** la parte del teatro entre el patio y el balcón *mezzanine*
Si uno se sienta en las primeras filas del _____, también se ve todo y se oye bien.

8 **el telón** la tela que cubre el escenario antes de la función y durante los intermedios *curtain*
¿A qué hora se levanta el _____?

9 **agotadas** que no quedan, no hay más *sold out*
Para esta función, todas las entradas están _____.

PRÁCTICA

Completen el siguiente párrafo con palabras apropiadas.

Ayer fui a la _____ para comprar cuatro _____ para la función de esta noche. El _____ era muy simpático. Todas las _____ de patio estaban _____ pero le quedaban cuatro juntas en la primera fila del _____. Mejor que en el balcón. Aunque está un poco más lejos del _____, se puede ver y oír bien. Quiero llegar a tiempo y el taquillero me dijo que se levanta el _____ a las nueve en punto.

El Teatro Colón, Buenos Aires

EN LA TAQUILLA DEL TEATRO

delanteras butacas de las primeras filas

Se conformaría Ud. Aceptaría Ud.

clac grupo cuyo propósito es aplaudir durante la función

Muchacha: ¿Quedan entradas de patio para la función de esta noche?

Taquillero: No, señorita, están agotadas. Lo único que me queda son unas delanteras de entresuelo.

Muchacha: Somos cuatro en el grupo. ¿Tiene Ud. cuatro butacas juntas?

Taquillero: Lo siento. ¿Se conformaría Ud. con dos y dos? Puedo darle el ocho y el nueve y el diecisiete y el dieciocho.

Muchacha: Está bien. ¿Cuánto valen esos asientos?

Taquillero: Para la función de la noche, veintiocho pesos. Pero si Uds. son estudiantes, les podemos hacer un descuento del veinte por ciento.

Muchacha: Sí, señor. Los cuatro somos estudiantes.

Taquillero: Mire, señorita. Aquí tengo unos cuantos asientos para clac. Están en el balcón, no tan buenos como los del entresuelo, pero están juntos y además se los doy gratis.

Muchacha: ¡Gratis! ¿Y cómo es eso? ¿Qué tenemos que hacer?

Taquillero: Lo único que tendrán que hacer es aplaudir al levantar y caer el telón y en cualquier otro momento indicado.

Muchacha: Conforme. Nosotros prometemos aplaudir aunque sea un desastre si Ud. nos regala las entradas.

CUESTIONARIO

1 ¿Quedan entradas de patio?
2 ¿Qué le quedan al taquillero?
3 ¿Cuántas butacas necesita la muchacha?
4 ¿Se conformaría la muchacha con dos y dos?
5 ¿Cuánto valen los asientos?
6 ¿Qué les pueden dar a los estudiantes?
7 ¿De qué por ciento es el descuento?
8 ¿Son estudiantes?
9 ¿Para qué son algunos asientos?
10 ¿Dónde están situados los asientos?
11 ¿Cuánto cuestan?
12 ¿Qué tienen que hacer los estudiantes?
13 ¿Cuándo tienen que aplaudir?
14 ¿Qué prometen?

A Basando sus respuestas en la oración modelo, contesten a las preguntas que la siguen.

1 **Las entradas de patio están agotadas.**
¿Qué están agotadas?
¿Hay entradas de patio?
¿Qué entradas están agotadas?

2 **Le quedan al taquillero unas delanteras de entresuelo.**
¿A quién le quedan unas delanteras?
¿Dónde están las delanteras?
¿Qué le quedan al taquillero?

3 **Ella se conformaría con las butacas para clac.**
¿Con qué butacas se conformaría?
¿Para qué son las butacas?
¿Con qué se conformaría ella?

4 **Tendrán que aplaudir al levantar y caer el telón.**
¿Cuándo tendrán que aplaudir?
¿Qué harán?
¿Qué tendrán que hacer?

B Completen las siguientes oraciones con la forma apropiada de una de las expresiones indicadas.

escenario	conforme	taquilla
entresuelo	gratis	descuento
taquillero	agotado	butaca
conformarse	telón	clac

1 Las entradas están _____. No queda ninguna.
2 Las _____ están un poco lejos del escenario.
3 Podemos darle un _____ del diez por ciento.
4 Necesito cuatro _____ juntas en el patio.
5 Todo el mundo empezó a aplaudir cuando cayó el _____.
6 Tienen unos asientos gratis para _____ pero tendremos que aplaudir mucho.
7 No hay cuatro butacas juntas. ¿_____ Ud. con dos y dos?
8 Prefiero sentarme en el _____; no me gusta el balcón.
9 No pagamos nada; son _____.
10 El _____ despacha las entradas.

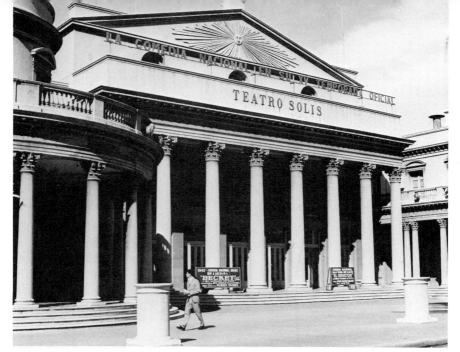

*Un teatro de
Montevideo*

ESTRUCTURA

Dos complementos en la misma oración

El complemento directo con **me, te, nos**

1   Repitan.

Él me explicó el cuento.
Él me lo explicó.
María te dio las entradas.
María te las dio.

2   Sustituyan.

Él me lo	dijo. enseñó. explicó. vendió. trajo.	¿Quién te los	dio? entregó? compró? hizo?

María nos la	mostró. enseñó. dio. hizo.	El señor me las	preparó. vendió. ofreció. dio.

3   Contesten con el pronombre de complemento directo.

1. ¿Te explicó las palabras?   2. ¿Te leyó el cuento la señora?   3. ¿Te enseñó la misión?   4. ¿Te devolvió los resultados?   5. ¿Te vendió el traje?   6. ¿Te compró la casa tu padre?   7. ¿Les vendió la tierra a Uds.?   8. ¿Les dio las entradas a Uds.?   9. ¿Les mostró las fotos de la familia Chávez?   10. ¿Les leyó el cuento?   11. ¿Les explicó la razón?   12. ¿Les resolvió los problemas?   13. ¿Les dio el descuento?

4   Sigan las instrucciones, empleando el pronombre de complemento directo.

1. Pregúntele a un amigo si le dieron el dinero.   2. Pregúntele a una amiga si le vendió la entrada.   3. Pregúntele a un amigo si le explicaron las reglas.   4. Pregúntele a una amiga si le mostraron los boletos.

El complemento directo con **le, les**

5   Repitan.

Carlos le dio la noticia a María.
Carlos se la dio (a ella).
Los Gómez le vendieron el coche a Juan.
Los Gómez se lo vendieron (a él).
Les enseñó la lección a los alumnos.
Se la enseñó (a ellos).

6   Sustituyan.

Carmen se lo dijo	a Paco. a María. a él. a ella.	Él se la devolvió	a los chicos. a las chicas. a ellos. a ellas.

7   Sigan el modelo.

Él le dijo el episodio a María. → Él se lo dijo.

1. Él le mostró los boletos al taquillero.   2. Él le explicó la idea a Carlos. 3. Él le compró las blusas a Antonia.   4. Él le vendió el sombrero al alcalde.   5. Carmen les compró el regalo a los sacerdotes.   6. Carmen les dio los consejos a sus amigos.   7. Carmen les dio la ropa a los inmigrantes.   8. Carmen les enseñó el inglés a los hispanohablantes.

8   Contesten con el pronombre de complemento directo.

1. ¿Le dieron el dinero a Juan?   2. ¿Le compraron los regalos a Antonio? 3. ¿Les trajeron las flores a las abuelas?   4. ¿Les devolvieron el libro a las estudiantes?   5. ¿Les vendieron la tierra a los Chávez?   6. ¿Le explicaron el problema al taquillero?   7. ¿Le contaron el episodio al sacerdote?   8. ¿Le mostraron las fotos de la misión a Teresa?

9 Sustituyan.

| ¿Se lo | dijeron
dieron
repitieron
entregaron | a Ud., señor? | ¿Se la | compraron
vendieron
dedicaron
mostraron | a Uds.? |

10 Sigan las instrucciones, empleando el pronombre de complemento directo.

1. Pregúntele al sacerdote si le dieron el regalo.   2. Pregúntele al profesor si le devolvieron los libros.   3. Pregúntele a la señorita si le dieron la entrada.   4. Pregúnteles a los señores si les explicaron la teoría. 5. Pregúnteles a Juan y a Carlos si les mostraron los cuadros.   6. Pregúnteles a los Gómez si les tocaron la música.

EXPLICACIÓN GRAMATICAL

When both a direct and an indirect object pronoun are used in the same sentence, the indirect object pronoun always precedes the direct object pronoun. Both pronouns precede a conjugated form of a verb.

Carlos me lo dijo.
Ellos te las mostraron.
Ella nos la explicó.

When the pronouns *le* and *les* are to be accompanied by a direct object pronoun (*lo, los, la, las*), they become *se*. Since *se* can have a number of meanings, it is often clarified by a prepositional phrase.

Le enseñé la lección a Juan.
Se la enseñé a él.

Le dimos el libro a María.
Se lo dimos a ella.

Les devolvimos el dinero a los Gómez.
Se lo devolvimos a ellos.

Se lo dije a Ud.
Se lo expliqué a Uds.

11   Repitan.

Me gusta la corrida.
Me asustan los toros.
Nos sorprende el triunfo.
Nos faltan los contratos.

12   Sustituyan.

| Me gusta | la función.
el escenario.
el traje.
la casa. | Me | encantan
enojan
gustan
sorprenden | los planes. |

| Nos | falta
sorprende
gusta
da gusto | el detalle. | Nos encantan los | diccionarios.
proyectos.
planes.
triunfos. |

13   Contesten.

1. ¿Te gusta el teatro?   2. ¿Te gustan los planes de Pepe?   3. ¿Te encanta la música?   4. ¿Te encantan las monedas antiguas?   5. ¿Te falta dinero?   6. ¿Te faltan los billetes?   7. ¿Les sorprende el triunfo?   8. ¿Les sorprenden las definiciones?

14   Sustituyan.

| A Juan le | encanta
gusta
enoja | el trabajo. | A María le gustar | las ensaladas.
las verduras.
los mariscos.
los pasteles. |

| A ellos les encanta | la música.
la corrida.
el traje. |

| A ellas les | sorprender
encantan
gustan | los proyectos. |

15   Contesten.

1. ¿A Juan le gusta el tren?   2. ¿Al señor le gusta la corrida?   3. ¿A Pepe le asusta el viaje en avión?   4. ¿A Pepe le asustan las excursiones en tren?   5. ¿A las chicas les sorprende la noticia?   6. ¿A las chicas les sorprenden los pasos necesarios?   7. ¿A ellas les falta un diccionario?   8. ¿A ellas les faltan unos vestidos?

*Interior del
Teatro Liceo,
Barcelona*

16   Repitan.

1. ¿Te gusta la corrida?   2. ¿Te asustan las guerras?   3. ¿Le gusta a Ud. la corrida?   4. ¿Le gustan a Ud. los trajes?   5. ¿Les gusta el triunfo? 6. ¿Les gustan las monedas?

17   Sigan las instrucciones.

1. Pregúntele a un amigo si le gustó la función.   2. Pregúntele a un amigo si le gustaron estas ideas.   3. Pregúntele a una amiga si le falta un sombrero.   4. Pregúntele a un amigo si le hacen falta los zapatos. 5. Pregúntele al señor si le gusta el juego.   6. Pregúntele a la señorita si le gustan los deportes.   7. Pregúnteles a unos amigos si les gusta la corrida.   8. Pregúnteles a unas amigas si les gustan las butacas.   9. Pregúntele a un amigo si le asusta el futuro.   10. Pregúnteles a ellos si les asustan las guerras.

EXPLICACIÓN GRAMATICAL

The Spanish verbs *gustar, faltar,* and *hacer falta* function the reverse of their English equivalents. That which serves as the direct object in English is the subject of the verb in Spanish. The English subject becomes an indirect object in Spanish. Study the following.

> Me gusta la corrida. *(I like the bullfight.)*
> Me gustan los trajes.
> A ellos les gusta la vida.
> A Juan le gustan los proyectos.

Gente en un teatro de Guatemala

Other verbs that function the same as *gustar* are: *asustar, convenir, encantar, enfurecer, enojar,* and *sorprender.* Note that these latter verbs usually function the same in English but can be expressed various ways.

RESUMEN

18   Contesten.

1. ¿A Carlos le gusta el trabajo?   2. ¿Te gustan los bombones?   3. ¿A ellos les encanta la música?   4. ¿A Uds. les asusta el ruido?   5. ¿A ellas les convienen los planes?   6. ¿A su padre le asusta la guerra?   7. ¿Te sorprenden las noticias?   8. ¿A Uds. les falta dinero para sacar las entradas?

Temas de conversación

1   Prepare Ud. una conversación entre Ud. y el taquillero.
2   Discuta Ud. con un amigo o una amiga una noche en el teatro. ¿Le gustó la función o no? Defienda sus opiniones.
3   Discuta Ud. dónde Ud. prefiere sentarse en el teatro y por qué.

LECCIÓN 15
CULTURA
El periódico

Vocabulario

I

1 **los acontecimientos**   los sucesos, las ocurrencias
   ¿Has leído los _____ de anoche?

2 **da a (dar a)**   dar entrada a, estar situado hacia
   Esta puerta _____ patio de la casa.

3 **una vitrina**   un escaparate, un armario de vidrio para exponer
      objetos
   Los objetos más caros están en la _____.

4 **expuesta (exponer)**   poner a la vista
   No quiero dejar la bolsa _____ aquí en la playa.

5 **apunta (apuntar)**   indicar, señalar
   El periódico _____ las llegadas y salidas de los barcos.

6 **la marea**   el movimiento de las aguas del mar
   Es más peligroso nadar cuando sube la _____.

7 **el enlace**   la unión, el matrimonio
   Los Miranda anunciaron el _____ de su hija con Juan Pedro Cruz.

8 **el agradecimiento**   la gratitud
   La señora nos expresó el _____ de toda la familia por todo lo
   que hicimos.

PRÁCTICA

Completen las siguientes oraciones con una expresión apropiada.

1 Voy a sentarme cerca de la ventana que _____ la Calle Mayor para
   poder ver a la gente que pasa.

2 Mira todo lo que tienen expuesto en aquella _____ de la tienda.

3 Si quieres saber los _____ locales e internacionales, tienes que
   leer el periódico.

4 Aquella profesora siempre nos _____ los detalles significantes, no
   los detalles minuciosos.

5 El barco no podrá entrar en el puerto durante la _____ baja.

6 Acabo de leer algo del _____ de los novios. No sabía que se iban a
   casar.

7 No puedes imaginar las mercancías que tienen _____ en los escapa-
   rates de aquel almacén.

8 Ellos te han ayudado tanto que tienes que expresarles tu _____.

La niña vende periódicos, Bogotá

II

1 **por consiguiente**   así, como consecuencia
Es muy importante que él lo sepa; _____ voy a decírselo.

2 **gozan de (gozar)**   tener placer, disfrutar
Los niños _____ amor que les dan sus padres.

3 **los quioscos**   los puestos donde se venden periódicos
Todos los _____ de la capital ofrecen periódicos extranjeros.

4 **la censura**   la intervención de una autoridad en lo que se publica
Todo lo que se publica allí es controlado por la _____.

5 **la primera plana**   la primera página de un periódico
En cuanto a los periódicos, no leo más que la _____.

6 **los titulares**   las letras del título de informaciones de un periódico
Los _____ de la primera plana suelen ser los más importantes.

7 **la vergüenza**   lo que uno siente al tener miedo a la deshonra o al ridículo
Hace tantas cosas tontas que le dan _____.

8 **el periodismo**   la profesión del que escribe periódicos
La profesión del periodista es el _____.

9 **detenidos (detener)**   arrestar, prender
Los dos extranjeros fueron _____ por la policía nacional por haber cometido una infracción de la ley.

10 **el paro**   la suspensión de trabajo, la huelga
Ella no podrá volver al trabajo hasta que termine el _____.

PRÁCTICA

Contesten a las siguientes preguntas con oraciones completas.

1 Si hay un paro en el trabajo, ¿reciben sus sueldos los obreros?
2 ¿Le da vergüenza cuando Ud. hace algo ridículo?
3 ¿Qué parte del periódico suele llevar las noticias más importantes?
4 ¿Lees los artículos o solamente los titulares?
5 ¿Existe la censura en la prensa norteamericana?
6 ¿Dónde venden periódicos y revistas en muchas ciudades hispánicas?
7 ¿Por qué es importante el periodismo?
8 ¿Gozaron Uds. de sus vacaciones?

III

1 **una empresa** una sociedad o un negocio mercantil o industrial
   El señor Fulano trabaja para una _____ que importa automóviles extranjeros.
2 **los renglones** las líneas
   El periódico dedicó solamente tres _____ a la llegada del presidente.
3 **la tirada** el número de copias que se publican
   Si no van a vender muchas copias, no van a pedir una gran _____.
4 **un vistazo** una ojeada, una mirada rápida
   No tengo tiempo para leerlo detenidamente. Puedo darle solamente un _____.
5 **los aguaceros** lluvia abundante pero breve
   Nunca llueve mucho, hay unos pocos _____, nada más.
6 **sucia** el contrario de **limpia**
   Chica, ¡lávate la cara! ¡Qué _____ está!
7 **los pulmones** los órganos de la respiración
   Según lo que dicen, los cigarrillos pueden causar mucho daño a los _____.
8 **el acero** un metal duro (steel)
   Muchas partes del automóvil son de _____.

PRÁCTICA

Den la palabra cuya definición sigue.

1 una compañía
2 la cantidad de libros o periódicos que se publican
3 una línea de un periódico
4 un metal durísimo hecho de hierro y carbón
5 una lluvia abundante que no dura mucho tiempo
6 lo que usamos para respirar
7 el contrario de *limpia*
8 una ojeada

El periódico

I

De toda la materia de lectura que existe en el mundo, quizás la que llega a los ojos de mayor número de personas es el periódico. Hace siglos que el periódico sirve de primera fuente para informar al público sobre los acontecimientos locales, nacionales y mundiales.

Pero si el periódico es una ventana que da al mundo, es a la vez una vitrina donde el mundo ve expuestas la vida y las costumbres de una cultura. Poco de importancia en la vida humana escapa las páginas del diario. El diario apunta llegadas y salidas de barcos y aviones, el sol y la luna, las mareas y las almas.

advenimiento
nacimiento

•varón muchacho,
chico, hombre

Advenimiento

Nace un segundo varón a los esposos Carlos Rodríguez Álvarez y Carmen Salas de Rodríguez, con residencia en esta Capital. El infante, quien responderá al nombre de José Antonio, hará compañía a su hermano Carlos Tomás.

El Mundo, San Juan

El señor lee las últimas noticias, Lima

Enlace
Toral-García

El niño vende periódicos, Barranquilla, Colombia

esponsalicia matrimonial

vinculadas unidas

En señora de Carlos Toral Medina se convirtió Inés García Iglesias durante ceremonia bendecida en la iglesia del Corazón de María, en Río Piedras, el 25 de octubre. Cantó durante la misa esponsalicia el tenor Carlos Ureña.

Quedan vinculadas las familias del señor Antonio Gómez Cruz y la señora Teresa Iglesias de Gómez; y del señor Tomás Toral Rodríguez y la señora María Medina de Toral.

Apadrinaron Acompañaron como padrinos
•damas de honor bridesmaids

Apadrinaron el enlace el señor Héctor Santiago y la señora Isabel Martínez de Santiago. Como damas de honor desfilaron Elena y Teresa Montoya, Carmen Toral y Antonia García Iglesias.

•séquito nupcial wedding party
ujieres ushers

Completaron el séquito nupcial los ujieres: José Martínez, Eduardo Salas, Alberto Sánchez y Carlos Ugarte; y los portadores: Héctor Estébanez y Marta Morales.

El Mundo, San Juan

Aniversario

aniversario de papel cumplir un año de matrimonio

De Papel: Hoy domingo, 1 de noviembre, celebran su primer año de casados los esposos Antonio Hernández y Marta Pérez de Hernández, residentes en Country Club, Río Piedras, quienes con tal motivo realizarán un viaje al exterior.

El Mundo, San Juan

En su honor

La señorita Eloísa Picón Romero conmemora sus quince años el próximo jueves, 30 de octubre. Y en la ocasión asistirá a una misa que, por su intención, se ofrecerá en la iglesia de Cristo Misionero que patrocina el reverendo Santiago Bermúdez.

Al servicio religioso seguirá una celebración en la residencia de sus padres, el señor Guillermo Picón y la señora Isabel Romero.

El Mundo, San Juan

EXPRESIÓN DE GRATITUD E INVITACIÓN A MISA

GUILLERMO DEL PRADO GONZÁLEZ

FALLECIÓ EL 10 DE JUNIO DE 1975
EN MADRID, ESPAÑA

Deseamos expresar nuestro más sincero agradecimiento a todos aquellos buenos amigos, personas asociadas y entidades que en una u otra forma nos testimoniaron sus demostraciones de dolor y simpatía. Queremos por este medio invitarles a las misas que por el eterno descanso de su alma se celebrarán.

Parroquia Nuestra Señora de la Candelaria en Manatí el sábado 10 de julio de 1975 a las 7:30 P.M.
Parroquia San Antonio de Pádua en Guayama el lunes 15 de julio de 1975 a las 5:45 P.M.

Su viuda: Dolores Zumárraga de González
Familias: Ángeles-Del Prado, Del Prado-Sobrino, Pérez-Peña-Del Prado

El Mundo, San Juan

SR. DOMINGO A. TORRE RIZOT

HA FALLECIDO

Su esposa señora Gértrudis Rosas; su hija Elena; sus padres don Domingo E. Torre y doña Miranda Rizot de Torre; su hermano Luis Felipe, su tía doña Altagracia; primos, sobrinos, padres políticos y demás familiares notifican con profundo dolor su fallecimiento. El sepelio se verificará hoy domingo, 19 de octubre de 1975, en el Antiguo Cementerio Municipal de Río Piedras. La comitiva fúnebre partirá a las 3:00 P.M. desde las Capillas Escardilles, situadas en la Calle Roble 11, Río Piedras, P.R.

El Mundo, San Juan

•padres políticos in-laws
fallecimiento muerte
sepelio entierro
•se verificará tendrá lugar
comitiva procesión

II

El periódico nos apunta los acontecimientos de importancia. Por consiguiente es de suma importancia la libertad de prensa. En los países de habla española que gozan de completa libertad política, no es raro ver expuestos en los quioscos de una sola ciudad muchos periódicos, cada uno presentando su propio punto de vista político e ideológico. En algunos países donde hay menos libertad, lo que se escribe es bajo el control de la censura del gobierno.

En muchos periódicos la primera plana con sus grandes titulares se reserva casi exclusivamente para las noticias internacionales. Al leer otros periódicos uno se da la impresión de que no hay mundo más allá del pueblo donde se publica. Este fenómeno no es exclusivo de un solo país. En todas partes hay periódicos que por su buena redacción y su fiel reportaje merecen su renombre. Hay otros que son la vergüenza del periodismo—periódicos que son poco más que una colección de fotografías macabras y artículos sobre asaltos, robos, asesinatos y accidentes.

•redacción función editorial
•reportaje reporting
•renombre fama
macabras macabre
robos acciones de robar
asesinatos murders

Falsificaban Moneda Uruguaya en Argentina: Dos Detenidos

El País, Montevideo

Levantado el Paro de Buses en Bogotá

El Espectador, Bogotá

El periódico ofrece algo para todos los gustos. Para los deportistas y aficionados está la sección de deportes. En los países donde hay corridas de toros, hay también noticias y críticas taurinas. Para el aficionado a la «fiesta brava», no es un deporte, sino un rito.

Hay también secciones dedicadas a la moda, a la vida de la sociedad, al turismo, a los horarios de televisión y al comercio.

fiesta brava corrida de toros

Titulares, México

CLAUSURAN VII JUEGOS PANAMERICANOS

Clausuran Cierran

México - (UPI) —

Los Séptimos Juegos Panamericanos serán clausurados espectacularmente hoy domingo por la noche en una ceremonia presidida por el jefe del estado mexicano y las autoridades deportivas continentales y olímpicas en el majestuoso marco del Estadio Azteca.

La ceremonia dará comienzo cinco minutos antes de las siete de la noche (0100 GMT del lunes) con la llegada al estadio del presidente Luis Echeverría Álvarez, recibido por el presidente de la Organización Deportiva Panamericana (ODEPA) y del Comité Organizador de los Juegos, Mario Vázquez Raña, para acompañarle hasta el palco presidencial.

•cancha campo deportivo

•palco box seat

Después de los honores militares correspondientes, los abanderados nacionales mexicanos entrarán en el Estadio Azteca—escenario el día anterior de la gran final futbolística entre Brasil y México—en columna de a uno, precedidos por el heraldo correspondiente, en forma similar a la de la ceremonia de inauguración, hace exactamente dos semanas este domingo.

estrado stand of honor, podium

en columna de a uno single file

La entrada de los deportistas ya no será como aquel Día de la Raza, divididos en sus grupos nacionales respectivos. Esta vez lo harán mezclados, en columnas de a seis, tras los heraldos, en una muestra de confraternización que recuerda los inolvidables momentos de la clausura azteca de los Juegos Olímpicos de 1968, considerada por muchos como inigualada hasta la fecha.

salva saludo con armas de fuego

El contingente de atletas y deportistas quedará entonces rodeado en la cancha futbolística del Azteca, por los abanderados en una nota de color espectacular en la noche mexicana.

Los presidentes del Comité Olímpico Internacional (COI), Lord Killanin, y del Comité Organizador de los Juegos Panamericanos, se dirigirán luego al estrado, donde Vázquez Raña pronunciará un discurso de agradecimiento por haber podido llevar a cabo los Juegos, de tan brillante resultado deportivo.

El presidente Echeverría, desde el palco de honor, pronunciará la declaración de clausura a las 7:35 de la noche (0135 GMT), seguida de una salva de cinco cañonazos al tiempo que se apagarán las luces del Estadio Azteca.

La señora vende periódicos, Madrid

TOROS EN COLOMBIA

Por PUNTILLERO

Cartel list of matadors
•temporada época
•abonos boletos vendidos de antemano

•al cabo de después de

diestros los matadores

apoderado backer
encierro roundup of bulls

•subrayó dijo con énfasis

novillero-puntero fighter of young bulls

Cartel—José Luis Lozano, muy optimista sobre la temporada bogotana, cuyos abonos tuvieron demanda de parte del respetable.

Entre otras, dio a conocer el cartel de la temporada de Quito, que se desarrollará de acuerdo con el siguiente calendario:

Noviembre 30 (Domingo): Toros de «El Viti» para los diestros Dámaso González, Manolo Arruza y José María Manzanares.

Diciembre 2 (Martes): Un encierro de Salvador Gabiri, de San Roque, Cádiz, para el gran mano a mano entre Paco Camino y Palomo Linares.

Diciembre 3 (Miércoles): Toros de Lisardo Sánchez para los diestros Jorge Herrera, colombiano, Edgar Peñaherrera, ecuatoriano, y «El Niño de la Capea.»

Oscar Silva—A comienzos de la semana regresó de España, el novillero-puntero Oscar Silva, quien

prácticamente anduvo en la península arreglando todo para tomar el año entrante su alternativa de matador de toros.

Silva viajó el jueves a Caracas, en donde permanecerá unos 15 días, al cabo de los cuales lo tendremos nuevamente en Colombia, ya que tiene la esperanza de poder actuar en algunas de las novilladas de nuestras ferias.

En Caracas se entrevistará con su apoderado, don Enrique Pérez Matos, quien de verdad lo ha ayudado mucho y quien le ha prometido toda la colaboración que necesite para ir a España, torear unas cuantas novilladas y finalmente tomar la alternativa.

Posiblemente en estos 15 días, Oscar Silva actúe en las plazas de Puerto Cabello y Maracay. El novillero, quien lleva ya 6 años, antes de despedirse subrayó: «Si el año entrante no puedo tomar la alternativa de matador de toros, me retiraré definitivamente de esta profesión».

El Espectador, Bogotá

Cartelera Semanal de Televisión

CANAL 4

(Valparaíso)

LUNES	MARTES
14.45: Carta de ajuste	15.45: Carta de ajuste
15.45: Carta de ajuste	16.00: La Caldera del Diablo
16.00: La Caldera del Diablo	16.55: Astro Boy
16.55: Batman	17.25: El hombre del rifle
17.25: El hombre del rifle	18.00: Jacinta Pichimahuida
18.00: Jacinta Pichimahuida	18.35: Luz, Cámara, Juventud
18.35: Luz, Cámara, Juventud	19.05: Detective millonario
19.05: Ovni	20.00: Antes de...
20.00: Antes de...	21.00: Conozca el mundo
21.00: Show de goles	21.30: Noticiario
21.30: Noticiario	22.00: Cine
22.00: Cine	23.10: El hombre del rifle
23.10: El hombre del rifle	

El Mercurio
Santiago

BOGOTÁ SOCIAL

coctel a cocktail
party
sede de la cruzada
headquarters of the
organization «Cruzada
Social»

Cruzada Social celebró sus bodas de plata el viernes pasado. Con este motivo el padre Francisco Mejía S.J., ofició una misa solemne y luego se ofreció un coctel en honor de los asistentes, en la sede de la cruzada.

Un grupo de señoras de oficiales de la Fuerza Aérea Colombiana, ofreció un almuerzo en el Club de la FAC en honor de Angela de Camargo, para despedirla con motivo de su retiro, como jefe de relaciones de Orfac.
El Tiempo, Bogotá

LA BOLSA

La comercialización de acciones durante la última semana en la Bolsa de Comercio se concretó dentro de plazas reducidas y con una tendencia floja en las primeras ruedas que posteriormente mejoró, pero que no llegó a equilibrar las bajas iniciales.

En cambio, el sector de títulos nacionales operó dentro de un marco amplio, ya que canalizó el 99,12 por ciento de los negocios de la semana.

Clarín, Buenos Aires

•floja débil, no fuerte

títulos nacionales national bonds

canalizó regularizó

III

Tradicionalmente el precio del periódico cubre sólo una parte del costo. La salud económica del periódico depende en gran parte de los anuncios que lleva.

El anuncio puede ser de una página entera pagado por una gran empresa como una compañía de aviación, o puede ser dos o tres renglones ofreciendo para la venta un vetusto automóvil. El diario de mayor tirada es el que más puede cobrar por los anuncios que en él aparecen.

vetusto muy viejo

«*CHALETS RESIDENCIALES*»

OBRAS TERMINADAS—ENTREGA INMEDIATA

URBANIZACIÓN «LOS JARDINES»

AUTOPISTA ANCÓN

•**autopista** carretera

•**plantas** pisos
mayólica porcelain
tiles
asísmica earthquake
resistant

Dos plantas, 3 dormitorios, dos baños de color con mayólica decorada, baño de servicio, pisos de parquet, construcción asísmica de primera calidad. Entrega inmediata—INFORMES: Sábado y Domingo: Jr. Los Olmos (seguir flecha blanca y roja) - De lunes a viernes: Av. Arenales Nº 431, Of. 502, Lima,
Teléfono: 241107

INGENIERO INDUSTRIA QUÍMICA

•**en turnos** shifts
Con movilidad
Can relocate

Requiere los servicios de un Ingeniero con los siguientes requisitos: Mecánico Electricista. Mínimo con 2 años de experiencia. Dispuesto a trabajar en turnos. Con movilidad. Sin estos requisitos es en vano presentarse.
Enviar curriculum vitae a Casilla 5830.

El Comercio, Lima

pregonero town
crier

El periódico sirve también de pregonero del siglo veinte. En otros tiempos el pregonero andaba por las calles de la ciudad dando la hora y el resumen meteorológico. Si se encontraba mojado informaba que llovía, si tiritaba anunciaba el frío. Hoy un vistazo al resumen meteorológico nos da el tiempo para hoy y para el futuro inmediato, aunque quizás con menos exactitud que los informes del pregonero.

El Tiempo en PR y en El Caribe

PUERTO RICO

Nubosidad variable con aguaceros dispersos y posibilidad de algunos aguaceros con tronadas sobre los sectores del interior y oeste. Vientos del este a sureste de 12 a 20 millas por hora, con ráfagas locales, y reduciéndose de noche.

- Nubosidad — Cloudiness
- tronadas — thunderstorms
- ráfagas — windstorms or lightning

ISLAS VÍRGENES

Parcialmente nublado con aguaceros dispersos. Vientos del este sureste de 12 a 20 millas por hora, con ráfagas ocasionales, reduciéndose de noche.

PRONÓSTICOS LOCALES Y DE ZONAS: SAN JUAN Y SECTORES DEL NORTE Y ESTE DE PUERTO RICO

pulgadas — inches

Nubosidad variable con aguaceros dispersos y posibilidad de aguaceros con tronadas de tarde. Probabilidad de lluvia para San Juan, 50 por ciento.

PONCE Y LOS SECTORES SUR DE PUERTO RICO

Nubosidad variable con aguaceros dispersos y posibilidad de aguaceros con tronadas sobre las áreas interiores de tarde. Probabilidad de lluvia para Ponce 40 por ciento.

MAYAGÜEZ Y SECTORES DEL OESTE E INTERIOR DE PUERTO RICO

Parcialmente nublado de noche con nubosidad variable de tarde y algunos aguaceros con tronadas. Probabilidad de lluvia para Mayagüez es 70 por ciento de tarde y 30 por ciento el resto del tiempo.

SAN TOMÁS, ST. JOHN, SANTA CRUZ Y LAS ISLAS ADYACENTES

Parcialmente nublado con aguaceros dispersos.

SAN JUAN

La temperatura máxima ayer fue 85 grados. La temperatura mínima fue 76 grados. La presión barométrica al nivel del mar a las tres de la tarde de ayer fue 29-puntos-95 pulgadas de mercurio.

TEMPERATURAS EN CIUDADES DE ESTADOS UNIDOS

Anchorage, 33; Atlanta, 72; Boston, 64; Buffalo, 57; Chicago, 52; Cincinnati, 52; Cleveland, 51; Dallas, 56; Denver, 49; Detroit, 54; Honolulú, 82; Indianapolis, 49; Kansas City, 54; Louisville, 53; Miami, 83; Minneapolis, 50; Nashville, 55; New York, 67; Filadelfia, 70; Phoenix, 68; Pittsburgh, 66; St. Louis, 52; San Francisco, 59; Seattle, 49; Washington, 74.

El Diario
San Juan

La próxima vez que Ud. pasa por un quiosco y entrega sus centavos, pesetas, pesos, soles o colones, o cuando un niño de cara sucia y pulmones de acero se le acerca gritando: «las noticias de hoy», jorobado bajo su carga de diarios, acuérdese que lo que Ud. acaba de comprar es algo más que unos miserables gramos de papel.

jorobado hunched over

CUESTIONARIO

I

1 De toda la materia de lectura, ¿qué llega al mayor número de personas?
2 ¿Qué sirve de primera fuente de información?
3 ¿Qué tipos de acontecimientos aparecen en el periódico?
4 ¿Qué tipo de «ventana» es el periódico?
5 ¿Cómo sirve de «vitrina» el periódico?
6 ¿Qué apunta el diario?

II

1 ¿Por qué es importante la libertad de prensa?
2 ¿Dónde se exponen los periódicos?
3 ¿Es raro ver muchos periódicos?
4 ¿Qué presenta cada periódico?
5 ¿Hay igual libertad en todos los países hispanos?
6 A veces, ¿quién dirige la censura de la prensa?
7 ¿Dónde suelen aparecer los grandes titulares?
8 Por lo general, ¿a qué se reserva la primera plana?
9 ¿Dan todos los periódicos las noticias internacionales?
10 ¿Cuáles son algunas características de un buen periódico?
11 ¿Cuáles son algunas características de los periódicos de menor categoría?
12 ¿Qué ofrece el periódico?
13 ¿Qué hay para los deportistas?
14 ¿Hay corridas de toros en todos los países hispanos?
15 ¿Cómo consideran la corrida sus aficionados?
16 ¿Qué otras secciones hay en el periódico?

III

1 ¿Cubre todo el costo el precio del periódico?
2 ¿De qué depende la salud económica del periódico?
3 ¿Cómo son los anuncios?
4 ¿Qué clase de diario puede cobrar más por los anuncios?
5 ¿Cómo sirve el periódico de pregonero?
6 ¿Qué hacía el pregonero del pasado?

7 ¿Cuáles son las monedas de varios países hispánicos?
8 A veces, ¿quién vende periódicos?
9 ¿Por qué estará jorobado?
10 Al comprar un periódico, ¿qué está Ud. comprando?

EJERCICIOS DE VOCABULARIO

A Basando sus respuestas en la oración modelo, contesten a las preguntas que la siguen.

1 **Los titulares más importantes que tratan de las noticias internacionales suelen aparecer en la primera plana.**
¿De qué tratan los titulares más importantes?
¿Dónde suelen aparecer los titulares más importantes?
2 **Los periódicos de primera categoría gozan de una tirada grande.**
¿Cómo son los periódicos?
¿Tienen una tirada grande?
¿De qué gozan los periódicos de primera categoría?
3 **La empresa puso un anuncio de cuatro renglones en el periódico.**
¿Qué puso la empresa en el periódico?
¿Cuántos renglones tenía el anuncio?
¿Cuántos renglones tenía el anuncio que la empresa puso en el periódico?
4 **Hay muchos objetos de acero expuestos en la vitrina que da a la calle.**
¿De qué son los objetos?
¿Dónde están expuestos los objetos?
¿Qué hay expuesto en la vitrina que da a la calle?

B Completen las siguientes oraciones con una expresión apropiada.

1 Ella me ayudó y yo quería expresarle mi _____.
2 ¿Por qué no miras todo lo que tienen expuesto en la _____?
3 No pudieron publicar el artículo porque la _____ no lo aceptó.
4 La vieja que vende periódicos en el _____ es muy agradable.
5 Durante el _____ de los conductores, yo iba en bicicleta.
6 No tengo bastante dinero; _____ voy a pagar el carro a plazos.
7 Como el periódico es casi desconocido, no goza de una gran _____.
8 La puerta principal _____ la Calle Mayor.

C Verdad o falso. Si la oración es falsa, corríjanla.

1 Los órganos de la respiración son los oídos.
2 El acero es un metal blando.
3 Nos mojamos durante un aguacero.
4 Darle un vistazo a algo es estudiarlo detenidamente.
5 El banco es una empresa importante.

6   Un artículo de pocos renglones es largo.
7   El enlace se celebró en la vitrina.
8   La primera plana es el primer piso de un edificio.

I
Los usos del subjuntivo

El subjuntivo con verbos especiales

1   Repitan.

Él nos aconseja que lo sigamos.
Yo le pido que nos ayude.
Yo les digo que no vuelvan sin el periódico.

2   Sustituyan.

Él me dice que yo | vuelva.
| vaya.
| salga.

Ella nos aconseja que | miremos la vitrina.
| busquemos el anuncio.
| no seamos estúpidos.

Manolo le pide que | ayude.
| venga.
| se vaya.
| no gaste tanto.

Yo les digo que | ayuden.
| compren el traje.
| coman más.
| vuelvan a Lima.

¿Quién te escribe que | te quedes?
| sigas a Pepe?
| vayas a Sudamérica?

3   Contesten.

1. ¿Le dices a María que espere?   2. ¿Le aconsejas a Carlos que sirva la comida?   3. ¿Les escribes a ellos que hagan el viaje?   4. ¿Les pides a ellos que expresen su agradecimiento?   5. ¿Te escribe María que esperes?   6. ¿Te dice Carlos que los pongas en la vitrina?   7. ¿Te aconseja Tomás que te calles?   8. ¿Te pide Carmen que lo hagas?   9. ¿Les piden a Uds. que acompañen a Pepe?   10. ¿Les aconsejan a Uds. que salgan?   11. ¿Les escriben a Uds. que asistan a la fiesta?   12. ¿Les recomiendan a Uds. que expongan las mercancías?

EXPLICACIÓN GRAMATICAL

Verbs such as *decir, escribir, aconsejar,* and *pedir* require use of the subjunctive in a dependent clause. Note that the indirect object of the main verb serves as the subject of the dependent clause.

Él nos aconseja que estudiemos.
Ella te dice que vuelvas.
Yo le digo a Carlos que se quede.
Yo les pido a ellos que salgan.

The verbs *decir* and *escribir* elicit the subjunctive only when a command or order is implied. If you are merely telling or writing about something, the indicative is used. Study the following.

Yo les digo que estudien.
Yo les digo que María estudia mucho.

El subjuntivo con expresiones de duda

4   Repitan.

Dudo que ellos ganen mucho dinero.
No creo que ganen mucho.
Creo que ganan mucho.
Es cierto que lo saben.
No es cierto que lo sepan.

5   Sustituyan.

Yo creo que ellos | llegarán a tiempo.
| volverán pronto.
| lo sabrán.
| lo harán.

Dudo que ellos | lleguen a tiempo.
vuelvan pronto.
lo sepan.
lo hagan.

6   Contesten según se indica.

1. ¿Crees que Juan llegará mañana? *sí*   2. ¿Crees que ellos lo saben? *no*
3. ¿Dudas que Juan esté aquí? *sí*   4. ¿Dudas que sea torero Pepe? *no*
5. ¿Es cierto que Carlos asistirá? *sí*   6. ¿Es cierto que ellos vendrán? *no*

7   Contesten según se indica.

1. ¿Llegará a tiempo Ricardo? *creo*   2. ¿Tendrá una gran tirada? *no creo*
3. ¿Será torero Pepe? *es cierto*   4. ¿Expresarán ellos su agradecimiento?
es dudoso   5. ¿Viven ellos en Río Piedras? *dudamos*   6. ¿Sigue igual
la vida allí? *no hay duda*

EXPLICACIÓN GRAMATICAL

When a clause is introduced by a statement of doubt, the subjunctive
is used in the dependent clause. If, however, the introductory statement
implies certainty, the indicative is used. Quite often the verb of the
dependent clause is in the future.

Creo que llegarán a tiempo.
No creo que lleguen a tiempo.

Dudo que Pepe sea torero.
No dudo que Pepe será torero.

II
El subjuntivo con conjunciones adverbiales

8   Repitan.

Ella trabaja para que su familia coma.
Él habla despacio de manera que comprendamos.
Ellos irán con tal de que los acompañemos.

9   Sustituyan.

Ella trabajará para que | seamos ricos.
tengan algo sus hijos.
terminemos a tiempo.

	lo comprendas.
Él lo escribirá de manera que	no estés ofendido.
	entiendas.

	me den el dinero.
Yo haré el viaje con tal de que Uds.	me acompañen.
	me visiten.

10 Contesten.

1. ¿Hablas despacio de manera que entiendan los otros?   2. ¿Lo dices de manera que estén convencidos?   3. ¿Trabajarás para que tu familia tenga suficiente dinero?   4. ¿Ayudas a Pepe para que él haga bien? 5. ¿Escribes la carta para que ellos sepan los acontecimientos?   6. ¿Lo escribirás de manera que lo acepte la censura?   7. ¿Ganará Elena mucho dinero con tal de que trabaje bien?   8. ¿Llegará a ser periodista Miguel con tal de que haga un esfuerzo?   9. ¿Estará menos nervioso Juan con tal de que no viajemos de noche?

EXPLICACIÓN GRAMATICAL

Since the action of a clause introduced by *de manera que, de modo que, para que,* or *con tal de que* has not necessarily been realized, the subjunctive must be used with these conjunctions.

Con tal de que no tengan billete, irán debajo del vagón.
Le damos ayuda para que tenga éxito.

III
Cláusulas relativas

11 Repitan.

Tiene un trabajo que le paga bien.
Busca un trabajo que le pague bien.
Escogieron un torito que no es muy fuerte.
Quieren un torito que no sea muy fuerte.

12 Sustituyan.

	sepa español.
Necesito un ayudante que	tenga experiencia.
	sea inteligente.
	escriba bien.

Conozco a una secretaria que | sabe español.
tiene experiencia.
es inteligente.
escribe bien.

13   Contesten afirmativamente.

1. ¿Quieres un diccionario que no sea complicado?   2. ¿Tienes un diccionario que no sea complicado?   3. ¿Buscas una profesión que te haga rico?   4. ¿Conoces una profesión que te haga rico?   5. ¿Necesitas un empleo que te ayude en el futuro?

14   Transformen según el modelo.

Conozco a una chica. Sabe español. →
Conozco a una chica que sabe español.

1. Busco un chico. Sabe español.   2. Necesito un novillero. Tiene talento.   3. Conozco a un novillero. Tiene más que afición.   4. Tengo un traje. No está sucio.   5. Queremos una secretaria. Habla español. 6. Quiero comprar un traje. No está sucio.

15   Sustituyan.

No hay nadie que lo | sepa.
pueda hacer.
quiera comprar.
busque.

No tiene ninguna característica que | valga.
sirva.
me entusiasme.

16   Contesten negativamente.

1. ¿No le ofrecen ningún contrato que sirva?   2. ¿No conoces a nadie que te pueda ayudar?   3. ¿No hay ningún autobús que vaya a aquel pueblo?   4. ¿No hay nada que le interese?   5. ¿No puedes encontrar a nadie que lo sepa?

EXPLICACIÓN GRAMATICAL

The subjunctive is used in adjective clauses when the noun modified is indefinite. Note that when the object is an indefinite person, the personal a is omitted.

Conozco a un secretario que sabe español.
Busco un secretario que sepa español.

The subjunctive is also used when the adjective clause modifies a negative word.

No hay nadie que lo sepa.
No hay nada que le ayude.
No tiene ningún trabajo que valga.

Temas de composición

1 Prepare Ud. un anuncio para vender un carro y otro para vender una casa.
2 Escriba Ud. un anuncio sobre un viaje a los Estados Unidos para un periódico hispano.
3 ¿Considera Ud. importante la libertad de prensa? ¿Por qué?
4 Escriba Ud. cuatro artículos cortos, describiendo un acontecimiento internacional, nacional, local y personal.

LECCIÓN 16
CONVERSACIÓN
En la calle

Vocabulario

1 **el guardia**   el policía
   Voy a buscar al _____ que debe estar en esta esquina.
2 **queda (quedar)**   estar
   ¿Puede Ud. decirme dónde _____ la carnicería? ¿Está lejos?
3 **doble (doblar)**   dar la vuelta (turn)
   En esa esquina _____ a la derecha y llegará Ud. a la plaza principal.
4 **la bocacalle**   donde se unen dos calles   *intersection*
   Doble a la izquierda en la segunda _____.
5 **cuadras**   manzanas (blocks)
   La estación queda a cinco _____ de aquí.
6 **el semáforo**   la luz para dirigir el tráfico   *traffic light*
   ¡Párate! La luz del _____ está roja.
7 **dé Ud. media vuelta (dar media vuelta)**   moverse para ver hacia atrás
   _____ y verá la catedral.
8 **la acera**   la parte al lado de la calle para los peatones
   El tráfico es atroz; quédate en la _____ hasta que cambie la luz del semáforo.

PRÁCTICA

Contesten a las siguientes preguntas según se indica.

1 ¿Quién está a la puerta del capitolio? *un guardia*
2 ¿Dónde queda la catedral? *a dos cuadras de aquí*
3 ¿Está lejos de aquí el museo? *no, la próxima bocacalle*
4 ¿Cómo puedo encontrar el parque? *doble a la izquierda*
5 ¿Qué controla el tráfico? *el semáforo*
6 ¿Por dónde andan los peatones? *la acera*

Un policía en una calle de Caracas

Laura:	Perdone, señor guardia. Tenga la bondad de decirme dónde queda la calle Vergara.
Guardia:	La calle Vergara es muy larga, señorita. ¿A qué número va Ud.?
Laura:	Al número 97.
Guardia:	El número 97 queda allá por la avenida Miranda. ¿Piensa Ud. ir a pie?
Laura:	Así pensaba. ¿Es que queda muy lejos?
Guardia:	Pues Ud. verá. Bajando por esta calle, doble Ud. a la izquierda en la primera bocacalle. Es el Paseo de los Reyes. Siga Ud. por Reyes cuatro o cinco cuadras hasta llegar al semáforo. Es la calle Vergara. Allí, dé Ud. media vuelta y tendrá una vista del capitolio. En Vergara doble a la derecha para el número 97. El 97 está a seis o siete cuadras de allí, casi en la esquina con Miranda. Sabe que es una de las calles más bonitas de nuestra capital.
Laura:	¿Cuánto tiempo me tomará andando?
Guardia:	A lo menos media hora.
Laura:	¿Y en taxi?
Guardia:	El taxi la llevará allí en unos cinco minutos.
Laura:	Más o menos, ¿cuánto valdrá el taxi desde aquí?
Guardia:	No debe llegar a más de tres pesos. Pero algunos de estos taxistas son pillos. Hay que tener mucho ojo. No pague Ud. más de lo que marca el taxímetro.
Laura:	Muchas gracias, señor guardia. Me parece que tomaré un taxi como no tengo mucho tiempo.
Guardia:	Espere aquí en la acera. Viene uno libre. Yo me encargaré de esto. ¡Oiga, taxi!
Taxista:	Diga, señor guardia. Yo no hice nada.
Guardia:	Ya lo sé. Quiero que lleve Ud. a esta joven al 97 de la calle Vergara por la ruta más rápida y directa. ¿Entendido?
Taxista:	Sí, señor. No tenga Ud. cuidado.
Laura:	Se lo agradezco, señor guardia.

Glosas marginales:

capitolio capitol

•andando a pie

•pillos ladrones (slang)
•mucho ojo mucho cuidado
•taxímetro taxi meter

CUESTIONARIO

1 ¿A quién habla Laura?
2 ¿Está perdida ella?
3 ¿Qué quiere saber ella?
4 ¿Por dónde queda el 97 de la calle Vergara?
5 ¿Dónde tiene que doblar a la izquierda la señorita?

Peatones en una calle de Lima

6 ¿Cómo se llama la calle?
7 ¿Cuántas cuadras tiene que andar?
8 ¿Cuánto tiempo toma andando?
9 ¿Cuánto tiempo toma en taxi?
10 ¿Cuánto le costará?
11 ¿Cómo decide ir Laura?
12 ¿Qué viene?
13 ¿Quién habla con el taxista?
14 ¿Cómo le aconseja el guardia que lleve a la señorita?

EJERCICIOS DE VOCABULARIO

A Reemplacen la expresión *te tardará* con *te llevará allí en*.

1 El taxi te tardará quince minutos.
2 El tren te tardará dos horas.
3 El avión te tardará cinco horas.

B Reemplacen *unos* con *más o menos*.

1 Tardará unos quince minutos.
2 Llegará aquí en unas dos horas.
3 Es cuestión de unos dos días.

C Reemplacen las palabras en letra bastardilla con la forma apropiada de una expresión equivalente.

1 ¿Dónde *está* la calle Vergara?
2 A lo menos *treinta minutos*.
3 Lleve Ud. a esta joven por *el camino más corto*.
4 Aquí viene uno *vacante*.
5 *Dé Ud. una vuelta* a la izquierda.
6 *Dispense*, señor policía.
7 Algunos de estos *choferes de taxi* son *ladrones*.
8 Siga Ud. cuatro o cinco *manzanas*.
9 Perdone, señor *policía*.
10 ¿Cuánto *costará* el taxi?

D Completen las siguientes oraciones con una expresión apropiada.

1 ————, detrás verá el monumento más famoso de la ciudad.
2 Hay tanto tráfico porque un carro chocó con un ———— y las luces no funcionan.
3 —Señor ————, ¿dónde queda el Banco Nacional?
4 Se encuentra en ———— de Miranda y Vergara.
5 Hay demasiados peatones para estas ———— tan estrechas.

ESTRUCTURA

Por y *para*

1 Sustituyan.

| Juan sale para | España. Barcelona. la estación. | Andamos por | la capital. el campo. todas partes. |

2 Contesten.

1. ¿Salió María para Barcelona? 2. ¿A qué hora sale el tren para Madrid?
3. ¿Andan Uds. por las calles del barrio viejo? 4. ¿Hace Juan un viaje por España? 5. ¿Sale ahora el tren para Barcelona? 6. ¿Pasa por Zaragoza el tren para Barcelona?

3 Repitan.

María compró el regalo para su padre.
María compró el regalo por su madre. Su madre no pudo ir a la tienda.

*Dos agentes de policía
conversan en Barcelona*

4   Sustituyan.

| María lo compró para | Carlos.
su amigo.
su padre. | Él lo compró por | su madre.
su novia.
sus amigos. |

5   Contesten según se indica.

1. ¿Para quién hizo un vestido María? *su hermana*   2. ¿Por quién fuiste a la tienda? *mi madre*   3. ¿Por qué fuiste por ella? *estuvo enferma* 4. ¿Para quién compraste el regalo? *mi padre*   5. ¿Por quién compraste la falda? *mi amiga Teresa*   6. ¿Por qué la compraste por ella? *no pudo ir a la tienda*   7. ¿Para quién fue la falda? *la hermana de Teresa*   8. ¿Escribiste una carta por María? *sí*   9. ¿Por qué la escribiste por ella? *ella no tuvo tiempo*   10. ¿Para quién fue la carta? *su madre*

6   Sustituyan.

| Lo terminaré para | mañana.
el jueves.
el día doce. | Él estuvo aquí por | un año.
dos días.
mucho tiempo. |

7   Contesten.

1. ¿Para cuándo tienes que terminar?   2. ¿Por cuánto tiempo estuvo enfermo su padre?   3. ¿Para cuándo quieres estar en casa?   4. ¿Por cuántos días celebran las Navidades?   5. ¿Para cuándo tienes que hacerlo?   6. ¿Por cuánto tiempo viajaste por el país?

The prepositions *por* and *para* have many meanings.

The preposition *para* is used to indicate destination. Note the contrast with *por* in the following examples.

> Este regalo es para María. *(It is destined for Mary. I am going to give it to her.)*
> Compré el regalo por María. *(I bought the gift for Mary because she could not go to the store. The gift, however, is for someone else.)*
> Salieron para México. *(Their destination is Mexico.)*
> Viajaron por México. *(They traveled around Mexico.)*

Para is used to indicate a deadline.
> Lo tendremos para mañana.

Por is used to define a period of time.
> Lo tuvimos por seis días.

Otros usos

8   Sustituyan.

	inglés.
Para español, habla bien el	francés.
	japonés.

9   Contesten.

1. Para niño, ¿es inteligente?   2. Para viejo, ¿hace mucho?   3. Para rico, ¿es generoso?   4. Para americano, ¿habla bien el español?   5. Para lo grave que es, ¿se mantiene tranquilo?

10   Sustituyan.

	los billetes.
Le di ocho pesos por	la cámara.
	la máquina.

11   Contesten según se indica.

1. ¿Cuánto le diste por el reloj? *veinte dólares*   2. ¿Cuánto pagaste por el radio? *cien pesos*   3. ¿Qué le dio por la cámara? *una máquina de escribir*   4. ¿Qué le ofreció por sus consejos? *nada*   5. ¿Qué recibiste por el trabajo? *cien dólares*

12   Sustituyan.

La carta llegó	por correo aéreo.	Me queda mucho por	hacer.
	por correo regular.		terminar.
			leer.

Por	abril	estarán aquí.	Luchó por su	patria.
	el verano			familia.
	las Navidades			vida.

13   Contesten según se indica.

1. ¿Cómo llegó el paquete? *correo aéreo*   2. ¿Te queda mucho por hacer? *sí*   3. ¿Cuándo estarán ellos aquí? *abril, creo*   4. ¿Por qué lucharon ellos? *la causa separatista*   5. ¿Cómo recibiste la revista? *correo*

14   Sustituyan.

Ellos vinieron por	ayuda.
	agua.
	el dinero.

15   Contesten según se indica.

1. ¿Por qué fue Pablo al mercado? *legumbres*   2. ¿Por qué fueron a la fuente? *agua*   3. ¿Por qué vino él? *el dinero que le debía*   4. ¿Por qué salió él? *los billetes*   5. ¿Por qué bajó él? *las provisiones*

EXPLICACIÓN GRAMATICAL

The preposition *para* is also used to express a comparison.

> Para cubano, habla bien el inglés.
> Para joven, sabe mucho.

The preposition *por* is used to express the following:

Substitution or exchange.
> Él me dio un regalo por el trabajo.
> Pagué cien pesetas por el billete.

Means.
> La carta llegó por correo.

A future need. In this case, *por* is followed by the infinitive.
> Queda mucho por hacer.
> Tienes mucho trabajo por terminar.

A general time.

Estarán aquí por la primavera.
Es por abril cuando nos visitan.

Support for an ideal.

Lucha por su patria.

Intent.

Fueron por agua.
Vinieron por el dinero que les debía.

RESUMEN

16 Contesten afirmativamente con *por* o *para*.

1. ¿Cuál es el destino del tren? ¿Barcelona?   2. ¿Cuál es el uso de esta máquina? ¿Hacer papel?   3. ¿A quién vas a dar los dulces? ¿Al niño?   4. Cuando vendiste el coche, ¿te dieron mil dólares?   5. Esa mesa, ¿la vas a poner en el comedor?   6. Es cubano, pero habla bien el inglés, ¿verdad?   7. ¿Se quedó en casa tu madre cuando fuiste a la tienda?   8. ¿Cómo lo supieron Uds.? ¿Lo oyeron por la radio?   9. ¿Cuándo piensas venir? ¿En abril?   10. ¿Cuándo terminarás? ¿Mañana?   11. Quieren dar un paseo en el parque, ¿verdad?   12. Él pasó mucho tiempo en Cataluña, ¿verdad?

17 Reemplacen las expresiones en letra bastardilla con *por* o *para*.

1. Andan *en* el parque.   2. Mañana salen *con destino a* Barcelona.   3. Compré esto *con el propósito de* ponerlo en la sala.   4. Los chicos van ahora *en dirección al* centro.   5. El tiempo será mejor *aproximadamente en* mayo.   6. Tengo que estar allí *no más tarde que* las nueve.   7. *A pesar de que* es viejo, sale mucho.   8. Tengo un montón de trabajo *que tengo que* terminar.

Temas de conversación

1 Déle Ud. a un amigo las direcciones para ir de su casa a la biblioteca.
2 En un párrafo, describa la calle mayor de su pueblo y después descríbalo oralmente a la clase. No se olvide de los semáforos, las esquinas, los nombres de las calles, los edificios importantes, si hay guardia (si lo conoce Ud.), las bocacalles importantes, etc.

3 Prepare Ud. un diálogo explicando a un extranjero como se puede ir de su pueblo o ciudad a otra ciudad que no esté muy lejos. Emplee el vocabulario siguiente.

doblar	el semáforo	izquierda
dar la vuelta	la calle	derecha
dar media vuelta	el camino	derecho
seguir	cuadra	kilómetros
la bocacalle	la carretera	

LITERATURA
El amor

Introducción

Hay temas universales que se encuentran en las literaturas de todos los países. Entre estos temas ocupa un lugar importantísimo el amor.

En las poesías que aparecen en este capítulo, todos los poetas tratan este mismo tema aunque desde varios puntos de vista . . . el amor entre amantes, el amor maternal, el amor de Dios.

Estos poetas representan épocas desde el medioevo hasta hoy, pero lo que cantan es siempre contemporáneo; nos hablan a nosotros en el presente, en la actualidad.

Hace casi novecientos años que Rodrigo Díaz de Vivar, El Cid, tuvo que dejar a su mujer, Jimena, y a sus hijas en el Monasterio de Cardeña para ir a las guerras. Nos ha dicho el poeta que se partieron como la uña de la carne. Desde siglos antes y hasta ahora, los que se quieren han tenido por una razón u otra que separarse. La partida sigue siendo como «la uña de la carne».

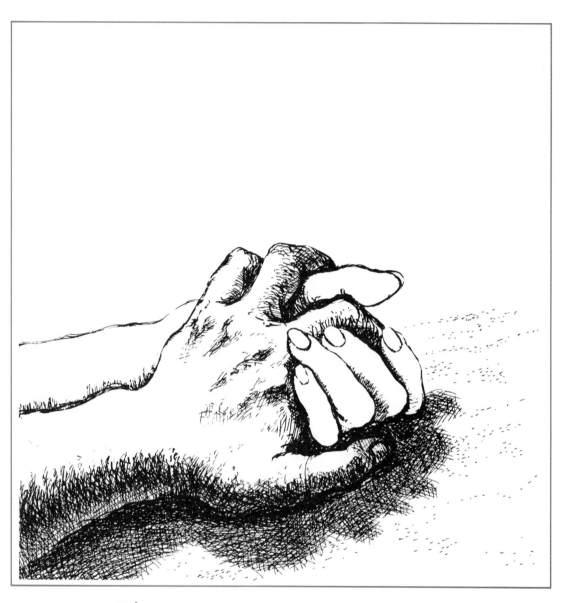

El amor

El amor

Todos somos expertos en el amor. No cabe duda. ¿Quién entre nosotros no ha amado o sido amado?

Los que presumen de sabios en materia de amor comúnmente se limitan al amor entre hombre y mujer e ignoran o menosprecian aquellos otros amores como el amor maternal y el amor de Dios.

Teresa de Cepeda y Blásquez de Ahumada nació en Ávila, una de las capitales provinciales de Castilla, en 1515. En 1533 se hizo monja en la orden de las carmelitas.

Esta hija de Castilla no sólo reformó la orden de las carmelitas sino creó las «descalzas» y fundó más de treinta conventos. Sólo con haber logrado lo antedicho hubiera asegurado su fama. Pero el renombre de Santa Teresa de Jesús no depende de aquellas hazañas mundanas. A Teresa de Ávila el mundo la recuerda como una de las primeras figuras del misticismo español del siglo XVI. Para los místicos, lo que más importaba era la unión con Dios. Santa Teresa expresaba este anhelo en un lenguaje bello pero sencillo, al alcance y dentro de la comprensión de todos.

VERSOS NACIDOS DEL FUEGO DEL AMOR
DE DIOS QUE EN SÍ TENÍA

Vivo sin vivir en mí
y tan alta vida espero,
que muero porque no muero.

Glosa

Aquesta divina unión,
del amor con que yo vivo,
hace a Dios ser mi cautivo,
y libre mi corazón;

mas causa en mí tal pasión
ver a Dios mi prisionero,
que muero porque no muero.

¡Ay! ¡Qué larga es esta vida!
¡Qué duros estos destierros,
esta cárcel y estos hierros
en que el alma está metida!
Sólo esperar la salida
me causa un dolor tan fiero,
que muero porque no muero.

amarga bitter
do donde

¡Ay! ¡Qué vida tan amarga
do no se goza el Señor!
Y si es dulce el amor,
no lo es la esperanza larga;
quíteme Dios esta carga,
más pesada que el acero,
que muero porque no muero.

Sólo con la confianza
vivo de que he de morir;
porque muriendo, el vivir
me asegura mi esperanza;
muerte do el vivir se alcanza
no te tardes que te espero,
que muero porque no muero.

Mira que el amor es fuerte;
vida, no seas molesta;
mira que sólo te resta,
para ganarte, perderte;
venga ya la dulce muerte,
venga el morir muy ligero,
que muero porque no muero.

Aquella vida de arriba
es la vida verdadera
hasta que esta vida muera,
no se goza estando viva;

esquiva evasive,
aloof

muerte no seas esquiva;
vivo muriendo primero,
que muero porque no muero.

Vida, ¿qué puedo yo darle
a mi Dios que vive en mí,
si no es perderte a ti,
para mejor a Él gozarle?
Quiero muriendo alcanzarle,
pues a Él solo es el que quiero,
que muero porque no muero.

Estando ausente de ti,
¿qué vida puedo tener,
sino muerte padecer

padecer sufrir

la mayor que nunca vi?
Lástima tengo de mí,
por ser mi mal tan entero,
que muero porque no muero.

De todos los amores, ¿cuál es más puro y desinteresado que el amor de una madre por su hijo? Es un fenómeno que se manifiesta no sólo entre los del género humano sino también entre casi todas las criaturas de Dios.

No hay escena de mayor contento que la de una madre meciendo a su hijo. Es todo un universo compuesto de dos seres; no se relaciona ni con fronteras ni épocas; es único.

Gabriela Mistral era chilena. A través de su obra el tema de la maternidad es constante. Es su obra el ejemplo por excelencia de la poesía maternal. Como maestra rural ganó el respeto de cientos de niños; como poetisa ganó el Premio Nobel. Gabriela Mistral murió en 1957. Nunca fue madre pero sirvió de madre a muchos que habían perdido la suya.

MECIENDO

El mar sus millares de olas
mece divino.
Oyendo a los mares amantes
mezo a mi niño.

El viento errabundo en la noche
mece los trigos.
Oyendo a los vientos amantes
mezo a mi niño.

Dios Padre sus miles de mundos
mece sin ruido.
Sintiendo su mano en la sombra
mezo a mi niño.

Cupido es, a veces, perverso. Cuando apunta y tira esas flechitas, a veces hiere a dos seres que no tienen en común más que sus heridas. ¡Cuántos novios y matrimonios hemos visto que no concuerdan en nada! A él le gustaría la playa, a ella las montañas. Él prefiere la música popular, ella la clásica. Él odia el frío, ella está loca por esquiar.

Se pasan la vida discutiendo y sufriendo la falta de comprensión del otro.

¿Cómo lo explicamos? ¿Se deben, en fin, esos tristes amores a la mala puntería de Cupido? Es éste el problema que discute el conocido poeta cubano, Julián del Casal.

RONDEL

•alejarte (alejar) ir lejos

Quisiera de mí alejarte,
porque me causa la muerte
con la tristeza de amarte
el dolor de comprenderte.

deparar   repartir

Mientras pueda contemplarte
me ha de deparar la suerte,
con la tristeza de amarte
el dolor de comprenderte.

ansío   quiero

Y sólo ansío olvidarte,
nunca oírte y nunca verte,
porque me causa la muerte.
Con la tristeza de amarte
el dolor de comprenderte.

Si hay algo triste en el amor, no hay nada más triste que la pérdida de un verdadero amor. La muerte de un hijo querido, de un padre o de una esposa se le parte el corazón a uno.

se le parte el corazón a uno   breaks one's heart
•agrado   gusto, algo agradable

Las cosas que antes eran de tanto agrado ya no le importan a uno cuando está solo. Es como si al terminarse aquella vida la suya también se acabara. Día, noche, calor, frío, lo bello, lo feo; todo le es igual. Lo único que de veras importaba se ha ido para siempre, según nos dice Amado Nervo, poeta mexicano.

¡Qué más me da! What does it matter to me!

¿QUÉ MÁS ME DA?

¡Con ella, todo; sin ella, nada!
Cielos, paisajes.
¡Qué importan soles en la jornada!
Qué más me da

soles   plural de sol
jornada   duración del día
rezada   grumbling, complaining

la ciudad loca, la mar rezada,
el valle plácido, la cima helada,
¡si ya conmigo mi amor no está!
Qué más me da . . .

OFERTORIO

Dios mío, yo te ofrezco mi dolor:
¡Es todo lo que puedo ya ofrecerte!
Tú me diste un amor, un solo amor,
¡un gran amor!

Me lo robó la muerte
. . . y no me queda más que mi dolor.

Acéptalo, Señor:
¡Es todo lo que puedo ya ofrecerte!

Un tema poco tratado por los poetas del amor es el amor del buen marido por su mujer e hijos. El poeta anónimo que cantó las hazañas de ese sinpar héroe castellano, Rodrigo Díaz de Vivar, El Cid, bien conoció aquel amor y en los versos que siguen nos ha dejado un retrato que, a pesar de los siete siglos que han intervenido, no ha perdido la emoción y fidelidad con que lo dotó su autor. El Cid fue desterrado por su rey. Camino al exilio pasa por donde están su mujer e hijas para despedirse de ellas. Lo describe el poeta.

sinpar que no tiene igual, superior

•**dotó (dotar)** regalar

EL CANTAR DE MÍO CID

El Cid a doña Jimena   la iba a abrazar
doña Jimena al Cid   la mano va a besar
llorando de los ojos,   que no sabe qué hacer.
Y él a las niñas   las tornó a mirar:
«A Dios os encomiendo   y al padre espiritual,
ahora nos partimos   Dios sabe el ajuntar».
Llorando de los ojos   como no viste jamás
así parten unos de otros   como la uña de la carne.

encomiendo doy

Dios sabe el ajuntar God knows when we'll be together again

•**uña** parte dura en la extremidad de los dedos

No hay duda que compañero del amor puede ser la tristeza. Pero también lo puede ser la alegría. ¡Qué bello es el mundo! Cuando uno ha encontrado su amor, todo es perfección. Cuando uno es poeta como Bécquer, el romántico español, ¡qué bien lo puede expresar en cuatro renglones!

RIMA

Hoy la tierra y los cielos me sonríen;
hoy llega al fondo de mi alma el sol;
hoy la he visto . . . , la he visto y me ha mirado.

¡Hoy creo en Dios!

1   ¿Cuáles son dos factores que contribuyen al renombre de Santa Teresa?
2   ¿Cuál es la divina unión a que se refiere Santa Teresa?
3   Para ella, ¿cómo es la vida?
4   ¿Qué espera ella?
5   Según ella, ¿cuál es la vida verdadera?
6   ¿Por qué quiere ella morir?
7   ¿Cuál es el amor más puro?
8   ¿Qué era Gabriela Mistral?
9   ¿Qué mece el mar?
10 ¿Qué mece el viento?
11 ¿Qué mece Dios?
12 ¿A quién mece Gabriela Mistral?
13 ¿Cuándo mece al niño?
14 ¿Cómo puede ser Cupido?
15 ¿Qué le causa la muerte a Julián del Casal?
16 ¿Qué quiere hacer el poeta?
17 ¿Por qué quiere olvidar a su novia?
18 ¿Cuál es el problema que tiene con ella?
19 ¿Cuál es un aspecto triste del amor?
20 Para Amado Nervo, ¿qué es la vida con su novia?
21 Sin ella, ¿qué es la vida?
22 ¿Por qué no le importa nada?
23 ¿Qué le ofrece a Dios el poeta?
24 ¿Por qué no le ofrece otra cosa?
25 ¿Por qué tiene un dolor tan profundo?
26 ¿Cuál es un tema amoroso poco tratado por los poetas?
27 ¿Quién fue El Cid?
28 ¿A quién abrazó El Cid?
29 ¿Por qué lloraba?
30 ¿A quiénes miró?
31 ¿Cuándo se verán de nuevo los de la familia?
32 ¿Con qué compara el autor el dolor del Cid?
33 ¿Cuándo tiene uno mucha alegría?
34 ¿Qué le sonríen a Bécquer?
35 ¿Qué llega al fondo de su alma?
36 ¿Qué significará el sol?
37 ¿Por qué cree en Dios hoy?

A Completen las siguientes oraciones con una expresión apropiada.

1 La poetisa no reconoció su _____.
2 Los críticos no lo comprenden; así lo _____.
3 Cupido no es el único que tira _____.
4 Los cautivos se escaparon de _____.
5 El soldado casi disparó contra su amigo; tan mala es su _____.
6 Mis abuelos llegaron al aeropuerto y todos nos _____.
7 Los chicos están muy contentos. Siempre _____.
8 Los dos políticos jamás _____.
9 Ella ganó mucho dinero. Tiene que ser rica, no _____.
10 Su vida dedicada a la religión satisface su gran _____ religioso.

B Basando sus respuestas en la oración modelo, contesten a las preguntas que la siguen.

1 **Los cautivos odian su vida amarga.**
   ¿Quiénes odian su vida?
   ¿Qué odian los cautivos?
   ¿Cómo es su vida?
   ¿Qué hacen los cautivos?
2 **La novela aseguró el renombre del autor.**
   ¿Qué aseguró el renombre?
   ¿Qué aseguró la novela?
   ¿De quién aseguró el renombre la novela?
3 **Tenemos que alejarnos de lo que odiamos.**
   ¿Tenemos que alejarnos?
   ¿De qué tenemos que alejarnos?
   ¿Qué tenemos que hacer?

C Reemplacen las expresiones en letra bastardilla con la forma apropiada de una expresión equivalente indicada.

herir	anhelo	renombre
sinpar	dotar	odiar
no caber duda	asegurar	flechita
agrado	cárcel	crear
concordar	mecer	sonreír
amargo		

1 Su *deseo* de hacerse monja la dominaba.
2 Los dos médicos no *están de acuerdo*.
3 La riqueza del vocabulario del poeta *garantizó* su fama.
4 Él no quería *hacer daño* a los jóvenes.

5 *Es cierto* que esos seres han sufrido.
6 Los poetas aprendieron a *desdeñar* el hambre.
7 Esa película *superior* ganó el premio nacional.
8 Ellos descubrieron que la vida es *difícil*.
9 Los estudiantes recibieron las noticias con mucho *gusto*.
10 La poetisa *escribió* un poema de estilo diferente.

D Completen el siguiente párrafo con expresiones apropiadas.

La poetisa _____ una forma nueva en su poesía. Algunos críticos la _____, pero otros anunciaron que su _____ fue _____. Su verso demostró el _____ poderoso que tenía para mejorar la vida _____ de los pobres. Sus vocablos revelaron cuanto _____ la miseria y como _____ la vida religiosa. No _____ que aun los críticos _____ que la poetisa era una persona _____.

Interpretación y análisis

1 Explique el significado de «Muero porque no muero» en el poema de Santa Teresa de Jesús.
2 ¿Cuál es la gran esperanza de Santa Teresa de Jesús?
3 ¿Existe hoy día el misticismo en poemas o canciones? Cite ejemplos.
4 En su poema «Meciendo», Gabriela Mistral emplea repetidamente el verbo «mecer». ¿Cuál será la emoción o el sentimiento que desea crear Gabriela Mistral con el uso de este verbo?
5 Julián del Casal en su poema «Rondel» habla con su amante. Le dice que el comprenderla es un dolor y el amarla es una tristeza. ¿Qué significará el poeta al decir tal cosa a la persona que quiere? ¿Puede el amor traerle a uno tristeza? ¿Cómo?
6 ¿Qué causa la tristeza en el alma de Amado Nervo según lo que nos dice en sus dos poemas? ¿Por qué le dirá a Dios que todo lo que le puede ofrecer es su dolor?
7 En un párrafo describa la despedida de El Cid de su familia.
8 Compare Ud. los sentimientos de Bécquer en su poesía «Rima» con los de Julián del Casal en su poesía «Rondel».

LECCIÓN 17
HISTORIA
Ojeada a la historia de la América Latina

Vocabulario

1 **el navegante**   una persona que navega o guía
   El piloto del puerto está planeando la ruta de salida con el _____.

2 **los artesanos**   los que hacen artes manuales
   Esta tienda vende solamente las obras de los _____ locales.

3 **presenciaron (presenciar)**   estar presente, ver _witness_
   Los oficiales _____ la llegada del rey.

4 **predicar**   hablar con ceremonia, pronunciar un sermón
   El sacerdote quería _____ en la catedral.

5 **el ímpetu**   el empuje, la fuerza
   Una revolución en un país puede dar _____ a otras.

6 **sangrienta**   con mucha sangre, feroz
   La invasión resultó en una batalla _____.

7 **aconsejaban (aconsejar)**   dar consejo, avisar
   Los padres les _____ a sus hijos que no salieran de noche.

8 **la corona**   lo que lleva un rey o una reina en la cabeza
   La reina perdió la _____ durante la revolución.

9 **el trono**   el asiento de los reyes
   La joven heredó el _____ a los dieciséis años.

10 **la junta**   una reunión de personas para una causa común
   Las _____ militares gobiernan a varios países latinoamericanos.

Capilla de Cristo,
San Juan

Basando sus respuestas en la oración modelo, contesten a las preguntas que la siguen.

1 **La junta militar le quitó la corona al rey en una lucha sangrienta.**
   ¿Qué le quitó al rey la junta?
   ¿Quién le quitó la corona al rey?
   ¿Cuándo le quitó la corona al rey la junta?
   ¿Qué hizo la junta?

2 **Los miembros de la junta presenciaron el ataque sangriento.**
   ¿Quiénes presenciaron el ataque?
   ¿Qué presenciaron los miembros de la junta?
   ¿Cómo era el ataque?
   ¿Qué hicieron los miembros de la junta?

3 **El rey se sentaba en el trono mientras predicaba el sacerdote.**
   ¿Quién se sentaba en el trono?
   ¿Dónde se sentaba el rey?
   ¿Quién predicaba?
   ¿Cuándo se sentaba el rey en el trono?

II

1 **condenados (condenar)**   los que han recibido una sentencia o condenación
      Los revolucionarios fueron ———— por el rey.

2 **el cacique**   una persona que tiene mucha influencia política en un pueblo
      Los viejos nombraron al más fuerte el ———— de la tribu.

3 **el caudillo**   el jefe, el capitán, el líder
      El ———— defendió sus propios intereses políticos.

4 **los terratenientes**   los dueños de grandes extensiones de tierra
      Los labradores trabajaron para los ————.

5 **surgía (surgir)**   aparecer   *aprear, el merge*
      Desaparecía una ideología y ———— otra.

6 **la mitad**   una de dos partes iguales
      Ese chico comió la ———— de los bombones.

PRÁCTICA

Completen las siguientes oraciones con una palabra apropiada.

1 Los ———— son dueños de grandes extensiones de tierra.
2 El ———— tenía mucha influencia política.
3 En cuanto murió el caudillo, ———— otro y no hubo ningún cambio político.
4 Aquellos ladrones deben ser ———— por el gobierno.
5 Tenía diez mil pero perdió cinco mil; así perdió la ———— de su fortuna.

III

1 **la explotación**   el acto de tomar lo rico o lo bueno de algo
   La ———— de los indios era increíble.

2 **las décadas**   un período de diez años
   Franco fue el caudillo de España por más de tres ————

3 **el líder**   el caudillo, el jefe
   El héroe militar se proclamó el ————, del gobierno.

4 **lograr**   obtener, tener éxito en *to achieve*
   Esas personas valientes querían ———— la liberación de los esclavos.

5 **rechazaron (rechazar)**   no aceptar
   Los caciques ———— cualquier opinión que no se conformara a la suya.

6 **adquiriendo (adquirir)**   conseguir, obtener
   Las naciones jóvenes están ———— la experiencia necesaria para gobernarse.

7 **forjar**   formar (to forge)
   Tenemos que ———— nuestro futuro a pesar de las dificultades que encontramos.

*Tumba de
Cristóbal Colón,
Santo Domingo*

Fortaleza del Morro, San Juan

La Santa María, Barcelona

PRÁCTICA

Reemplacen las palabras en letra bastardilla con la forma apropiada de una expresión equivalente.

1 *El caudillo* anunció la llegada de las tropas extranjeras.
2 Las colonias *no aceptaron* la influencia europea.
3 Ellos están *consiguiendo* más y más poder.
4 *El abuso* de los indígenas durante la época colonial fue increíble.
5 El regimen del dictador duró *diez años*.
6 Las colonias querían *obtener* su libertad en seguida.

Ojeada a la historia de la América Latina

I

Al hablar de Hispanoamérica o Latinoamérica, nos referimos al vasto territorio que empieza en el Río Grande y termina en los glaciares de Tierra del Fuego. Son las tierras bañadas por las aguas del Atlántico, del Pacífico y del Caribe. Por lo general, el Brasil se considera aparte porque el idioma del país es el portugués. En Haití, Martinica y Guadalupe encontramos el francés. En los otros el idioma oficial es el español. Para comprender la América Latina de hoy es necesario saber algo de su pasado—de su historia.

En 1492, el navegante genovés, Cristóbal Colón, sirviendo a los reyes de España, descubrió la isla de San Salvador en el Caribe. En menos de cien años el dominio de los monarcas españoles se extendió sobre la mayor parte de las tierras del «Nuevo Mundo».

¿Quiénes eran los hombres que conquistaron estas tierras? Los conquistadores eran varios y de varias condiciones. Francisco Pizarro que conquistó al Perú era de origen humilde. Hernán Cortés, el que con-

quistó a México era hidalgo. Pero todos eran aventureros y guerreros. En contraste con sus contrapartes en el norte, no eran agricultores, artesanos y padres de familia. Los puritanos que llegaron a Plymouth llegaron con sus mujeres e hijos. Los conquistadores vinieron acompañados de sus armas y sus caballos de guerra.

¿Y quiénes eran los que presenciaron su llegada? Se dice que eran indios, perpetuando el error de Colón que creía haber llegado a la India. Entre los «indios» de varias partes del Nuevo Mundo había tantas diferencias como entre los europeos de distintos países. Algunas tribus eran primitivas, otras habían desarrollado unas culturas muy avanzadas. Los conocimientos que tenían los mayas y los aztecas de las matemáticas y la astronomía han sorprendido a los científicos modernos.

Cada tribu hablaba su propio idioma. Tan grave era el problema de la comunicación que los religiosos españoles que llegaron con los conquistadores para predicar la palabra de Dios dieron ímpetu a la difusión de lenguas autóctonas.

La lucha para dominar a los indígenas era fácil en algunos lugares y difícil en otros—pero por casi todas partes era sangrienta.

El imperio español en el Nuevo Mundo se organizó según el patrón de España. El gobierno era burocrático y jerárquico. Se estableció el Consejo Supremo de Indias. Sus miembros aconsejaban al rey de España—pero era él quien gobernaba a la América Española.

El territorio se dividía en virreinatos y capitanías generales. Se establecieron cuatro virreinatos—dos en el siglo dieciséis y dos en el siglo dieciocho—Nueva España, (México); Nueva Castilla (Perú); Nueva

Estatua al Padre Hidalgo, México

virrey viceroy Granada (Colombia); Río de la Plata (Argentina). El virrey recibía su autoridad directamente del rey y gobernaba en su nombre. El virrey siempre era español, nacido en España. Los criollos (hijos de españoles nacidos en América), por ricos o instruidos que fueran, jamás podían representar al rey. Aunque a veces se rebelaron contra uno u otro de los representantes, los criollos se mantenían fieles a la corona.

En 1808 el emperador francés, Napoleón, invadió a España. Obligó a Fernando VII, el rey de España, a renunciar el trono. Con eso comenzó la Guerra de la Independencia en España. Los españoles se levantaron en contra de las tropas del invasor francés y más tarde los criollos se levantaron en contra de la dominación española. En los países de Hispanoamérica se fundaron juntas—juntas dirigidas por criollos.

II

Las autoridades establecidas consideraban a las juntas en estado de rebelión. Los criollos aristocráticos se vieron condenados como rebeldes. Así, la lucha por la independencia comenzó en 1810 y no se acabó hasta 1898.

prohombres héroes Los prohombres de la independencia de la América Española son el orgullo de sus patrias y de todo hispanoamericano. Los más famosos son dos—Simón Bolívar y José de San Martín. Bolívar soñó con una federación de estados que uniría a los cuatro virreinatos en una federación. Cuando murió el Libertador en 1830, los cuatro virreinatos ya se habían dividido en trece repúblicas. En 1840 había diecisiete repúblicas. Pero todavía quedaban colonias españolas en América: Sto. Domingo, Cuba y Puerto Rico.

En 1895 los cubanos, tratando de realizar el sueño de José Martí de ver a Cuba libre, se levantaron de nuevo. En ese mismo año, Martí perdió la vida en guerra. En 1898 los Estados Unidos y España entraron en guerra. Como consecuencia España abandonó sus últimas colonias americanas, Cuba y Puerto Rico. Cuba ganó su independencia y Puerto Rico llegó a ser parte de los Estados Unidos.

Después de la independencia seguían las injusticias en Latinoamérica. Muchas de las repúblicas que se independizaron de España no mejoraron las condiciones en que vivían los campesinos. Las famosas revoluciones en Hispanoamérica tenían poca importancia para el indio o el campesino. Tomaba el poder un cacique o caudillo para defender los intereses de una banda de terratenientes. Surgía otro cacique y el primero abandonaba el país llevando consigo todo lo que había robado del pueblo. Éste fue el patrón hasta la primera mitad de este siglo.

III

Porfirio Díaz fue el dictador de México durante unos treinta años— (1877 a 1880, 1884 a 1911). Díaz dejó la economía mexicana dominada por intereses extranjeros. Permitió la explotación de los indios. La protesta contra Díaz resultó en la Revolución Mexicana. La revolución duró décadas y dejó cientos de miles de muertos. La revolución no tenía un solo líder. Surgen nombres como Emiliano Zapata y Pancho Villa. Todos reconocían que algo tenía que cambiar. Por fin la lucha terminó y México salió de ella renovada. La influencia que ha tenido la Revolución Mexicana en el resto de Hispanoamérica es incalculable.

Estatua a don Pedro de Valdivia, Santiago, Chile

Después de lograr su independencia, los países de Hispanoamérica rechazaron a España y a todo lo español. Norteamérica era el nuevo modelo. Recientemente han rechazado también al nuevo modelo. Hispanoamérica no es ni Norteamérica ni Europa. La población indígena y campesina no sufre en silencio. Exigen cambios. Ha habido revoluciones y trastornos políticos. Aunque aún hoy hay dictaduras y juntas militares en algunos países que permiten poca libertad, hay también gobiernos que están adquiriendo conciencia social. Actualmente se ve más interés en el indígena, en su cultura, en su historia y en sus contribuciones. Hay más interés en el mejoramiento de la vida del campesino y del habitante necesitado.

Ahora, Hispanoamérica reconoce que no hay modelo. La América Española es única y tiene que forjar su propio destino. Para hacer esto, tomará todo lo que quiera de todas las culturas, y con la base de sus propias riquezas culturales y humanas posiblemente creará lo que realmente será un «Nuevo Mundo».

CUESTIONARIO

I

1 ¿A qué se refiere el término Hispanoamérica?
2 ¿Qué aguas bañan estas tierras?
3 ¿Por qué se considera aparte el Brasil?
4 ¿Cuál es el idioma de Haití?
5 ¿Qué isla descubrió Cristóbal Colón?
6 ¿De qué origen era Pizarro? ¿Y Cortés?
7 ¿Qué tenían en común los conquistadores?
8 ¿Qué eran sus contrapartes del norte?
9 ¿Con quiénes llegaron los puritanos?
10 ¿De qué vinieron acompañados los conquistadores?
11 ¿Quiénes presenciaron la llegada de los españoles?
12 ¿Por qué se les llamaron «indios»?
13 ¿Cómo eran las diferentes tribus indias?
14 ¿Por qué era grave el problema de la comunicación?
15 ¿Cómo eran las luchas contra los indígenas?
16 ¿Según qué patrón se organizó el imperio en el Nuevo Mundo?
17 ¿Quién gobernaba a la América Española?
18 ¿En qué se dividieron los territorios?
19 ¿De qué nacionalidad era el virrey?
20 ¿Eran fieles a la corona los criollos?
21 ¿En qué año invadió Napoleón a España?
22 ¿Contra qué se levantaron los criollos?
23 ¿Qué se fundó en el Nuevo Mundo?

II

1   ¿Cómo consideraban las autoridades a las juntas?
2   ¿Cuándo comenzó la lucha por la independencia?
3   ¿Quiénes son unos prohombres de la independencia de Latino-
    américa?
4   ¿Con qué soñó Bolívar?
5   En 1830, ¿en qué se habían dividido los cuatro virreinatos?
6   ¿Cuántas repúblicas había en 1840?
7   ¿Cuáles eran las últimas colonias españolas en Hispanoamérica?
8   ¿Quiénes se levantaron en 1895?
9   ¿Quién era el héroe cubano?
10 ¿Qué abandonó España en 1898?
11 ¿Se mejoraron las condiciones después de la independencia?
12 ¿Para quiénes tenían poca importancia las revoluciones?
13 ¿Qué hacían los caciques o caudillos?

III

1   ¿Cómo dejó la economía mexicana Porfirio Díaz?
2   ¿Qué más permitió el dictador?
3   ¿Cuántos años duró la Revolución Mexicana?
4   ¿Tenía un solo líder esta revolución?
5   Después de lograr su independencia, ¿qué rechazaron los países de
    Hispanoamérica?
6   ¿Quién no sufre en silencio?
7   ¿Qué están adquiriendo algunos gobiernos actuales?
8   ¿En qué se ve más interés?
9   ¿Qué tiene que hacer la América Española?
10 ¿Cómo crearán los países latinoamericanos un «Nuevo Mundo»

*Calendario de los
aztecas, México*

El Panamá viejo

EJERCICIOS DE VOCABULARIO

A   Contesten a las siguientes preguntas con oraciones completas.

1   ¿Hacen muebles los artesanos?
2   ¿Predica un cura?
3   ¿Han surgido muchas dictaduras en Latinoamérica?
4   ¿Presenciaron los campesinos la batalla sangrienta?
5   ¿Ayudó el caudillo a los terratenientes?
6   ¿Han forjado ellos su propio destino?
7   ¿Han logrado dar ímpetu al movimiento?
8   ¿Rechazó la junta las ideas del pueblo?

B   Completen las siguientes oraciones con una palabra apropiada.

1   Su organización dio mucho _____ al movimiento independentista.
2   El _____ dirigió el barco en el puerto.
3   Ella _____ la idea porque no le gustó.
4   Ellos _____ la independencia después de una batalla sangrienta.
5   Él me _____ que no lo hiciera pero no seguí sus consejos.
6   Los misioneros querían _____ la palabra de Dios a los indígenas.
7   La reina se sentó en el _____ y le pusieron la _____ en la cabeza.
8   Son los _____ que tienen toda la tierra.
9   Ellos fueron _____ a pasar diez años en la cárcel.
10 La _____ militar gobierna al país.

|

El imperfecto del subjuntivo

Las formas del verbo

Study the following forms of the imperfect subjunctive of regular verbs.

hablar	**comer**	**vivir**
hablara	comiera	viviera
hablaras	comieras	vivieras
hablara	comiera	viviera
habláramos	comiéramos	viviéramos
(hablarais)	(comierais)	(vivierais)
hablaran	comieran	vivieran

The imperfect subjunctive has two forms. The following form is less frequently used in conversation but will be encountered in literary selections.

hablase	comiese	viviese
hablases	comieses	vivieses
hablase	comiese	viviese
hablásemos	comiésemos	viviésemos
(hablaseis)	(comieseis)	(vivieseis)
hablasen	comiesen	viviesen

To form the root for the imperfect subjunctive of irregular and stem-changing verbs, *–on* is dropped from the third person plural of the preterite.

andar	anduvieron	anduviera	**conducir**	condujeron	condujera
estar	estuvieron	estuviera	**decir**	dijeron	dijera
tener	tuvieron	tuviera	**producir**	produjeron	produjera
			traducir	tradujeron	tradujera
poder	pudieron	pudiera	**traer**	trajeron	trajera
poner	pusieron	pusiera			
saber	supieron	supiera	**ir**	fueron	fuera
			ser	fueron	fuera
hacer	hicieron	hiciera			
querer	quisieron	quisiera	**sentir**	sintieron	sintiera
venir	vinieron	viniera	**morir**	murieron	muriera
			pedir	pidieron	pidiera

II

Los usos del imperfecto del subjuntivo

Cláusulas nominales

1   Repitan.

Quería que nosotros fuéramos.
Insistió en que trabajaran más.
Preferían que salieras.

2   Sustituyan.

Los padres querían que los hijos
| volvieran.
| hicieran el viaje.
| fueran en tren.
| estudiaran.

Mi padre insistió en que yo
| hablara español.
| siguiera con mis estudios.
| sacara el billete.

El señor mandó que
| subiéramos al tren.
| rechazáramos la idea.
| no habláramos del asunto.

3   Contesten.

1. ¿Quería el señor que Uds. hablaran de España?   2. ¿Prohibieron que fueras en primera?   3. ¿Preferiría Ud. que pasáramos el verano en Puerto Rico?   4. ¿Esperaba María que llegara a tiempo el tren?   5. ¿Temía Ud. que ellos estuvieran enfermos?   6. ¿Se alegraba Ud. de que recibieran su independencia?   7. ¿Temerían ellos que lo supiéramos? 8. ¿Insistió Carlos en que él viviera en aquella residencia?   9. ¿Insistiría el señor en que presenciáramos la ceremonia?

4   Sigan el modelo.

> Ellos suben al tren. *el agente mandó* →
> El agente mandó que ellos subieran al tren.

1. Él sale de su país. *su padre prohibió* 2. Nos sentamos en el entre-suelo. *la familia insistió*   3. Abrimos una cuenta de ahorros. *él preferiría* 4. No hacemos la visita. *ellos temieron*   5. Todos tienen buen viaje. *él quería* 6. Llega la carta del extranjero. *Rosita esperaba* 7. Ella va en primera. *su madre prefirió*   8. Es alegre la despedida. *yo esperaba* 9. Ellos observan el paisaje. *nosotros sugerimos* 10. Desaparece el tráfico. *queríamos*

5   Contesten.

1. ¿Le aconsejaste a Juan que saliera?   2. ¿Les dijeron sus padres que estudiaran en la universidad?   3. ¿Le escribió su novia que volviera para las Pascuas?   4. ¿Te aconsejó que hicieras el viaje en tren?   5. ¿Les pidió que esperaran en la estación?   6. ¿Le dijo a María que sacara el billete?

Con expresiones impersonales

6   Repitan.

Fue necesario que se quedaran.
Era necesario que se quedaran.
Sería necesario que se quedaran.

7   Sustituyan.

Sería posible que | lo hiciéramos.
| llegáramos tarde.
| tuviéramos suerte.
| lo supiéramos.

Era posible que no lo | supieran.
| hicieran.
| terminaran.
| aprendieran.

Fue preciso que | viajaran en tren.
| volvieran a casa.
| hicieran más esfuerzo.
| se defendieran.

8   Contesten.

1. ¿Fue necesario que ella hablara inglés?   2. ¿Era posible que no lo supieran?   3. ¿Sería imposible que vinieras a nuestra casa?   4. ¿Sería aconsejable que Uds. esperaran aquí?   5. ¿Era dudoso que él llegara a tiempo?   6. ¿Sería mejor que Uds. no dijeran nada?   7. ¿Fue imposible que tú le hablaras en francés?   8. ¿Fue preciso que hicieras un viaje al extranjero?

Cláusulas relativas

9   Repitan.

Buscaba una secretaria que hablara catalán.
Necesitábamos un señor que fuera pintor.
No había nada que le interesara.

10   Contesten.

1. ¿Buscaba un secretario que viviera cerca?   2. ¿Quería un libro que discutiera la conquista?   3. ¿No había nada que le gustara?   4. ¿No vino nadie que le ayudara?   5. ¿No había ningún libro que tratara de aquel asunto?

EXPLICACIÓN GRAMATICAL

The imperfect subjunctive is used in a noun or an adjective clause requiring the subjunctive, when the verb of the main clause is in the imperfect, preterite, or conditional.

Quería que nosotros fuéramos.
Insistió en que todos salieran.
Sería posible que lo hicieran.

If the verb of the main clause is in the present or future, the present subjunctive is used.

Quiere que nosotros vayamos.
Insistirá en que todos salgan.

RESUMEN

11   Contesten.

1. ¿Quieres que yo te acompañe?   2. ¿Será necesario que le hablemos en alemán?   3. ¿Fue preciso que vinieran Uds. en tren?   4. ¿Buscas una criada que sepa cocinar?   5. ¿Temías que el niño estuviera enfermo?   6. ¿Sería necesario que llegáramos antes?   7. ¿Insistirán en que discutamos la historia latinoamericana?   8. ¿Sería posible que prepararas una comida criolla?

III
El subjuntivo en cláusulas adverbiales

Conjunciones de tiempo

12   Repitan.

Los indios esperarán hasta que vuelva el cacique.
Los indios esperaron hasta que volvió el cacique.
Ellos comenzarán a luchar cuando llegue el poder extranjero.
Ellos comenzaron a luchar cuando llegó el poder extranjero.

13 Sustituyan.

Ellos huirán en cuanto
| vean al caudillo.
| lleguen las tropas.
| oigan las noticias.

Ellos huyeron en cuanto
| vieron al caudillo.
| llegaron las tropas.
| oyeron las noticias.

14 Contesten.

1. ¿Esperaron los soldados hasta que volvió el general?   2. ¿Esperarán los soldados hasta que vuelva el general?   3. ¿Estuvieron satisfechos tan pronto como hubo otro gobierno?   4. ¿Estarán satisfechos tan pronto como haya otro gobierno?   5. ¿Habló el presidente en cuanto dejaron de aplaudir?   6. ¿Hablará el presidente en cuanto dejen de aplaudir?   7. ¿Diste un regalo al niño cuando saliste?   8. ¿Darás un regalo al niño cuando salgas?   9. ¿Quemaron el barco tan pronto como llegaron?   10. ¿Quemarán el barco tan pronto como lleguen?

15 Transformen según el modelo.

Los soldados se levantarán. El general entra. →
Los soldados se levantarán cuando entre el general.

1. Ellos se callarán. Discutimos la lucha.   2. El navegante volvió. Vio llegar el barco.   3. No pudieron ganar. Intervinieron las fuerzas extranjeras.   4. Los indios vivirán mejor. No están bajo el dominio extranjero.   5. Éste se aprovechará de la situación. Proclaman la república.

Monumento a Colón, Panamá

16   Repitan.

Los españoles llegarán antes de que vuelva la tribu.
Los españoles llegaron antes de que volviera la tribu.

17   Sustituyan.

Yo saldré antes de que | salgan / lleguen / vuelvan / entren | los otros.

Yo salí antes de que | salieran / llegaran / volvieran / entraran | los otros.

18   Contesten.

1. ¿Saldrán antes de que el líder dé el grito?   2. ¿Salieron antes de que el líder diera el grito?   3. ¿Dejarán de luchar antes de que salgan las tropas extranjeras?   4. ¿Dejaron de luchar antes de que salieran las tropas extranjeras?   5. ¿Hablarás con Juan antes de que lleguen los otros?   6. ¿Hablaste con Juan antes de que llegaran los otros?

EXPLICACIÓN GRAMATICAL

Most adverbial conjunctions of time can be followed by either the subjunctive or the indicative. If the action of the sentence is in the future, it cannot be definitely established whether or not the action will be realized. For this reason, the subjunctive is used after the adverbial conjunction of time when the main clause is expressed in the future. If, however, the action took place in the past, the indicative is used in the subordinate clause, since the realization of the action is an established fact.

Él saldrá cuando los otros lleguen.
Él salió cuando los otros llegaron.

Él llorará en cuanto vea a su madre.
Él lloró en cuanto vio a su madre.

The adverbial conjunction *antes de que* is an exception. It is always followed by the subjunctive.

Ellos saldrán antes de que lleguemos.
Ellos salieron antes de que llegáramos.

Aunque

19   Repitan.

Aunque llueve, saldremos.
Aunque llueva, saldremos.
Aunque lo sabe, no nos dirá nada.
Aunque lo sepa, no nos dirá nada.

20   Contesten.

1. ¿Saldrá aunque tiene miedo?   2. ¿Saldrá aunque tenga miedo?
3. ¿Se callará aunque los conoce?   4. ¿Se callará aunque los conozca?
5. ¿Harán el viaje aunque no hace buen tiempo?   6. ¿Harán el viaje aunque no haga buen tiempo?

EXPLICACIÓN GRAMATICAL

The conjunction *aunque* can be followed by either the subjunctive or indicative, depending upon the meaning the speaker wishes to convey.

Saldremos aunque llueve. *(We will leave even though it is raining. It is now raining.)*
Saldremos aunque llueva. *(We will leave even though it may rain. It is not yet raining, but there exists the possibility.)*

Temas de composición

1   Compare la colonización latinoamericana con la norteamericana. ¿Cuál fue la mayor diferencia entre los conquistadores españoles y los puritanos ingleses?
2   ¿Cuál fue el gran sueño del libertador, Simón Bolívar? ¿Se realizó su sueño? Según lo que han aprendido, ¿cómo explicaría Ud. el hecho de que los cuatro virreinatos de la época colonial se dividieron en tantas repúblicas?
3   ¿Por qué no cambió mucho la situación en Latinoamérica después de su independencia de España?
4   Imagínese haber descubierto un nuevo país. ¿Cómo lo haría Ud. un «Nuevo Mundo»? ¿Qué tipo de gobierno establecería Ud. y por qué?

LECCIÓN 18
CONVERSACIÓN
En la farmacia

Vocabulario

1 **la receta**   una prescripción médica
   Voy a la farmacia para que me llenen la _____ que me dio el médico.

2 **recetar**   dar una receta
   No puedo aguantar la aspirina. Así el médico no me la puede _____.

3 **las pastillas**   las píldoras
   No me gusta la medicina líquida; prefiero las _____.

4 **el jarabe**   un líquido medicinal
   El niño tomará el _____ porque no puede tomar pastillas.

5 **tragar**   hacer pasar algo por la garganta
   Niño, ¡come despacio! Siempre quieres _____ en seguida.

6 **un derivado**   algo sacado de otra cosa
   Un _____ del verbo *comer* es *comida*.

7 **no se preocupe (preocuparse)**   inquietarse, molestarse
   Hay problemas hoy; por consiguiente _____ de los de mañana.

8 **inoxidable**   que resiste la oxidación (rustproof)
   Para los cuchillos usan un acero _____.

9 **la marca**   un título o señal particular (brand name)
   La _____ no me tiene importancia, pero la calidad, sí.

10 **duelen (doler)**   causar dolor
   Estos zapatos no me sientan bien; cada vez que los llevo me _____ los pies.

11 **las gotas**   unas porciones pequeñísimas de líquido
   El médico me puso tres _____ de medicina en los ojos.

12 **la vuelta**   el cambio, el dinero que el empleado devuelve cuando uno paga demasiado
   Si el jarabe cuesta noventa centavos, y yo le doy al farmacéutico un dólar la _____ debe ser diez centavos.

PRÁCTICA

Den la palabra o expresión cuya definición sigue.

1 una medicina en forma sólida
2 lo que le da el médico si a Ud. le hace falta una medicina
3 causar dolor
4 una partícula líquida
5 una medicina en forma líquida
6 lo que le devuelve un dependiente al pagar demasiado
7 pasar por la garganta
8 algo sacado de otra cosa

calmante tranquilizer	**Cliente:** ¿Cuánto tiempo tardarán Uds. en llenar esta receta?
	Farmacéutico: A ver. No es muy complicada. Es un calmante. ¿Es para Ud.?
	Cliente: Sí. El médico acaba de recetármela.
	Farmacéutico: Se lo puedo preparar en forma de pastillas o en un jarabe. Como Ud. prefiere.
	Cliente: En jarabe. Siempre me molesta tragar pastillas.
	Farmacéutico: Calculo unos veinte minutos para preparar la medicina. ¿Quiere Ud. esperar o volver más tarde?
	Cliente: Me quedaré aquí. Hay otras cosas que tengo que comprar. Quería preguntarle si ese calmante contiene algún narcótico.
morfinómano el que abusa el uso de la morfina	**Farmacéutico:** No, señor. No se preocupe Ud. Esta medicina no va a convertirle en morfinómano.
	Cliente: Se oye tanto sobre el peligro de las drogas que uno empieza a tener miedo de todo.
	Farmacéutico: ¿Qué más quería Ud.?
•tubito tubo pequeño **•crema dental** toothpaste **•talco** talcum powder **•hojas de afeitar** razor blades	**Cliente:** Un tubito de crema dental, talco y unas hojas de afeitar.
	Farmacéutico: Estas hojas son extranjeras. Son de acero inoxidable. Le deben durar mucho tiempo. También tengo hojas del país.
	Cliente: Voy a probar las hojas extranjeras. Vamos a ver si son tan buenas como Ud. dice.
	Farmacéutico: Prefiero comprar productos nacionales. Pero algunas cosas se hacen mejor en el extranjero.
Como cincuenta Cincuenta, más o menos	**Cliente:** También quiero aspirinas. Como cincuenta.
	Farmacéutico: ¿De qué marca?
	Cliente: No me importa. Déme las más baratas.
Colonia Cologne **•jabón para afeitar** shaving soap	**Farmacéutico:** ¿Algo más? ¿Colonia, jabón para afeitar?
	Cliente: Mire. Recientemente me empiezan a molestar los ojos.
	Farmacéutico: Ajá. Veo que los tiene Ud. algo irritados. ¿Ud. acostumbra leer mucho?
	Cliente: Constantemente. Pero ahora me duelen los ojos si leo mucho.
oftalmólogo médico para los ojos	**Farmacéutico:** Le recomiendo estas gotas. Deben aliviarle la irritación. Pero si no se mejoran los ojos dentro de poco, debe Ud. ir a ver a un oftalmólogo.
	Cliente: Gracias. ¿Cuánto le debo?
	Farmacéutico: Son 80 pesos del calmante, 10 de la crema dental, 5 de talco, 20 por las hojas de afeitar, 11,50 de las aspirinas y 22 de las gotas. Ciento cuarenta y ocho cincuenta.

*Una farmacia,
México*

Cliente:	¿Vale más el calmante en jarabe que en pastillas?
Farmacéutico:	No, señor. Todo lo contrario. Las pastillas cuestan un poco más que el jarabe. Es más trabajo preparar las pastillas.
Cliente:	Bien. Tome Ud.
Farmacéutico:	Ciento cuarenta y ocho cincuenta de doscientos. Aquí tiene Ud. la vuelta, cincuenta y uno cincuenta.
Cliente:	Muchas gracias.
Farmacéutico:	A Ud. No se olvide, el mejor tiempo para ponerse las gotas es antes de acostarse.
Cliente:	Muy bien. Buenas tardes.

CUESTIONARIO

1. ¿Es complicada la receta?
2. ¿Para qué es la receta?
3. ¿En qué formas puede preparar la receta el farmacéutico?
4. ¿Qué forma prefiere el cliente?
5. ¿Por qué no quiere pastillas el cliente?
6. ¿Va a esperar el cliente?
7. ¿Qué quería preguntarle al farmacéutico el cliente?
8. ¿Qué quería saber el cliente?
9. ¿Qué más quería el cliente?
10. ¿De qué son las hojas de afeitar?
11. ¿Qué va a probar el cliente?

12 ¿Qué más quería el cliente?

13 ¿Qué le duelen al cliente?

14 ¿Acostumbra leer mucho?

15 ¿Qué le recomienda al cliente el farmacéutico?

16 Si no se mejoran los ojos, ¿qué debe hacer el cliente?

17 ¿Cuánto costaron todas las compras?

18 ¿Cuesta más el jarabe que las pastillas?

19 ¿Cuánto recibió el cliente de vuelta?

20 ¿Cuál es el mejor tiempo para ponerse las gotas?

EJERCICIOS DE VOCABULARIO

A Basando sus respuestas en la oración modelo, contesten a las preguntas que la siguen.

1 **El médico le dio una receta para un jarabe.**
¿Qué le dio el médico?
¿Quién le dio la receta?
¿Qué hizo el médico?

2 **El cliente miró la marca de las pastillas.**
¿Quién miró la marca?
¿Qué miró el cliente?
¿Qué hizo el cliente?

3 **Ella se preocupa porque le duelen los ojos.**
¿Se preocupa ella?
¿Qué le duelen?
¿A quién le duelen los ojos?
¿Por qué se preocupa ella?

Interior de una farmacia, México

B Completen las siguientes oraciones con una expresión apropiada.

1 Necesito un vaso de agua para tomar estas _____ que me _____ el médico.
2 La palabra *calmante* es un _____ del verbo *calmar*.
3 Yo le di demasiado por la _____ dental, las _____ de afeitar y el _____ para afeitar y el farmacéutico no me dio la _____.
4 Me _____ los ojos porque leo demasiado.
5 Yo no puedo _____ esas pastillas tan grandes.

ESTRUCTURA

El subjuntivo con ojalá, tal vez, quizá

1 Repitan.

Ojalá lleguen a tiempo.
Tal vez estén presentes.
Quizá nos acompañes.

2 Sigan el modelo.

Vienen con nosotros. → ¡Ojalá vengan con nosotros!
¡Tal vez vengan con nosotros!

1. Me dan la vuelta. 2. Salen las tropas. 3. Te quedas aquí. 4. Los vemos pronto. 5. Nos conocen. 6. Estás satisfecho. 7. Lo tiene el farmacéutico. 8. Me receta un jarabe.

Una farmacia, Lima

The exclamations *ojalá* (would that) and *tal vez, quizá* (perhaps) are followed by the subjunctive.

¡Ojalá lleguen pronto!
¡Quizá lo sepan!
¡Tal vez nos den algo!

Los tiempos progresivos

3   Repitan.

El soldado está luchando por su patria.
Ellos están comiendo ahora.
¿Qué estás escribiendo?

4   Sustituyan.

Él está | hablando.
comiendo.
escribiendo.
pidiendo.

Ellos siguieron | luchando.
aprendiendo.
viviendo.
leyendo.

Yo estaba | trabajando.
comiendo.
subiendo.
durmiendo.

5   Sigan el modelo.

Luchan por la patria. → Están luchando por la patria.

1. Esperan al médico.   2. Compran las pastillas.   3. Salen ahora.
4. Venden las entradas.   5. Establecen muchas colonias.

6   Sigan el modelo.

Rechazaron esas ideas. → Siguieron rechazando esas ideas.

1. Resistieron.   2. Pidieron ayuda.   3. Fundaron colonias.   4. Adquirieron más y más poder.   5. Tomaron las pastillas.

7   Contesten según el modelo.

¿Buscaron al jefe? → No, pero lo están buscando ahora mismo.

1. ¿Esperaron al farmacéutico?   2. ¿Compraron el carro?   3. ¿Salieron los clientes?   4. ¿Explotaron a los indígenas?   5. ¿Dirigieron el tráfico?
6. ¿Discutieron el problema?   7. ¿Llenaron las recetas?   8. ¿Recibieron la hipoteca?

The progressive tenses are used to emphasize the progression of the action expressed by the verb. It is a very graphic tense, in that it paints in the mind of the Spanish speaker a mental picture of what is taking place. A progressive tense is formed by using any tense of a verb such as *estar, seguir, continuar,* or *andar* and the present participle.

Ellos están luchando.
Siguieron luchando.
Estaban luchando.
Seguirán luchando.

The present participle is formed by adding *–ando* to the root of *–ar* verbs and *–iendo* to the root of *–er* and *–ir* verbs.

mirar mirando   **comer** comiendo   **escribir** escribiendo

Stem-changing verbs of the second and third classes have a single vowel change in the present participle.

preferir prefiriendo   **pedir** pidiendo   **dormir** durmiendo
sentir sintiendo   **servir** sirviendo   **morir** muriendo

The following irregular verbs also have a stem change.

decir diciendo   **venir** viniendo   **poder** pudiendo

The verbs *caer, oír,* and *leer* have a *y*.

leer leyendo   **caer** cayendo   **oír** oyendo

Temas de conversación

1 Prepare Ud. un diálogo entre Ud. y el médico. Describa el problema que tiene y lo que hace el médico. Incluya la medicina que le receta.
2 Prepare Ud. una conversación entre Ud. y el farmacéutico mientras él le está llenando la receta que el médico acaba de darle.
3 Discuta Ud. los otros productos que se pueden comprar en una farmacia.

LECCIÓN 19
CULTURA
Ferias y fiestas

Vocabulario

I

1 **en espera de** esperando, el acto de esperar
   Los estudiantes viven _____ sus vacaciones.

2 **la estampa** el aspecto, la imagen, la señal *image*
   Esa ciudad lleva la _____ de la guerra que ha sufrido.

3 **rinda (rendir)** hacer un acto de respeto, ofrecer *render*
   El sacerdote sugiere que la gente le _____ honor al santo patrón
   del pueblo.

4 **los frailes** los sacerdotes *friar*
   En las colonias los _____ estaban encargados de la educación
   religiosa de la gente.

5 **las brasas** el carbón encendido después de que estén apagadas
                    las llamas del fuego *live coals*
   Prefiero la carne asada sobre las _____ en un horno al aire libre.

6 **la prueba** la acción de probar, un examen *the proof*
   Dará _____ de su fuerza, si puede levantar algo tan pesado.

*Los toros corren
por las calles,
Pamplona*

PRÁCTICA

Completen las siguientes oraciones con una expresión apropiada.

1 Tendremos la merienda en el parque donde podemos cocinar el lechón sobre unas _____ al aire libre.
2 Los indios llevaron en la cara la _____ del sufrimiento del pasado.
3 Los _____ viajaban por el país enseñando la religión a los indígenas.
4 Los guardias se quedaron en la calle _____ la llegada del rey.
5 Insistimos en que el joven les _____ respeto a los viejos.
6 Los que salen bien en la _____ podrán seguir con la segunda parte del curso.

II
1 **soportar**   tolerar, aguantar
   Los dos días de descanso nos ayudan a _____ los cinco días de trabajo.
2 **se enriquecen (enriquecerse)**   hacerse más rico
   Las fiestas del Caribe _____ con las costumbres de tres culturas distintas.
3 **el festejo**   la fiesta, la festividad
   ¡Qué _____ hay durante toda la semana de Carnaval!
4 **entregan (entregar)**   dar algo a alguien
   Cuando se las pido a mis padres, me _____ las llaves del carro.
5 **se regocija (regocijarse)**   divertirse, alegrarse, ponerse contento
   Durante las fiestas la gente _____.
6 **las tiendas**   refugios hechos de tela o cuero (tents)
   Los vendedores levantaron las _____ en el campo de la feria.
7 **el jinete**   un hombre montado a caballo
   El _____ montó a su caballo para tomar parte en el desfile.
8 **las reses**   los toros y las vacas
   El jinete llevaba las _____ al corral.
9 **las ganaderías**   los ranchos donde se crían toros y vacas
   Los toros para la corrida son de las mejores _____ de España.
10 **el ganado**   los toros y las vacas
   En la feria los gitanos compran y venden el _____.

PRÁCTICA

Reemplacen las expresiones en letra bastardilla con la forma apropiada de una expresión equivalente.

1 Hay muchas *fiestas* para la Navidad.
2 Mañana ellas me *darán* los documentos.
3 Los gitanos están vendiendo *los toros y las vacas*.

Fiesta de San Fermín, Pamplona

4 Aquel *hombre montado a caballo* es muy guapo.
5 Ellos *se hacían más ricos* explotando a los indígenas.
6 No puedo *tolerar* la indiferencia de los miembros.
7 Todos *se divertirán* durante las fiestas.
8 Don Pedro fue a todos *los ranchos* de la provincia en busca de los mejores toros.

III

1 **piadosos**   religiosos
   Los habitantes del pueblo siempre asisten a misa; son muy _____.
2 **echan una siesta (echar)**   dormir un poco
   Cuando los labradores están cansados, _____ debajo de un árbol.
3 **desafiando (desafiar)**   provocar, oponerse (challenge)
   Los jóvenes estaban _____ a los toros.
4 **asusta (asustar)**   causar susto o miedo
   Con la rapidez del tráfico me _____ ver a un niño jugando en la calle.
5 **se exponen (exponerse)**   ponerse en peligro
   Los chicos _____ a muchos peligros.

PRÁCTICA

Completen las siguientes oraciones con una expresión apropiada.

1 Cuando estoy cansado, me gusta _____.
2 A causa del trabajo que hacen, ellos _____ a muchos peligros cada día.
3 Me _____ el ruido que causa la bomba.
4 Ellos estaban _____ a sus rivales.
5 Los _____ rezan mucho en la iglesia.

Ferias y fiestas

I

El anglosajón, sea británico o norteamericano, desde hace muchos años ha gozado del *weekend*. Este concepto no es de invención hispana. En muchos países hispanos todavía no es común que un trabajador tenga dos días de descanso a la semana. Por eso, los obreros españoles luchaban por «la semana inglesa» de cinco días. Pero si el trabajador anglosajón tiene sus dos días feriados cada semana, el hispano vive en espera de sus ferias y fiestas.

Algunas fiestas son puramente locales; otras son nacionales e internacionales. Todas, sin embargo, llevan la estampa del lugar donde se celebran.

Raro es el pueblo hispanoamericano o español que no rinda honor a su santo patrón; en Madrid a San Isidro, en Puerto Rico a San Juan, y en todo México a la Virgen de Guadalupe. Estas fiestas patronales en grandes ciudades pueden durar una semana o más. Hay música y bailes todas las noches. En algunos lugares, todos los días hay corridas de toros y espectáculos de toda clase. En los pueblecitos los honores al santo consisten quizás en una novillada sin picadores y un baile en la plaza con música desafinada y chillona. Vamos a mirar de cerca algunas de estas fiestas.

MOROS Y CRISTIANOS

Durante setecientos años los cristianos en España lucharon contra los musulmanes o moros. La victoria de aquéllos sobre éstos se ha celebrado tanto en las Américas como en la Península. En más de cuarenta pueblos españoles hay festivales de «moros y cristianos». En algunos se representa una famosa batalla. La gente del pueblo se viste de caballero cristiano o de guerrero moro. En otros pueblos la batalla se ve convertida en un baile estilizado. En ambos, el resultado es siempre el mismo, la victoria de los cristianos.

En el pueblo de Alcoy en la provincia de Alicante en España, el santo patrón es San Jorge. En el año 1276 San Jorge apareció montado en un caballo blanco. El buen santo luchó contra los moros y levantó el sitio de Alcoy. En la batalla fue muerto el jefe de los moros Al Azraq. En honor de la victoria, los alcoyanos celebran el día de San Jorge, el 23 de abril, con fiestas que duran tres días. El castillo de Alcoy es reconstruido cada año de *papier-maché*. Hay procesiones, ceremonias, fuegos artificiales y la recreación de la famosa batalla.

A miles de kilómetros de distancia, en el pueblo de San Juan Chamula en el estado de Yucatán en México, también hay bailes de moros y cristianos para celebrar las fiestas patronales. Lo curioso de las fiestas en San Juan Chamula es que los que desempeñan los papeles tanto de moros como de cristianos son todos indios mayas. Parece que los frailes que trajeron el cristianismo a Yucatán también trajeron los tradicionales bailes de moros y cristianos. Los trajes de los «moros» se parecen mucho a los trajes de los antiguos guerreros indígenas. Pero eso no les importa a los participantes.

Otra costumbre interesante de las fiestas de San Juan Chamula es la de caminar sobre las brasas. Se prepara un camino cubierto de brasas. Los hombres del pueblo, descalzos, caminan o corren sobre las brasas de un extremo del camino al otro. Según la tradición, aquéllos que tienen fe saldrán ilesos de la prueba.

descalzos sin zapatos

ilesos sin daño

II

CARNAVAL

Esta mezcla de lo sacro y lo profano, de tradiciones del Viejo Mundo con las del Nuevo Mundo es bastante común.

Comenzando con el Miércoles de Cenizas, la cuaresma imponía al buen cristiano cuarenta días de ayuno y de abstinencia. Cuarenta días sin música ni baile ni fiesta. Cuarenta días de solemnidad. Desde la Edad Media se han utilizado los días anteriores al Miércoles de Cenizas para hartarse de fiesta y, por consiguiente, para poder soportar mejor esos cuarenta días.

Miércoles de Cenizas Ash Wednesday
cuaresma Lent
•**ayuno** sin comer
Edad Media Middle Ages
•**hartarse** to get one's fill

Estas fiestas se celebran en muchos países. En Nueva Orleáns se conocen por su nombre francés, *Mardi Gras*. En los países hispanos es Carnaval. El carnaval más famoso es el de Río de Janeiro. El de la Habana era de los mejores. Los verdaderos orígenes del Carnaval están en la prehistoria. Es probable que las saturnales y bacanales romanas fueran antecedentes.

saturnales y bacanales antiguas fiestas romanas

En los países del Caribe una nota típica de los carnavales es el desfile de las comparsas. Las comparsas son grupos de danzarines y músicos que desfilan por las avenidas de la ciudad. En el Caribe las comparsas se enriquecen con los ritmos de África.

Los días de alegría y festejo que son Carnaval terminan con el Miércoles de Cenizas. Cuarenta días solemnes siguen.

LA FERIA DE SEVILLA

Sevilla, feria de abril, dos semanas después del Domingo de Gloria. Durante la Semana Santa los sevillanos se entregan totalmente a las solemnidades de aquellas fechas. No hay cine, ni bailes, ni toros. Apagados se quedan los radios y los televisores. La única música que se oye son las marchas fúnebres de las bandas militares que acompañan

Domingo de Gloria Easter Sunday

las procesiones de aquellos días. Durante toda una semana la ciudad
contempla el sufrimiento y la agonía de Jesucristo.

Pero tanta devoción, tanta seriedad tiene que tener una reacción. Y, en efecto, así ocurre dos semanas más tarde cuando Sevilla presenta la reina de todas las ferias, la Feria de Sevilla.

real fairground

Día y noche durante los días de Feria, la gente se regocija. En el real de la feria se levantan tiendas en las que la gente come, bebe, baila y ve y escucha los artistas del «flamenco». Algunas de estas tiendas son para el público en general y uno paga derechos de admisión. Otras pertenecen a familias adineradas que festejan a los suyos y a sus amigos.

campero del campo
•botas boots
vestido de cola dress with ruffled train
enjaezados harnessed

Cuando uno pasea por el real puede ver los preciosos caballos andaluces, cada uno con su jinete vestido de traje campero con la chaquetilla corta, las botas y el sombrero cordobés. Montada detrás de él va una hermosa sevillana con su vestido de cola. Es una escena que no ha cambiado durante muchos años. Los señores mayores pasean por el real con sus familias en coches con los caballos ricamente enjaezados.

Cada tarde hay corrida en la plaza de toros más bella del mundo, la Real Maestranza. Allí actúan las primeras figuras del toreo ante reses de las más acreditadas ganaderías.

Aún hoy existe dentro de la Feria, otra feria . . . la feria de ganado. Todos los días de la feria hay compra y venta de caballos, mulas y burros. Los campesinos acuden a la capital en estos días para hacer algún negocio con los animales. Los que más se dedican a estas empresas son los gitanos. No hay nadie más astuto que un gitano en determinar el valor de algún cuadrúpedo.

cuadrúpedo quadruped

La feria de ganado era el origen de toda la Feria de Sevilla. Hace muchos años la Feria no era más que una feria de ganado, pero poco a poco se le fue añadiendo cosas . . . un lugar para bebidas aquí, algún puesto con comidas allá, algún cantante o bailador tratando de ganar unas perras. Resulta que las «cosas» iban ganando importancia y la feria de ganado la iba perdiendo.

perras monedas de poco valor
•No obstante A pesar de eso

No obstante, si a uno le interesa alguna yegua de pura raza o una pobre mula allí la puede encontrar.

Por su colorido, su alegría y su belleza, la Feria de Sevilla ha merecido que la consideren la primera de todas las fiestas españolas.

III

LAS FIESTAS DE SAN FERMÍN

encierro leading of the bulls to the ring
riáu, riáu meaningless sound as part of song

San Fermín, Pamplona, siete de julio. «Uno de enero, dos de febrero, tres de marzo, cuatro de abril, cinco de mayo, seis de junio, siete de julio, San Fermín. A Pamplona vamos ya, a Pamplona a ver el encierro, a Pamplona vamos ya, a Pamplona riáu, riáu.» Ésa es una parte de la letra

Feria de Sevilla

de una canción tradicional. El siete de julio, el día de San Fermín, santo patrón de Pamplona.

Para comprender la locura que invade la ciudad durante la segunda semana de julio, hay que tener alguna idea de lo que es Pamplona. Capital de la provincia y el antiguo reino de Navarra, Pamplona es típica de su índole durante cincuenta y una semanas del año. Si en algo se distingue Pamplona de las otras capitales de provincia es en que es quizás más quieta y soñolienta que las otras. Los pamplonicas son muy piadosos y nunca se olvidan de que San Ignacio de Loyola, el fundador de los jesuitas, era uno de ellos.

Pero comenzando el día siete y por una semana o más, la ciudad se convierte en manicomio. Los mozos no duermen. Pasan la noche en la calle bailando y tomando de la bota. Bailan en grupos de varones o a solas. Cuando por fin se cansan, echan una siesta en la silla de algún café o en la misma acera.

A las seis de la madrugada, el disparo de un cohete les anuncia que el encierro comienza. Los chicos se despiertan en seguida porque en pocos momentos por la calle Chapitelas pasarán los toros de la corrida de la tarde. Sí, a toda velocidad detrás de sus cabestros camino a la plaza.

índole tipo, condición o calidad de una cosa
soñolienta casi dormida

jesuitas Jesuits

manicomio asilo de locos
bota leather bottle for wine

cohete rocket

cabestros toros que guían a otros

faja sash
boina beret

Los mozos vestidos de blanco con la faja y la boina roja corren delante, desafiando a aquellos monstruos negros. No tienen miedo porque saben que:

pa' para

El que se levanta pa' correr
delante los toros ya verá
como San Fermín que todo lo ve
y si tienes fe y si tienes fe
te levantará ríáu, ríáu.

No todos se levantan. Pero eso no les asusta a los mozos. Cada año va aumentando el número de jóvenes que se exponen a los toros de San Fermín.

Y aquella última noche de feria se oye por todas partes el triste refrán: «Pobre de mí, pobre de mí, ya se acaban las fiestas de San Fermín. Pobre de mí, pobre de mí, ya se han acabado las fiestas de San Fermín.»

CUESTIONARIO

I

1 ¿De qué ha gozado el anglosajón?
2 ¿Es común el *weekend* en todos los países hispanos?
3 ¿En espera de qué vive el hispano?
4 ¿Qué estampa llevan todas las fiestas?
5 ¿Es raro que un pueblo no rinda honor a su santo patrón?
6 ¿Cuál es el santo patrón de Madrid? ¿De Puerto Rico? ¿De México?
7 ¿Cuánto tiempo pueden durar estas fiestas?
8 ¿Qué hay de noche? ¿Y de día?
9 ¿Contra quiénes lucharon los españoles?
10 ¿Dónde se ha celebrado la victoria?
11 ¿Cómo se llaman estos festivales?
12 ¿De qué se viste la gente?
13 ¿Cuál es el resultado de la batalla o del baile?
14 ¿Quién es el santo patrón de Alcoy?
15 ¿Cómo apareció San Jorge?
16 ¿De qué es reconstruido el castillo?
17 ¿Cómo celebran los alcoyanos el día?
18 ¿Dónde está San Juan Chamula?
19 ¿Quiénes desempeñan los papeles de moros y cristianos en San Juan Chamula?
20 ¿Quiénes trajeron el cristianismo a Yucatán?

Feria de Sevilla

III

1 ¿Cuándo comienza la fiesta de San Fermín?
2 ¿Dónde tiene lugar esta fiesta?
3 ¿Quién es San Fermín?
4 ¿Qué invade a Pamplona durante la segunda semana de julio?
5 ¿Cómo es Pamplona el resto del año?
6 ¿Cómo son los pamplonicas?
7 ¿En qué se convierte la ciudad el siete de julio?
8 ¿Qué anuncia el comienzo del encierro?
9 ¿Cómo se visten los mozos?
10 ¿Qué hacen los mozos?
11 ¿Qué refrán se oye la última noche?

EJERCICIOS DE VOCABULARIO

A Completen las siguientes oraciones con la forma apropiada de una palabra de la lista.

rendir	brasa	soportar
echar una siesta	ganadería	enriquecerse
desafiar	prueba	jinete
fraile		

1 Debemos _____ honor a nuestros padres.
2 Los indios caminan sobre las _____ como una _____ de su fe.
3 Los _____ trajeron el cristianismo a los indios.
4 Hemos trabajado unas veinte horas y no podemos _____ más.
5 Muchas fiestas y ferias _____ con costumbres africanas e indias.
6 Estamos cansados. Así _____ esta tarde.
7 No comprendo por qué le estás _____ siempre. ¿Por qué no llegan Uds. a un acuerdo amistoso?
8 Esta _____ cría las mejores reses que hay.

B Den la expresión cuya definición sigue.

1 religioso
2 causar miedo
3 los toros y las vacas
4 dar algo a alguien
5 un hombre montado a caballo
6 los puestos de tela
7 divertirse
8 el sacerdote
9 el aspecto o la señal
10 aguantar

C Reemplacen las palabras en letra bastardilla con la forma apropiada de una expresión equivalente.

1 Ahora vivimos *esperando* los días de fiesta.
2 Él insistió en que yo trabajara un día sin sueldo como *indicación* de mis habilidades.
3 Los campesinos entraron en la iglesia para *dar* honor a su santo patrón.
4 Yo le pagué y el farmacéutico me *dio* mis compras.
5 Los gitanos levantaron *refugios de tela* al lado de la carretera.
6 Todo el mundo *se divierte* durante esa semana de fiestas.
7 Ese ladrón sigue *provocando* al policía.

ESTRUCTURA

I

El presente perfecto

Los verbos regulares

1 Repitan.

Él ha hablado ante el público.
Ellos lo han escuchado.
El señor ha comido mucho.
Todos han vivido bien.

2 Sustituyan.

La mujer ha	trabajado. buscado. comido. leído.	Ellas lo han	entregado. vendido. aprendido. recibido.

3 Contesten.

1. ¿Ha hablado el médico?   2. ¿Han echado una siesta?   3. ¿Ha recibido la receta el farmacéutico?   4. ¿Han besado al niño los padres?   5. ¿Ha dormido bien el abuelo?   6. ¿Han oído las noticias los frailes?

4 Repitan.

He terminado el trabajo.
Hemos tenido suerte.

5 Sustituyan.

| He | trabajado
pintado
aprendido
querido
recibido | mucho. | No lo hemos | empezado.
terminado.
comido.
vendido.
decidido. |

6 Contesten.

1. ¿Le has hablado esta mañana?   2. ¿Lo han conocido Uds. bien?
3. ¿Has tenido bastante tiempo?   4. ¿Han celebrado Uds. las fiestas?
5. ¿Has vivido en Madrid?   6. ¿Han querido Uds. salir?

7 Repitan.

Has perdido el traje.
¿No han acabado Uds.?

8 Sustituyan.

| ¿Has | mirado
buscado
conocido
recibido | al jinete? | ¿Por qué no han | empezado
contestado
perdido
dormido | Uds.? |

9 Sigan las instrucciones.

1. Pregúntele a la joven si ha oído la música.   2. Pregúnteles a ellos por qué no han bailado.   3. Pregúntele al muchacho si se ha lavado.
4. Pregúnteles a los señores si la han conocido.

10 Repitan.

¿No ha hablado Ud., señor?
¿No ha comido Ud., señora?

11 Sigan las instrucciones.

1. Pregúntele al señor si ha trabajado.   2. Pregúntele a la señora si ha comido.   3. Pregúntele a la señorita adónde ha ido.

12 Sigan el modelo.

¿Vas a terminar? → Hombre, ya he terminado.

1. ¿Va a correr el mozo?   2. ¿Va a llorar el niño?   3. ¿Van Uds. a pintar?
4. ¿Vas a comer?   5. ¿Van a salir ellas?   6. ¿Vas a hablar con él?   7. ¿Lo va a aprender Carlos?   8. ¿Van Uds. a conocer al guardia?

The present perfect is formed by using the present tense of the auxiliary verb *haber* and the past participle. The past participle of regular verbs is formed by dropping the infinitive ending and adding *–ado* to *–ar* verbs and *–ido* to *–er* and *–ir* verbs.

hablar	hablado	**vivir**	vivido
comer	comido	**reír**	reído

The present tense of *haber* is:

he, has, ha, hemos, (habéis), han

The present perfect tense is used to express an action which happened in the recent past. Note that the object pronouns precede the auxiliary verb *haber*.

He hablado con él hace poco.
Ya lo hemos vendido.
Se lo ha dado a sus amigos esta mañana.

II
Los verbos irregulares

13   Sustituyan.

¿Quién lo ha	dicho? hecho? visto? abierto? escrito?	Los he	devuelto. cubierto. puesto. visto.

La Semana Santa, Sevilla

Fiestas de San Fermín, Pamplona

14   Contesten.

1. ¿Ha visto Juan el cuadro?   2. ¿Ha puesto Carlos todo en orden? 3. ¿Ha devuelto María el dinero?   4. ¿Han vuelto tus amigos al real de la feria?   5. ¿Han abierto ellos las tiendas?   6. ¿Te lo han dicho ellos? 7. ¿Has hecho el trabajo?   8. ¿Se lo has dicho a él?   9. ¿Has roto la máquina?   10. ¿Han abierto Uds. la tienda?   11. ¿Han escrito Uds. la carta?   12. ¿Han visto Uds. las comparsas?

15   Sigan las instrucciones.

1. Pregúntele a la muchacha si ha escrito la composición.   2. Pregúntele al muchacho si ha envuelto los víveres.   3. Pregúntele a la señorita si lo ha puesto en el baúl del carro.   4. Pregúntele al señor si ha abierto el paquete.   5. Pregúnteles a ellos si han cubierto la olla.   6. Pregúnteles a los señores qué han visto.

16   Sigan el modelo.

    Lo tiene que hacer Carlos. → Hombre, si ya lo ha hecho.

1. Tienes que abrir la caja.   2. Tienes que ver al jinete.   3. Tienen Uds. que ver la feria.   4. Juan tiene que decir la verdad.   5. Ellos tienen que hacer el viaje.   6. Tienes que ponerlo en orden.   7. La criada tiene que cubrir la sartén.   8. Los niños tienen que romper la piñata. 9. Uds. tienen que devolver el dinero.

The following verbs have irregular past participles.

decir	dicho	**cubrir**	cubierto
hacer	hecho	**descubrir**	descubierto
		abrir	abierto
volver	vuelto	**morir**	muerto
envolver	envuelto		
devolver	devuelto	**poner**	puesto
		ver	visto
escribir	escrito		
describir	descrito	**romper**	roto

17   Sustituyan.

Carlos ya lo había | terminado.
vendido.
recibido.
escrito.

Ellas lo habían | hecho
devuelto
empezado
leído | mucho antes.

Yo había | buscado
visto
escrito
conocido | a Carlos.

Habíamos | salido
terminado
comido
vuelto | antes de que llegaran.

18   Contesten.

1. ¿Había llegado Carlos antes?   2. ¿Había vendido el coche tu padre? 3. ¿Habían salido ellos?   4. ¿Habían vuelto tus amigos?   5. ¿Habías visto a Elena?   6. ¿Habías hablado con el policía?   7. ¿Habías comido con el fraile?   8. ¿Habían Uds. escrito la carta antes?   9. ¿Habían Uds. terminado?   10. ¿Habían Uds. vuelto?

19 Transformen según el modelo.

Carlos había salido. Nosotros llegamos. →
Carlos había salido antes de que nosotros llegáramos.

1. Yo había hablado. Ellos salieron.   2. Habíamos terminado. Él lo supo.
3. Ella había vuelto. Él murió.   4. Lo habías conocido. Se puso enfermo.
5. Yo le había escrito. Recibimos las noticias.   6. Habíamos visto a
Guillermo. Tuvo el accidente.   7. Él había terminado. Empezaron a jugar.

EXPLICACIÓN GRAMATICAL

past perfect

The pluperfect is formed by using the imperfect of the auxiliary verb
haber and the past particle.

había terminado   habíamos vuelto
habías comido   (habíais) escrito
había salido   habían dicho

The pluperfect is used to express a past action which occurred prior to
another past action.

Ellos habían terminado (a las diez) cuando yo llegué (a las once).
Yo había vuelto (el martes) antes de que ellos llegaran (el miércoles).

III
Las expresiones temporales

hace, hacía

20 Repitan.

Hace un año que ellos están aquí.
Hace mucho tiempo que él lo sabe.

21 Sustituyan.

Hace una hora que ellos	esperan.
	celebran.
	escriben.
	discuten.

22 Contesten.

1. ¿Cuánto tiempo hace que Ud. está aquí? 2. ¿Cuánto tiempo hace que Ud. estudia español? 3. ¿Cuánto tiempo hace que Uds. conocen al torero? 4. ¿Cuánto tiempo hace que Uds. viven aquí? 5. ¿Cuánto tiempo hace que Carlos trabaja con ellos? 6. ¿Cuánto tiempo hace que ellos lo saben?

23 Sustituyan.

Hacía cuatro años que él	trabajaba	aquí cuando se fue.
	vivía	
	estaba	

24 Contesten.

1. ¿Cuánto tiempo hacía que él lo sabía? 2. ¿Cuánto tiempo hacía que no le gustaba bailar? 3. ¿Cuánto tiempo hacía que hablaba? 4. ¿Cuánto tiempo hacía que conocía a la mujer? 5. ¿Cuánto tiempo hacía que salía con ella? 6. ¿Cuánto tiempo hacía que trabajaba?

25 Transformen según el modelo.

Vivía aquí. Se fue. → Hacía años que vivía aquí cuando se fue.

1. No le gustaba bailar. Por fin aprendió. 2. Trabajaba aquí. Cambió su puesto. 3. Salía con ella. Se casaron. 4. Comía en el mismo restaurante. Encontró otro. 5. Era artesano. Empezó a trabajar en el café. 6. Toreaba. Apareció en Pamplona. 7. Ellos lo sabían. Me lo dijeron.

26 Sustituyan.

Él lo	conoció	hace cuatro años.
	hizo	
	entregó	
	vendió	

27 Contesten según se indica.

1. ¿Cuándo habló el alcalde? *hace una hora* 2. ¿Cuándo vendió la yegua? *hace un año* 3. ¿Cuándo vinieron ellos aquí? *hace dos meses* 4. ¿Cuándo salieron ellos? *hace un rato* 5. ¿Cuándo lo viste? *hace cinco minutos* 6. ¿Cuándo tuviste el ataque? *hace tres años*

Forms of the verb *hacer* have special uses in time expressions. In order to express an action which began in the past but continues in the present, *hace* plus the present tense of the verb is used. In English, however, the present perfect would be used. Study the following.

Hace mucho tiempo que él está enfermo.
He has been ill for a long time.

Hacía is used with the imperfect to express an action which lasted for some time in the past but was interrupted or terminated by another action. Note that in English the pluperfect rather than the imperfect is used.

Hacía cuatro años que él estaba aquí cuando fue a Chicago.
He had been here for four years when he went to Chicago.

Hace when used with the preterite means *ago*.

Él estuvo aquí hace cuatro años.
He was here four years ago.

Yo lo vi hace poco.
I saw him a little while ago.

Temas de composición

1   Describa las fiestas para celebrar el Cuatro de Julio en los Estados Unidos.
    ¿Hay desfiles?
    ¿Hay fuegos artificiales?
    ¿Hay bailes?
    ¿Hay corridas?
    ¿Hay platos especiales?
2   Describa las dos ferias de «Moros y Cristianos». Indique Ud. las diferencias entre la de Alcoy y la de San Juan Chamula.
3   Contraste a Sevilla durante la Feria con Sevilla durante la Semana Santa.

4 Describa la fiesta de San Fermín en Pamplona. Se puede emplear las siguientes expresiones.

el siete de julio	una región soñolienta
la capital de Navarra	San Ignacio de Loyola
los pamplonicas	un manicomio
el disparo de un cohete	los toros
el encierro	la faja y la boina
detrás de sus cabestros	a la plaza de toros
los jóvenes	desafiar
la bota	pobre de mí

5 Entre las fiestas descritas, ¿a cuál preferiría Ud. asistir? ¿Por qué?

LECCIÓN 20
CONVERSACIÓN
En el bufete de la abogada

Vocabulario

1 **el bufete**   el despacho de un abogado o de una abogada
   La abogada abrió la puerta de su _____ para determinar cuántos clientes la esperaban.

2 **la cita**   una indicación del día, hora y lugar para ver o encontrar a alguien
   Tenemos _____ con nuestro abogado el viernes a las tres.

3 **expropiar**   deposeer a uno legalmente de su propiedad
   El Departamento de Transportes quiere _____ mi casa para construir otra carretera.

4 **el juez**   una persona que administra la justicia, un magistrado
   Los dos señores aparecieron ante el _____ para que éste pudiera resolver el caso.

5 **el archivo**   el mueble donde se guardan documentos
   Ponga Ud. estas cartas en el _____; las necesitaré más tarde.

6 **lenta**   contrario de **rápida**
   La máquina funciona pero es muy _____.

7 **por adelantado**   antes del tiempo designado
   Yo quisiera tomar mis vacaciones ahora pero necesito mi sueldo _____; no tengo bastante dinero.

8 **¿Cuánto tiempo lleva?**   ¿Cuánto tiempo está?
   Dígame, ¿_____ el juez en la corte?

9 **un conjunto**   un grupo pequeño de músicos
   La música que produce este _____ es atroz.

PRÁCTICA

Completen las siguientes oraciones con una expresión apropiada.

1 Este tren es tan _____; llegaremos tarde al despacho.
2 El abogado entró en su _____ y saludó a sus colegas.
3 El joven no tenía dinero; por eso pidió su sueldo _____.
4 Yo le di los documentos a Tomás para que los pusiera en el _____.
5 El gobierno quiere _____ mis terrenos para construir un hotel.
6 El policía llevó al ladrón ante el _____.
7 ¿_____ Marta con esa compañía? ¿Más de dos años?
8 En una de las tiendas de la feria el _____ tocaba música popular.
9 La abogada tiene tantas _____ que no tendrá tiempo para almorzar.

EN EL BUFETE DE LA ABOGADA

La abogada:	Rodríguez, ¿qué citas tengo para esta tarde?
Rodríguez:	A las tres viene el señor Müller, el representante de la compañía alemana para discutir el asunto de las licencias de exportación.
La abogada:	¿Cuándo es el almuerzo con el Consejo Nacional de Abogados?
Rodríguez:	El jueves, Dª Eugenia. Según las voces, van a elegirla a Ud. presidenta de la Junta Directiva.
La abogada:	No lo crea, Rodríguez. La oposición es fuerte. Y Clemente Saravia es muy hábil además de ser popularísimo.
Rodríguez:	A las cuatro y media estará aquí D. Abelardo Gutiérrez, el del pleito con el Ministerio de Turismo.
La abogada:	Ah, sí. Quieren expropiar sus terrenos en la costa para construir un hotel para el turismo. Dígale a Marta que me prepare todos los antecedentes sobre los casos de expropiación a favor del Ministerio de Turismo. Llame también a Fernández de la sección hotelera del Ministerio. Dígale que quisiera hablar con él para ver si podemos evitar tener que presentar el pleito ante la corte.
Rodríguez:	Muy bien, señora. Mañana a las nueve tiene Ud. que estar en la corte—en la sala del juez Cárdenas para el pleito entre Sánchez Moreno y Transportes Ultramar.
La abogada:	Casi se me olvida. Saque todo lo perteneciente al pleito del archivo. Me lo llevaré a casa esta noche.
Rodríguez:	No quería molestarla con pequeñeces, pero las secretarias se están quejando de la máquina copiadora. Dicen que es muy antigua, demasiado lenta y que las copias que echa no son bastante claras.
La abogada:	Parece que las secretarias se han olvidado de cómo usar papel carbón. ¡Quizás tengan razón! Dejo el asunto en manos de Ud. Investigue el costo y las características de las distintas copiadoras e infórmeme la semana que viene.
Rodríguez:	Con mucho gusto, señora. Otra cosa. La recepcionista se casa a fines del mes y quiere tomar dos semanas de vacaciones por adelantado.
La abogada:	Si eso no le va a crear problemas para Ud., está bien. ¿Cuánto tiempo lleva ella con nosotros?
Rodríguez:	Casi tres años.
La abogada:	Dígale que tome las dos semanas como regalo de bodas— que no afectará sus vacaciones de verano. ¿Por qué no organizamos un agasajo para los novios? Llame a Braulio, el dueño de «La Milonga». Dígale que nos prepare una

Glosario marginal:

•**Consejo** Council

Dª doña
Según las voces Según lo que oigo

D. don
•**pleito** disputa legal

•**antecedentes** hechos anteriores

hotelera de hoteles

•**pequeñeces** cosas sin importancia

•**agasajo** fiesta en honor de alguien

Edificio del gobierno, Guatemala

•**personal** personas que trabajan en un despacho o compañía

•**A propósito** By the way

•**la recogiera** pick you up

buena comida. Que queremos un comedor privado y un pequeño conjunto que toque música bailable. Ud. se encargará de los otros detalles. Invite a todo el personal del bufete. ¡Ay! Y no deje que me olvide de informar a mi marido.

Rodríguez: A propósito, Dª Eugenia. Don Manuel llamó hace poco para decirle que esta noche cenarán con el Ministro de Asuntos Exteriores. Don Manuel le dijo al chofer que la recogiera a Ud. a las seis.

La abogada: Entonces tenemos que apurarnos. Escríbales a los . . .

CUESTIONARIO

1 ¿Dónde tiene lugar esta conversación?
2 ¿Qué quiere saber la abogada?
3 ¿A qué hora viene el señor Müller?
4 ¿Qué quiere discutir?
5 ¿Qué tendrá lugar el jueves?
6 ¿Qué oye Rodríguez en cuanto a Dª Eugenia?
7 ¿Cómo es Clemente Saravia?
8 ¿Qué pleito tiene D. Abelardo Gutiérrez?
9 ¿Por qué quieren expropiar los terrenos de D. Abelardo?
10 ¿Qué tiene que hacer Marta?
11 ¿Qué quiere evitar la abogada?
12 ¿Adónde va la abogada mañana?
13 ¿De qué se están quejando las secretarias? ¿Por qué?
14 ¿Qué tiene que hacer Rodríguez en cuanto a la máquina?
15 ¿Qué va a hacer la recepcionista?

16 ¿Cuánto tiempo lleva ella en el bufete de la abogada?
17 ¿Qué quiere organizar la abogada?
18 ¿Dónde tendrá lugar el agasajo?
19 ¿Qué tipo de música prefiere la abogada?
20 ¿A quiénes va a invitar Rodríguez?
21 ¿Con quiénes cenarán la abogada y su marido?
22 ¿Qué le dijo don Manuel al chofer?

EJERCICIOS DE VOCABULARIO

A Contesten a las preguntas según se indica.

1 ¿Quién asiste a la reunión? *todo el personal*
2 ¿Cómo es la máquina copiadora? *lenta*
3 ¿Dónde están las cartas? *en el archivo*
4 ¿Qué van a hacer con los terrenos? *expropiarlos*
5 ¿Dónde está Dª Eugenia? *en el bufete*

B Completen cada oración con la forma apropiada de una expresión de la lista.

juez	cita	bufete
agasajo	por adelantado	recoger
expropiar	conjunto	pequeñez
personal	archivo	lento

1 No me moleste con estas _____.
2 Él quisiera tomar las vacaciones _____.
3 Cuando la abogada y el personal no están, el joven limpia el _____.
4 El médico no me dará una _____ para la hora que quiero.
5 ¡Ojalá que los documentos estén en el _____!
6 El _____ escuchó el caso y llegó a una decisión.
7 Es un _____ que no toca más que la música clásica.
8 Me dicen que van a _____ toda mi propiedad.
9 Yo le pedí que nos _____ a las ocho en taxi.
10 En ese despacho todo el _____ es femenino.

*En una oficina,
México*

Los pronombres con el infinitivo

1   Repitan.

Él quería discutir el problema.
Él lo quería discutir.
Él quería discutirlo.

2   Sustituyan.

	traer.		traérmelo.
	dar.		dármelo.
Él me lo va a	explicar.	Él va a	explicármelo.
	escribir.		escribírmelo.
	servir.		servírmelo.

3   Contesten según el modelo.

¿Quiere explicártelo? → Sí, quiere explicármelo.
Sí, me lo quiere explicar.

1. ¿Quiere enseñártelo?   2. ¿Quiere mostrártelas?   3. ¿Quiere comprártelo?   4. ¿Quiere vendértelos?   5. ¿Quiere servírselos a Ud.?   6. ¿Quiere traérsela?   7. ¿Quiere explicárselo?   8. ¿Quiere servírselas?

4   Sigan el modelo.

Quiere venderme la casa. → Me la quiere vender.
Quiere vendérmela.

1. Quiere abrirme el archivo.   2. Quiere expropiarme los terrenos.
3. Quiere traerme los papeles.   4. Quiere repararme la copiadora.
5. Debe darnos la oportunidad.   6. Debe hacernos el trabajo.   7. Debe abrirnos los archivos.   8. Debe mostrarnos las copias.

5   Contesten según el modelo.

¿Quieres dar la receta a Juan? → Sí, se la quiero dar a él.
Sí, quiero dársela a él.

1. ¿Quieres escribir la carta al juez?   2. ¿Debes pagar el dinero a la señora?   3. ¿Vas a vender las máquinas a Antonio?   4. ¿Prefieres contar el episodio a la abogada?   5. ¿Vas a servir la comida a los ministros?   6. ¿Tienes que dar el regalo a ellos?   7. ¿Puedes devolver el dinero a los clientes?

Estatua, Las Cortes, Nueva York

EXPLICACIÓN GRAMATICAL

The object pronouns can be added to the infinitive or they can precede the auxiliary verb.

Él tiene que hacerlo.
Él lo tiene que hacer.

Ellos quieren decírmelo.
Ellos me lo quieren decir.

Note that in the written form, an accent mark must be written over the infinitive endings when two pronouns are added. This is done to maintain the same stress.

Los pronombres con el gerundio

6   Repitan.

Él está diciéndomelo.
Él me lo está diciendo.
Ellos siguieron explicándonoslo.
Ellos nos lo siguieron explicando.

7   Sustituyan.

Él está	ayudándome.	Ella me está	ayudando.
	leyéndome.		leyendo.
	sirviéndome.		sirviendo.

8   Contesten según el modelo.

¿Siguió oyendo el ruido? → Sí, lo siguió oyendo.
                                  Sí, siguió oyéndolo.

1. ¿Estaba comiendo los dulces?   2. ¿Siguió preparando las recetas?
3. ¿Siguió diciendo la verdad?   4. ¿Está copiando el documento?   5.
¿Estás limpiando el bufete?   6. ¿Seguiste reparando la copiadora?
7. ¿Estabas escribiendo las cartas?   8. ¿Estabas leyendo el libro?

EXPLICACIÓN GRAMATICAL

As with the infinitive, the object pronouns can be added to the present
participle or can precede the auxiliary verb. When a pronoun is added to
a present participle, an accent mark appears over the next to last syllable
of the present participle in order to maintain the proper stress.

Él me siguió hablando.
Él siguió hablándome.

 Temas de conversación

1   Imagínese ser un(a) abogado(a). Discuta Ud. el horario del día con
    su secretario(a). No se olvide de incluir:
    las citas
    los problemas del bufete
    un almuerzo importante
    el pleito de don Fulano
2   Prepare una conversación entre Ud. y el dueño de un restaurante.
    Arregle Ud. una comida especial para una fiesta privada.
3   Prepare Ud. una discusión con un amigo o una amiga diciéndole
    por qué Ud. quisiera o no quisiera ser abogado(a).

LITERATURA

Abel Sánchez
de Miguel de Unamuno

Introducción

Conoció Adán a su mujer, Eva, la cual concibió y dio a luz a Caín, y dijo: Por voluntad de Jehová he adquirido varón.

Después dio a luz a su hermano Abel. Y Abel fue pastor de ovejas, y Caín fue labrador de la tierra.

. . . Y dijo Caín a su hermano Abel: Salgamos al campo. Y aconteció que estando ellos en el campo, Caín se levantó contra su hermano Abel, y lo mató.

Y Jehová dijo a Caín: ¿Dónde está Abel tu hermano? Y él respondió: ¿Soy yo acaso guardia de mi hermano?

. . . Salió, pues, Caín de delante de Jehová, y habitó en tierra de Nod, al oriente de Edén.

GENESIS 4:   VERSOS 1–16

Es este trozo de la historia bíblica el que le inspiró al renombrado autor español Miguel de Unamuno a crear su conocida obra *Abel Sánchez*. Joaquín Monegro y Abel Sánchez, los dos personajes de la obra unamuniana, no eran hermanos pero como si lo hubieran sido, pues se criaron juntos y hasta habían tenido la misma nodriza.

El Caín de la Biblia envidiaba a su hermano. Esta envidia llegó a tal extremo que el envidioso se hizo fratricida. También envidiaba Joaquín a este otro Abel. Le envidiaba porque de todos era querido Abel mientras que a nadie le caía en gracia el pobre Joaquín.

Pasaron los años y Abel llegó a ser un renombrado artista, Joaquín un respetado médico. Pero la envidia no se le quitaba. Esta terrible envidia dominaba la vida de Joaquín Monegro y se la amargaba. Lo más cruel de todo era que Joaquín, como hombre, valía mucho más que Abel.

El mismo autor dijo en una ocasión que *Abel Sánchez* era «acaso la más trágica de mis novelas».

En el trozo que sigue, Joaquín va al banquete que él ha organizado en honor de Abel. Todo el mundo espera ver lo que hará Joaquín.

Abel Sánchez
de Miguel de Unamuno

Abel Sánchez
de Miguel de Unamuno

Corría una maliciosa expectación por debajo de las conversaciones mantenidas durante el banquete. Joaquín, sentado a la derecha de Abel, e intensamente pálido, apenas comía ni hablaba. Abel mismo empezó a temer algo.

A los postres se oyeron siseos, empezó a cuajar el silencio y alguien dijo: —¡Que hable!— Levantóse Joaquín. Su voz empezó temblona y sorda, pero de pronto se aclaró y vibraba con un acento nuevo. No se oía más que su voz, que llenaba el silencio. El asombro era general. Jamás se había pronunciado un elogio más férvido, más encendido, más lleno de admiración y cariño a la obra y a su autor. Sintieron muchos asomárseles las lágrimas cuando Joaquín evocó aquellos días de su común infancia con Abel, cuando ni uno ni otro soñaban lo que habrían de ser.

—Nadie le ha conocido más adentro que yo,— decía. —Creo conocerte mejor que me conozco a mí mismo, más puramente, porque de nosotros mismos no vemos en nuestras entrañas sino el fango de que hemos sido hechos. Es en otros donde vemos lo mejor de nosotros y lo amamos, y eso es la admiración. Él ha hecho en su arte lo que yo habría querido hacer en el mío, y por eso es uno de mis modelos; su gloria es un acicate para mi trabajo y es un consuelo de la gloria que no he podido adquirir. Él es nuestro, de todos; él es mío sobre todo, y yo, gozando de su obra, la hago tan mía como él la hizo suya creándola. Y me consuelo de verme sujeto a mi medianía . . .

Su voz lloraba a las veces. El público estaba subyugado, vislumbrando oscuramente la lucha gigantesca de aquel alma con su demonio.

—Y ved la figura de Caín,— decía Joaquín dejando gotear las ardientes palabras, —del trágico Caín, del labrador errante, del primero que fundó ciudades, del padre de la industria, de la envidia y de la vida civil, ¡vedla! Ved con qué cariño, con qué compasión, con qué amor al desgraciado está pintada. ¡Pobre Caín! Nuestro Abel Sánchez admira a Caín como Milton admiraba a Satán, está enamorado de su Caín como Milton lo estuvo de su Satán, porque admirar es amar y amar es compadecer. Nuestro Abel ha sentido toda la miseria, toda la desgracia inmerecida del que mató al primer Abel, del que trajo, según la leyenda bíblica, la muerte al mundo. Nuestro Abel nos hace comprender la culpa de Caín, porque hubo culpa, y compadecerle y amarle . . . ¡Este cuadro es acto de amor!

Cuando acabó Joaquín de hablar, medió un silencio espeso, hasta que estalló una salva de aplausos. Levantóse entonces Abel y, pálido, convulso, tartamudeante, con lágrimas en los ojos, le dijo a su amigo:

siseos hisses
cuajar lograr

sorda baja

•**asombro** gran admiración
•**elogio** testimonio del mérito de alguien
•**cariño** amor, afecto
•**asomar** subir, aparecer
•**soñaban (soñar)** imaginar mientras se duerme

•**entrañas** órganos dentro del cuerpo
fango mud, muck

acicate prod, goad
•**consuelo** alivio de pena

•**medianía** condición de no tener mucho mérito (mediocrity)
subyugado dominado
vislumbrado viendo débilmente
•**gotear** dejar caer poco a poco
•**errante** que anda de un lugar a otro

•**compadecer** sentir compasión por

salva explosión
tartamudeante stammering

—Joaquín, lo que acabas de decir vale más, mucho más, que mi cuadro, más que todos los cuadros que he pintado, más que todos los que pintaré . . . Eso, eso es una obra de arte y de corazón. Yo no sabía lo que he hecho hasta que te he oído. ¡Tú y no yo has hecho mi cuadro, tú!

Y abrazáronse llorando los dos amigos de siempre entre los clamorosos aplausos y vivas de la concurrencia puesta en pie. Y al abrazarse le dijo a Joaquín su demonio: «¡Si pudieras ahora ahogarle en tus brazos!»

•concurrencia los que están presentes
•ahogar matar por restricción de la respiración

CUESTIONARIO

1 ¿Qué corría por debajo de las conversaciones?
2 ¿Cómo era Joaquín?
3 ¿Qué se oyeron a los postres?
4 ¿Quién se levantó?
5 ¿Cómo era la voz de Joaquín?
6 ¿Cómo era el elogio?
7 ¿Qué sintieron muchos cuando Joaquín habló de su infancia?
8 ¿Qué vemos en nuestras entrañas?
9 ¿Qué vemos en las de otros?
10 Según Joaquín, ¿qué ha hecho Abel?
11 ¿De qué le sirve a Joaquín la gloria de Abel?
12 En su vida, ¿ha tenido Joaquín tanto éxito como Abel?
13 Según lo que dice, ¿está celoso?
14 ¿Cuál es su consuelo?
15 ¿Cómo está pintada la figura de Caín?
16 ¿Cómo admira Abel Sánchez a Caín?
17 ¿Qué ha sentido «nuestro» Abel?
18 En su cuadro, ¿qué nos hace comprender?
19 ¿Por qué dice Joaquín que el cuadro es un acto de amor?
20 Al acabar de hablar Joaquín, ¿qué sucedió?
21 ¿Cómo habló Abel?
22 Según Abel, ¿qué valen las palabras de Joaquín?
23 ¿Qué hicieron los dos amigos?
24 Al abrazarse los dos, ¿quién le habló a Joaquín?
25 ¿Qué le dijo?

A Basando sus respuestas en la oración modelo, contesten a las preguntas que la siguen.

1 **Joaquín dio el elogio con mucho cariño.**
¿Quién dio el elogio?
¿Con qué dio el elogio?
¿Qué hizo Joaquín?

2 **La concurrencia mostró su asombro.**
¿Qué mostró la concurrencia?
¿Quién mostró su asombro?
¿Qué hizo la concurrencia?

3 **Los amigos soñaban con escaparse de la medianía.**
¿Quiénes soñaban?
¿Con qué soñaban?
¿Con escaparse de qué soñaban?
¿Qué hacían los amigos?

4 **El hijo errante pensó en ahogarle a su hermano.**
¿En qué pensó el hijo?
¿Quién pensó en ahogarle?
¿Qué hizo el hijo errante?

B Completen las siguientes oraciones con una palabra o expresión apropiada.

1 Abel no podía expresar lo que sentía en sus _____.
2 El artista quería escaparse de su vida de _____.
3 Muchos sintieron _____ las lágrimas.
4 Los padres buscaban a su hijo _____.
5 Joaquín quería _____ a su amigo.
6 El médico estaba _____ la medicina en un vaso de agua.
7 _____ de mi vejez es mi familia.
8 Hay que aprender a _____ con los sufrimientos de otros.
9 Su amigo le dedicó un _____ lleno de cariño.
10 El artista recibió el elogio con _____.

C Completen las siguientes oraciones con una palabra o expresión apropiada.

1 El _____ era general.
2 Jamás se había pronunciado un _____ más férvido.
3 Oyeron los aplausos de _____.
4 Amar es _____.
5 Joaquín hablaba dejando _____ las palabras.

7 No _____ con lo que habrían de ser.

8 Vemos en nuestras _____ el fango que somos.

9 Caín era el labrador _____.

10 Su gloria es _____ de la gloria que no he podido adquirir.

D Completen el siguiente párrafo con las palabras apropiadas.

Los dos amigos llegan al banquete. Uno es médico y otro artista. El médico va a pronunciar un _____ en honor de la obra de su amigo. La _____ ya está sentada y espera las palabras de _____ que expresará el médico a su amigo.

El médico comienza y _____ cada palabra ardiente de emoción. Explica como _____ los dos durante su juventud con escaparse de la _____. Convence a los invitados que ha revelado lo que siente en las _____.

¡Quién sabría que quisiera _____ a su amigo, el artista!

 Interpretación y análisis

1 Busque Ud. las referencias que indican que hace años que Joaquín y Abel se conocen.

2 Describa Ud. la emoción que revela Abel cuando acepta el elogio de Joaquín.

3 Describa Ud. lo que nos revela Joaquín por medio de las palabras de su «demonio».

4 En realidad, ¿qué es el demonio de Joaquín?

5 Lea Ud. la primera oración de este trozo de *Abel Sánchez*.

¿Por que era maliciosa la expectación?

¿En qué pensaba la concurrencia?

¿Qué sabemos de la reputación que tenía Joaquín, según esta oración?

¿Qué impresión nos da el autor cuando dice que la expectación estaba por *debajo* de la conversación?

LECCIÓN 21
CULTURA
Países en vías de desarrollo

Vocabulario

1. **atrasado (atrasar)**   retardar, quedarse atrás   *backward*
   Son las cuatro y mi reloj marca las tres. Está _____.
2. **desarrollado (desarrollar)**   aumentar, mejorar, perfeccionar   *to develop*
   En los países del Tercer Mundo todavía no han _____ la industria.
3. **carecen (carecer)**   no tener algo, faltar   *to de*
   Los habitantes del desierto _____ de agua.   *carezco*
4. **los recursos**   los elementos que son la riqueza o potencia de un país
   El carbón es uno de los _____ naturales de los EE.UU.   *resources*
5. **el subsuelo**   la parte profunda del terreno   *subsurface*
   Las minas nos permiten sacar los minerales del _____.
6. **la materia prima**   material producido por el subsuelo o la agricultura que más tarde se convierte en productos manufacturados   *raw material*
   La arena es la _____ para la producción de vidrio.
7. **proporcionaban (proporcionar)**   proveer, distribuir   *to provide*
   Para la Navidad siempre les _____ a las familias necesitadas comida y juguetes para los niños.   *direction*
8. **rumbo**   el camino o la ruta que se sigue   *course*   *to a*
   La Pinta, la Niña y la Santa María iban con _____ a las Américas.
9. **las herramientas**   instrumentos de metal con que trabajan los obreros
   Al artesano le hacen falta buenas _____.
10. **suministrando (suministrar)**   proveer alguna cosa a alguien
    En la clínica siguen _____ las medicinas gratis.
11. **los comestibles**   los alimentos, la comida
    Hay varios puestos de _____ en el mercado.
12. **disminuyan (disminuir)**   hacer menor, reducir
    La señora insiste en que se _____ los gastos.

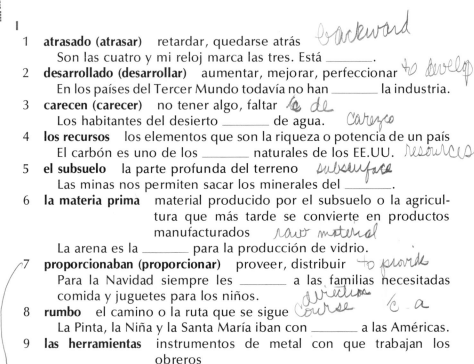

Cultivando la tierra en Colombia

PRÁCTICA

Completen las siguientes oraciones con una expresión apropiada.

1 Después del huracán el gobierno _____ medicina y alimentos a las víctimas.
2 Los mineros están extrayendo el carbón del _____.
3 Actualmente los pobres _____ de dinero, de trabajo y aún de comida.
4 Uno de los _____ naturales de Venezuela es el petróleo.
5 El gobierno ha _____ un plan de industrialización nacional.
6 El carpintero no puede trabajar sin sus _____.
7 Tendremos que ir al supermercado para comprar _____.
8 Los barcos salían de Yucatán _____ a España.
9 Aquel país es avanzado pero su vecino al norte es muy _____.
10 La médica está _____ las pastillas a los enfermos.
11 El número de pasajeros que viajaban en tren _____ un poco cada año.
12 Sacan la _____ del subsuelo.

II

1 **la inversión**   el uso de capital en el negocio
El establecimiento de nuevas fábricas requiere la _____ de mucho dinero.
2 **los hacendados**   los dueños de grandes estancias o haciendas
Sus terrenos se calculan en kilómetros cuadrados. Él es uno de los _____ más grandes de aquí.
3 **la parcela**   una porción pequeña de tierra
El campesino sembraba su _____ de tierra.
4 **el arado**   un instrumento de agricultura que sirve para abrir la tierra
Antes de sembrar, hay que abrir la tierra con el _____.
5 **el reparto**   la división y distribución de una cosa
Los piratas esperaban el _____ del tesoro.
6 **las semillas**   la parte de la fruta que puede germinar
Si sembramos las _____ ahora, en seis semanas tendremos una cosecha.
7 **el préstamo**   el dinero que se presta, el dinero que uno da a otro por un período de tiempo
El banco le dio un _____ de mil pesos.
8 **se pudría (pudrirse)**   sufrir putrefacción
En aquellos tiempos no había refrigeración y la carne _____ rápidamente.
9 **dañaría (dañar)**   echar a perder una cosa, deteriorar
Le dije que si echara más sal a la sopa la _____.

Contesten a las preguntas según se indica.

1 ¿Qué ha comprado el indio? *un arado*
2 ¿Tiene él mucho terreno? *no, una parcela*
3 ¿Qué esperan los labradores? *el reparto de la cosecha*
4 ¿Por qué no comían el pescado? *se había pudrido*
5 ¿De quiénes son estas tierras? *los hacendados*
6 ¿Qué compró don Felipe en el mercado? *las semillas*
7 ¿Cómo van a utilizar el dinero? *una inversión en una empresa*
8 ¿Por qué fue Ud. al banco? *un préstamo*
9 ¿Es buena esta salsa sobre la carne? *no, la dañaría*

III

1 **el cobre**   un metal de color rojo (copper)
   Esas monedas casi rojas son de _____.
2 **el estaño**   un metal ligero de color blanco (tin)
   Los obreros aquí son mineros que sacan el _____ de las minas.
3 **emprender**   comenzar o empezar algo de importancia
   Don Gustavo acaba de _____ un viaje alrededor del mundo.
   Salió ayer y no volverá hasta el año que viene.

PRÁCTICA

Basando sus respuestas en la oración modelo, contesten a las preguntas que la siguen.

1 **El presidente trata de emprender un programa de reforma para los mineros de cobre y estaño.**
   ¿Quién trata de emprender un programa?
   ¿Qué trata de hacer el presidente?
   ¿Qué tipo de programa es?
   ¿Para quiénes es este programa?
   ¿Qué tipos de mineros son?
   ¿Qué hace el presidente?

Las pampas argentinas

Países en vías de desarrollo

No hace tantos años, se hablaba de países avanzados y de países atrasados. Más tarde los adjetivos de uso común eran «desarrollados» y «subdesarrollados». Los términos característicos de nuestros tiempos son países desarrollados y países en vías de desarrollo. También se oye hablar del Tercer Mundo.

Se trata aquí de las condiciones económicas. Cuando los economistas hablan de países desarrollados, quieren decir países industrializados —Estados Unidos, Francia, Inglaterra, Japón y la Unión Soviética. Los países al otro extremo son los países que carecen de industria. No manufacturan casi nada. Estos países viven de la agricultura o de sus recursos naturales. Los recursos naturales generalmente sirven de materia prima para las industrias de los países desarrollados. Un tercer grupo de países se compone de aquellas naciones que se encuentran en un punto intermedio. Dependen de la agricultura y de los recursos naturales pero también tienen industrias importantes. Los países hispanos pertenecen mayormente al segundo y al tercer grupo.

En la época colonial, Hispanoamérica era la fuente de recursos naturales que proporcionaba riquezas de la tierra y del subsuelo al imperio español. Todos hemos oído de los fabulosos tesoros—oro del Perú, plata de México.

La materia prima, producto de las minas o haciendas de América, **galeones** barcos salía en los galeones rumbo a España. Los galeones hacían el viaje de regreso repletos de productos manufacturados en la metrópoli. Telas, máquinas, herramientas, todos venían de España.

Después de la independencia, el sistema económico no cambió radicalmente. Los países de Hispanoamérica seguían suministrando la materia prima a otros. Y los otros hacían de esa materia productos que el hispanoamericano entonces tenía que comprar a precio alto. Por cierto, los otros ya no eran exclusivamente españoles. Eran los países desarrollados del mundo. Pero el efecto era el mismo.

Los países hispanoamericanos se dividían en tres grupos: uno, países exportadores de carnes y cereales como la Argentina y Uruguay; dos, exportadores de productos tropicales como el café, el azúcar y el tabaco como Ecuador, Colombia, Centroamérica y los países del Caribe; tres, países mineros y petroleros como Chile, México, Bolivia y Venezuela.

Esto llegó a llamarse el «monocultivo». Algunos países cuya economía se basaba en la agricultura se encontraban obligados a importar comestibles porque toda la agricultura estaba dedicada a un solo producto para la exportación. Cuando la demanda en el mercado mundial por el único producto que produce el país disminuya, no hay nada más que vender. El país productor sufre y pierde porque su economía se encuentra en ruinas.

II

En el mundo moderno es necesario tener mucho capital para establecer una industria o un comercio. No importa que se trate de la minería, la agricultura o la manufactura.

Los países que tenían grandes cantidades de dinero disponibles para la inversión en nuevas empresas eran los países industrializados. Inglaterra era el primero de estos países y más tarde los Estados Unidos. Por eso, las grandes empresas hispanoamericanas eran en realidad extranjeras. Los ferrocarriles transandinos eran ingleses, las minas de cobre norteamericanas y los enormes bananales centroamericanos pertenecían a compañías extranjeras que funcionaban como gobiernos independientes.

Todo esto no quiere decir que el dinero no llegaba a Hispanoamérica. Sí, llegaba. Pero la distribución del dinero era bastante limitada. Llegaba a las manos de unos hacendados ricos y unos políticos que vendían derechos y privilegios a extranjeros. Hasta la segunda guerra mundial, la industria petrolera mexicana estuvo en manos de ingleses y norteamericanos.

Los problemas económicos de los países en vías de desarrollo son enormes. No tienen fácil resolución. Tomemos como ejemplo la agricultura.

Antiguamente el indio sembraba de maíz su pequeña parcela de tierra. De ella recibía bastante para su familia. Hoy el agricultor tiene que producir mucho más. No sólo tiene que alimentar a los suyos sino a todos sus conciudadanos. Para producir más, es necesario introducir métodos más eficientes. Por ejemplo, el arado tirado por tractor es un método más eficaz que el arado tirado por hombre o mula. Pero el tractor es muy caro—más caro que en el país que lo produce porque hay que importarlo. Para aprovechar de un tractor hay que tener tierras abundantes y no pequeñas parcelas. Pero, ¿quiénes tienen grandes terrenos? Los terratenientes. Es éste el dilema. En algunos países unas diez o quince familias son los dueños de casi toda la tierra disponible. Son ellos quienes pueden producir más con mayor eficiencia. Pero ellos mismos son los que benefician en mayor grado. El campesino sigue pobre y sin oportunidad de mejorarse.

Como consecuencia muchos gobiernos hispanoamericanos se han dedicado a la reforma agraria. Pero reconocen que el reparto de tierras entre los campesinos no es una solución total. Casi en seguida hay una baja en la producción. La entrega de tierras a los campesinos es sólo un primer paso. Luego viene la instrucción. El campesino tiene que

transandinos que cruzan los Andes
bananales banana plantations

Plátanos en Ecuador

aprender cómo hacer que sus tierras le rindan el máximo. Hay que enseñarle el uso de los abonos, sistemas de riego, nuevos tipos de semillas, enfermedades que afectan el ganado y los plantíos. Para hacer esto, muchos gobiernos emplean extensionistas agrícolas. Son expertos en la agricultura que visitan los campos donde enseñan a los campesinos y trabajan con ellos.

Aunque uno tenga la tierra y los conocimientos necesarios, todavía falta algo importantísimo. Dinero. No importa que uno sepa lo que tiene que hacer si no tiene los fondos para poder conseguir los materiales que necesita. Por eso los gobiernos apoyan las cooperativas. Las co-

operativas funcionan de varias maneras y en varios campos. Algunas hacen préstamos a los campesinos con un mínimo de interés. Otras se encargan del transporte del producto al mercado. Todos los campesinos de la cooperativa contribuyen para comprar un camión que lleva el producto de todos.

En una república centroamericana, los pescadores formaron una cooperativa. En la costa el pescado se pudría. Pero la gente de la capital en el interior nunca comía pescado. ¿Por qué? La falta de transporte. Con el calor tropical el pescado se dañaría durante el viaje. La coopera- tiva resolvió el problema. Primero mandaron representantes a los super- mercados de la capital. Los supermercados garantizaban comprar cierta cantidad de pescado cada semana. Con estas garantías los representantes fueron al banco. El banco les hizo un préstamo que era bastante para comprar un camión y para levantar una pequeña fábrica de hielo. Así ganaron tanto los pescadores como los consumidores.

III

Los países no industrializados reconocen que sus recursos naturales no son infinitos. Tienen que prepararse para el día en que sus minas estén agotadas. Por eso han tratado de limitar su explotación. En 1938, México expropió la industria petrolera. Más tarde Chile expropió las minas de cobre y Bolivia las minas de estaño.

Hoy en día los gobiernos están tratando de emprender programas ambiciosos en los campos de la educación y la industrialización. Están planificando nuevas universidades, institutos tecnológicos y fábricas para educar y darle empleo a su gente. Sin la industrialización no terminará nunca la gran desocupación que existe actualmente en muchos países hispanoamericanos.

monolito igual por todas partes

Claro está que Hispanoamérica no es un monolito. Con doscientos millones de habitantes, distintas razas, regiones, costumbres, gobiernos y geografía, es lógico que las economías también varían. No se puede negar, por ejemplo, que hay una gran diferencia entre las economías de Honduras y de la Argentina.

imperado dominado

Lo que se han presentado aquí son unas observaciones generales. Hemos hablado de países en vías de desarrollo. Desde el punto de vista de un europeo o norteamericano, esas «vías» parecerán larguísimas. Las costumbres y las condiciones que hoy se ven cambiando en la América Latina en muchos casos han imperado desde hace siglos. Las vías de desarrollo son largas y difíciles. Las repúblicas de habla hispana están en el camino y no van a volver para atrás.

Van a exportar los plátanos del puerto de Guayaquil

I

1   ¿Cuáles son otros adjetivos que se empleaban para referirse a países atrasados?
2   ¿Cuáles son los términos de nuestros tiempos?
3   ¿Cuáles son unos países desarrollados?
4   ¿De qué carecen los países en vías de desarrollo?
5   ¿Manufacturan mucho esos países?
6   ¿De qué viven?
7   ¿De qué sirven los recursos naturales?
8   ¿A qué grupos pertenecen la mayoría de los países hispanoamericanos?
9   En la época colonial, ¿cómo servía Hispanoamérica a España?
10 ¿Cuáles eran los fabulosos tesoros de aquella época?
11 ¿Qué llevaban los galeones a España?
12 ¿Con qué hacían el viaje de regreso esos galeones?
13 Después de la independencia, ¿cómo cambió el sistema?
14 ¿Cuáles son los tres grupos en que se dividían los países hispanoamericanos?
15 ¿Cuál es el gran problema del «monocultivo»?

II

1   ¿Qué países tenían dinero disponible para la inversión?
2   ¿Cómo eran las grandes empresas hispanoamericanas?
3   ¿Llegaba el dinero a Hispanoamérica?
4   ¿Quiénes recibían el dinero?
5   ¿En manos de quiénes estuvo la industria petrolera de México?
6   ¿Qué sembraba el indio?
7   ¿Para quiénes la cultivaba?
8   ¿Por qué tiene que producir más el agricultor de hoy?
9   ¿Qué hay que hacer para producir más?
10 ¿Quiénes tienen los grandes terrenos?
11 ¿Quiénes pueden producir más con mayor eficiencia?
12 ¿Quiénes benefician?
13 ¿Cómo sigue el campesino?
14 ¿A qué se han dedicado muchos gobiernos?
15 ¿Es una solución total el reparto de tierras?
16 ¿Qué tiene que acompañar el reparto de tierras?
17 ¿Qué hay que enseñarle al campesino?
18 ¿A quiénes emplean los gobiernos para dar esta instrucción?
19 ¿Qué más se necesita?
20 ¿Cómo funcionan las cooperativas?
21 ¿Qué formaron los pescadores de un país centroamericano?

22 ¿Comía pescado la gente del interior antes del establecimiento de la cooperativa?

23 ¿Cómo resolvió el problema la cooperativa?

III

1 ¿Qué reconocen los países no industrializados?
2 ¿Qué han tratado de hacer?
3 ¿Qué expropiaron México, Chile y Bolivia?
4 ¿Qué están tratando de hacer los gobiernos?
5 ¿Es un monolito Hispanoamérica?
6 ¿Por qué es lógico que varían las economías?
7 ¿Son iguales las economías de Honduras y la Argentina?
8 ¿De qué países hemos hablado aquí?
9 ¿Cómo le parecerán las vías de desarrollo al norteamericano?
10 ¿Desde cuándo han imperado estas costumbres y condiciones?

EJERCICIOS DE VOCABULARIO

A Completen las siguientes oraciones con la forma apropiada de una palabra de la lista.

carecer	proporcionar	suministrar
pudrirse	disminuir	desarrollar
emprender	atrasado	dañar

1 Esos gobiernos van a _____ un programa de reforma agrícola.
2 Los países que _____ de industria se quedan subdesarrollados.
3 Los representantes del gobierno _____ las semillas y los abonos a los campesinos.
4 En cada ciudad hay un médico que _____ la medicina a los pobres.
5 Sin refrigeración la carne _____ en poco tiempo.
6 Aunque el gobierno ha iniciado reformas, el país es todavía _____ en cuanto a la industrialización.
7 En ese pueblo los oficiales han _____ un sistema de beneficios públicos sin par.
8 Ellos temían que el calor tropical _____ el pescado.

B Den la palabra cuya definición sigue.

1 lo que usan los obreros en su trabajo
2 las cosas que se pueden comer
3 las riquezas naturales que vienen del subsuelo
4 un sinónimo de *reducir*
5 lo que puede tirar un hombre, una mula o un tractor

6   los dueños de grandes haciendas
7   un área pequeña de tierra
8   el dinero que usa una empresa

C   Completen las siguientes oraciones con una palabra apropiada.

1   El carbón es la _____ de que se hacen el hierro y el acero.
2   Los mineros trabajan en las minas del _____.
3   Ellos salieron _____ al centro.
4   El _____ de tierra entre los campesinos no es la única solución al problema agrícola.
5   Le hacía falta dinero y así le pidió un _____ al banco.
6   Hay que sembrar las _____ ahora si quieres una cosecha en abril.
7   El _____ y el _____ son dos metales importantes.
8   El país que _____ de recursos naturales tiene que importar mucho.
9   La población no ha aumentado; ha _____.
10   Mandaron los vegetales en un camión refrigerado para que no _____.

El petróleo es un producto importante de Venezuela

I
El futuro perfecto

1 Sustituyan.

Ellos habrán
| llegado.
| terminado.
| comido.
| vuelto.

Él lo habrá
| comprado.
| vendido.
| dicho.
| puesto.

Lo habremos
| acabado
| empezado
| devuelto
| escrito
mucho antes.

Yo lo habré
| sacado.
| recibido.
| cubierto.
| dicho.

¿No habrás
| empezado?
| decidido?
| salido?
| vuelto?

2 Contesten.

1. ¿Habrán visitado ellos las minas?   2. ¿Habrán vuelto los hacendados? 3. ¿Habrán cruzado los Andes los viajeros?   4. ¿Habrá visto el señor los picos andinos?   5. ¿Habrá tomado en cuenta la riqueza del país? 6. ¿Habrá emprendido el programa el gobierno?   7. ¿Habrá terminado la guerra?   8. ¿Habrán vivido Uds. en el desierto?   9. ¿Habrán proporcionado Uds. los comestibles?   10. ¿Habrán gozado Uds. de la belleza del lugar?   11. ¿Se habrán despedido Uds. de sus parientes?   12. ¿Habrás vuelto a tu patria?   13. ¿Habrás pensado en la inversión de tu capital?   14. ¿Habrás llegado a Lima?   15 ¿Habrás visto las maravillas de la ciudad?

El café, Ecuador

3 Sigan las instrucciones.

1. Pregúntele a su amiga si habrá visto las montañas.   2. Pregúntele a la joven si habrá pedido el préstamo.   3. Pregúnteles a los jóvenes si habrán recibido la carta.   4. Pregúnteles a los señores si habrán leído el periódico.   5. Pregúntele al señor Álvarez si habrá terminado el trabajo.   6. Pregúntele a la señorita Iglesias si habrá llegado.

4 Contesten según el modelo.

> ¿Habrán llegado Uds.? →
> Sí, habremos llegado antes de que salgan los otros.

1. ¿Habrás terminado?   2. ¿Habrá vuelto el muchacho?   3. ¿Habrán decidido ellas?   4. ¿Se habrán marchado Uds.?   5. ¿Habrán llegado tus amigos?   6. ¿Habrá salido el terrateniente?

5 Transformen según el modelo.

> Salgo. Vuelven ellos. → Habré salido antes de que vuelvan ellos.

1. Descarga el cobre. Volvemos al barco.   2. Vemos la luna. Nos acostamos.   3. Llegan a Lima. Muere el amigo.   4. Deja a su país. Termina la guerra.   5. Llego a casa. Salen mis amigos.

EXPLICACIÓN GRAMATICAL

The future perfect is formed by the future of the auxiliary verb *haber* and the past participle.

habré llegado	habremos vuelto
habrás comido	(habréis) dicho
habrá salido	habrán descubierto

The future perfect is used to express an action which will be concluded in the future prior to another future action.

> Habremos llegado antes de que ellos salgan. (Nosotros llegaremos el jueves que viene pero ellos no saldrán hasta el viernes.)

II
El condicional perfecto

6 Sustituyan.

Ellos nos habrían | hablado / visitado / escrito / visto | pero no pudieron.

Él te lo habría | aconsejado.
vendido.
devuelto.
dicho.

No habríamos | terminado
comido
salido
vuelto | tan tarde.

Yo no lo habría | empezado
preparado
hecho
concluido | así.

7 Contesten.

1. ¿Habrían vuelto ellos?   2. ¿Habrían salido tus amigos?   3. ¿Habrían ido en barco?   4. ¿Habrían cruzado los Andes?   5. ¿Habría visitado María las minas?   6. ¿Te habría visto Carmen en México?   7. ¿Habría salido de España el político?   8. ¿Habría hecho el viaje en barco el caudillo?   9. ¿Habrían salido Uds.?   10. ¿Lo habrían devuelto Uds.? 11. ¿Lo habrían hecho igual Uds.?   12. ¿Lo habrían contemplado Uds.? 13. ¿Habrías comprendido?   14. ¿Habrías escrito los artículos?   15. ¿Habrías disminuido el número de productos?   16. ¿Habrías hablado con él?

Una parcela de tierra cerca de Cuzco, Perú

8 Sigan las instrucciones.

1. Pregúntele a la chica si habría ido a Buenos Aires. 2. Pregúntele al chico si habría descrito el programa. 3. Pregúnteles a ellos si habrían mirado los campos. 4. Pregúnteles a los señores se habrían vuelto en barco. 5. Pregúntele al doctor si habría vivido en la capital. 6. Pregúntele a la señora si lo habría visto.

9 Sigan el modelo.

¿Terminar? ¿Yo? → Claro que habría terminado, pero no pude.

1. ¿Salir? ¿Ellos? 2. ¿Volver? ¿Tú? 3. ¿Llorar? ¿Ellos? 4. ¿Escribir la carta? ¿Yo? 5. ¿Esperar? ¿Nosotros? 6. ¿Abrirlo? ¿Ella?

EXPLICACIÓN GRAMATICAL

The conditional perfect is formed by the conditional of the auxiliary verb *haber* and the past participle.

habría llegado	habríamos vuelto
habrías vendido	(habríais escrito)
habría subido	habrían puesto

The conditional perfect is used to express an action which would have taken place if something else had not interfered. That which interfered can be either expressed or understood.

Yo habría salido pero no pude porque llegaron unos amigos.
Yo habría hablado con él. *(It is understood that for some reason you could not.)*

III
El presente perfecto del subjuntivo

10 Sustituyan.

Es raro que ellos hayan	venido. dicho tal cosa. llegado a tiempo.

No creo que él lo haya	devuelto. olvidado. escrito.

Temen que nosotros lo hayamos	perdido. olvidado. roto.

Se alegran de que yo lo haya | empezado.
acabado.
hecho.

Es imposible que lo hayas | terminado.
vendido.
roto.

11 Sigan el modelo.

Es posible que ellos lleguen mañana. →
Es posible que ellos hayan llegado hace poco.

1. Es dudoso que él salga mañana.   2. Es imposible que lo terminen mañana.   3. Tememos que Uds. lo sepan mañana.   4. Esperan que yo lo haga mañana.   5. No creo que ellos lo acaben mañana.   6. Es lástima que vengas mañana.   7. Es mejor que lo empecemos mañana.   8. Me alegro de que salgan mañana.

EXPLICACIÓN GRAMATICAL

The present perfect subjunctive is formed by the present subjunctive of the auxiliary *haber* and the past participle.

haya mirado   hayamos recibido
hayas vendido   (hayáis escrito)
haya comido   hayan roto

The present perfect subjunctive is used when a present or future verb in a main clause governs a subjunctive verb which refers to a past action.

No creo (hoy) que ellos hayan llegado (ayer).
Temerá (mañana) que tú hayas tenido un accidente (hoy).

*Cláusulas con **si***

12 Sustituyan.

Yo me quedaré aquí si ellos | llegan.
vienen.
visitan.
se quedan.

Yo me quedaría aquí si ellos | llegaran.
vinieran.
visitaran.
se quedaran.

Yo me habría quedado aquí si ellos | hubieran llegado.
hubieran venido.
hubieran visitado.
se hubieran quedado.

13 Contesten.

1. ¿Irás a España si tienes bastante dinero?   2. ¿Irías a España si tuvieras bastante dinero?   3. ¿Habrías ido a España si hubieras tenido bastante dinero?   4. ¿Saldrán ellos si tú llegas?   5. ¿Saldrían ellos si tú llegaras? 6. ¿Habrían salido ellos si tú hubieras llegado?   7. ¿Subirán ellos la montaña si pueden?   8. ¿Subirían ellos la montaña si pudieran?   9. ¿Habrían subido ellos la montaña si hubieran podido?

14 Transformen según el modelo.

Él no saldría. Estaba enfermo. → Él no saldría si estuviera enfermo.

1. Nos visitarán. Tienen tiempo.   2. Llegarían a tiempo. Salía a tiempo el avión.   3. Estaré en Madrid. Todo va bien.   4. Lo habría dicho. Había sabido los detalles.   5. Ellos no habrían dejado su país. No había sido por la guerra.   6. Él se pondrá nervioso. Volvemos tarde.   7. No se perderían. Conocían mejor la región.   8. Invertiría en la empresa. Tenía los fondos.

*Militares
peruanos*

Se ha nacionalizado el petróleo en el Perú

EXPLICACIÓN GRAMATICAL

The conditional *si* clauses follow a regular sequence of tenses.

main clause	si clause
future	present indicative
conditional	imperfect subjunctive
conditional perfect	pluperfect subjunctive

Llegaré a tiempo si no encuentro tráfico.
Llegaría a tiempo si no encontrara tráfico.
Habría llegado a tiempo si no hubiera encontrado tráfico.

Note that the pluperfect subjunctive is formed by the imperfect subjunctive of the auxiliary verb *haber* and the past participle.

hubiera, hubieras, hubiera, hubiéramos, (hubierais), hubieran

Temas de composición

1 Describa Ud. los tres grupos económicos en que están divididos los países del mundo. ¿Cómo se diferencian los tres grupos?
2 Prepare Ud. una lista de los problemas económicos que existen en muchos países latinoamericanos.
3 Escriba Ud. un ensayo en el cual Ud. expone los problemas económicos de los países en vías de desarrollo.
4 Describa Ud. algunos programas que han iniciado varios gobiernos latinoamericanos para tratar de solucionar sus problemas económicos.
5 En un párrafo, describa Ud. lo que hizo una cooperativa centroamericana para fomentar la venta de pescado en el interior del país.

LECCIÓN 22
CONVERSACIÓN
En el aeropuerto

Vocabulario

1 **abordar** subir a un avión o tren
   Están anunciando la salida del vuelo. Tenemos que _____ el avión.

2 **hace escala (hacer)** parar
   Este vuelo no _____ en las Islas Canarias; va directamente a Nueva York.

3 **la azafata** la aeromoza, la sobrecarga, la señorita que sirve en un avión
   Pocos minutos después de despegar, la _____ nos servirá una comida.

4 **te mareas (marearse)** tener náusea provocada por el movimiento
   Si _____ en el avión, llama a la azafata.

5 **suave** sin turbulencia
   Hace buen tiempo hoy. Debemos tener un vuelo muy _____.

6 **el mozo** el hombre que lleva las maletas
   Mamá, estas maletas pesan mucho; llama al _____ para que nos ayude.

PRÁCTICA

Contesten a las siguientes oraciones según se indica.

1 ¿Qué hacen los pasajeros? *abordar el avión*
2 ¿Es éste un vuelo directo? *no, dos escalas*
3 ¿Quién nos va a ayudar? *la azafata*
4 ¿Te mareas durante el vuelo? *sí, si hay turbulencia*
5 ¿Quién va a llevar el equipaje? *el mozo*
6 ¿Te gusta un vuelo turbulento? *no, suave*

Sala de espera en el aeropuerto de Barcelona

EN EL AEROPUERTO

Anuncio:	La Nacional de Aviación anuncia la salida de su vuelo 302 con destino a Santa Isabel. Favor de abordar por la puerta número seis.
Abuela:	¿Es ése mi vuelo? Me estoy poniendo nerviosa con todo este barullo. Debiera haber ido en tren.
Elena:	Ay, abuelita. El avión es mucho más rápido y verás lo cómodo que es. El vuelo tuyo no hace escala, es directo.
Abuela:	Pero no sé qué hacer. Nunca he viajado en avión.
Elena:	Mira, abuela. Yo misma te llevaré al avión. Ya dentro del avión la azafata se encargará de ti. Si necesitas cualquier cosa, pídesela a ella. Si te mareas también debes avisarla.
Abuela:	¡Qué! ¿Me voy a marear?
Elena:	Lo dudo. El vuelo a Santa Isabel suele ser muy suave. Acuérdate que al llegar tienes que entregar estos talones para el equipaje. Dáselos a cualquier mozo y él se encargará de ellos. No te olvides de darle una propina.
Abuela:	En el avión, ¿me enseñarán a usar los cinturones de seguridad, la máscara de oxígeno y el otro equipo?
Elena:	Sí, abuela. No tengas cuidado. Todo eso es muy fácil y hay personal abordo para ayudarte. La tripulación será muy simpática.
Abuela:	¿Nos darán de comer durante el viaje?
Elena:	Calculo que a los diez o quince minutos después de despegar, servirán una merienda. Y en menos de hora y media estarán aterrizando en Santa Isabel.
Anuncio:	Última llamada para los pasajeros de la Nacional de Aviación vuelo 302. Favor de pasar a la puerta número seis.
Elena:	No quiero que pierdas el avión. Toma el billete y acuérdate de recoger el equipaje.
Abuela:	Adiós, Elena. Que Dios te bendiga.
Elena:	Adiós, abuelita. Recuerdos a todos. Que tengas buen viaje.

Marginal glosses:
barullo confusión
•**cinturones de seguridad** seat belts
•**máscara de oxígeno** oxygen mask
•**tripulación** crew

CUESTIONARIO

1 ¿Dónde están Elena y su abuela?
2 ¿De qué vuelo anuncian la salida?
3 ¿Adónde va el vuelo?
4 ¿Por qué puerta tienen que abordar los pasajeros?
5 ¿Por qué se está poniendo nerviosa la abuela?
6 Según Elena, ¿por qué es mejor el avión que el tren?
7 Dentro del avión, ¿quién se encargará de la abuela?

8   ¿Se va a marear la abuela?
9   ¿Por qué no se va a marear?
10 Al llegar a Santa Isabel, ¿qué tiene que entregar la abuela? ¿Para qué?
11 ¿Quién la puede ayudar con el equipaje?
12 ¿Qué tiene que darle?
13 ¿Qué le enseñarán a la abuela las azafatas?
14 ¿Cómo será la tripulación?
15 ¿Qué servirán durante el vuelo?
16 ¿Cuándo la servirán?
17 ¿Cuándo van a aterrizar en Santa Isabel?
18 ¿Qué anuncian?
19 ¿Qué no quiere Elena?

EJERCICIOS DE VOCABULARIO

A   Completen las siguientes oraciones con una expresión apropiada.

1   Anuncian _____ del vuelo.
2   Los pasajeros tienen que pasar por _____ número seis.
3   El avión va a salir; los pasajeros tienen que _____.
4   ¿Es éste el vuelo con _____ a Madrid?
5   El avión va a despegar en Nueva York y _____ en Madrid.
6   Si no hay suficiente oxígeno en la cabina hay que usar _____.
7   El piloto y las azafatas son miembros de _____.
8   Cuando el vuelo es suave, los pasajeros no se _____.
9   Hay que entregar unos _____ para recoger el equipaje.
10 El avión no hace _____; es un vuelo directo.

B   Contesten a las siguientes preguntas con oraciones completas.

1   En el avión, ¿quiénes sirven la comida?
2   Si hay turbulencia durante el vuelo, ¿qué tienen que abrochar los pasajeros?
3   En el aeropuerto, ¿quién puede ayudar al pasajero con su equipaje?
4   ¿Cuál es más rápido, un vuelo directo o un vuelo con escalas?
5   ¿Qué anuncian inmediatamente antes de cerrar las puertas del avión?

Un avión despega del aeropuerto de Lima

Los mandatos formales

Las formas singulares

1   Repitan.

Hable Ud.   No hable Ud.
Mire Ud.   No mire Ud.
Coma Ud.   No coma Ud.
Beba Ud.   No beba Ud.
Escriba Ud.   No escriba Ud.

2   Sustituyan.

Hable Ud.			No hable Ud.		
Conteste Ud.	despacio.		No conteste Ud.	tan despacio.	
Coma Ud.			No coma Ud.		

Espere Ud.			No espere Ud.		
Entre Ud.	aquí.		No entre Ud.	aquí.	
Beba Ud.			No beba Ud.		
Viva Ud.			No viva Ud.		

3   Contesten según el modelo.

¿Quiere Ud. hablar? → Yo, no. Hable Ud., señor.

1. ¿Quiere Ud. cantar?   2. ¿Quiere Ud. nadar?   3. ¿Quiere Ud. comer?
4. ¿Quiere Ud. beber?   5. ¿Quiere Ud. escribir?   6. ¿Quiere Ud. asistir?

4   Repitan.

Piense Ud. más.
No juegue Ud. allí.
Duerma Ud. en el avión.
No pida Ud. más.
Sirva Ud. la merienda.

5   Contesten según el modelo.

¿Volver allí? ¿Yo? → Sí, señor, vuelva Ud. allí.
No, señor, no vuelva Ud. allí

1. ¿Jugar al béisbol? ¿Yo?   2. ¿Pensar en los exámenes? ¿Yo?   3. ¿Volver
al aeropuerto? ¿Yo?   4. ¿Contar el dinero? ¿Yo?   5. ¿Pedir más vino?
¿Yo?   6. ¿Servir la comida? ¿Yo?   7. ¿Dormir en el avión? ¿Yo?   8.
¿Volver con la tripulación? ¿Yo?

6   Repitan.

Salga Ud.
No ponga Ud. todo allí.
Conduzca Ud. más despacio.
No traiga Ud. más.
Vaya Ud. ahora.

7   Contesten según el modelo.

> ¿Debo salir ahora? → Sí, salga Ud. ahora.
> No, no salga Ud. ahora.

1. ¿Debo traer el billete?   2. ¿Debo poner la maleta allí?   3. ¿Debo hacer el viaje?   4. ¿Debo decir la verdad?   5. ¿Debo aparecer en el teatro?   6. ¿Debo salir para Lima?   7. ¿Debo conducir despacio? 8. ¿Debo oír la música?   9. ¿Debo ir a casa?

Las formas plurales

8   Repitan.

Miren Uds. bien.
No levanten Uds. el equipaje.
Coman Uds. más.
No beban Uds. más.

9   Contesten según el modelo.

> ¿Beber? ¿Nosotros? → Sí, beban Uds.
> No, no beban Uds.

1. ¿Abordar? ¿Nosotros?   2. ¿Llegar temprano? ¿Nosotros?   3. ¿Esconder el baúl? ¿Nosotros?   4. ¿Entregar los talones? ¿Nosotros?   5. ¿Llevar las maletas? ¿Nosotros?   6. ¿Comer más? ¿Nosotros?   7. ¿Vivir en aquella hacienda? ¿Nosotros?   8. ¿Abrir la ventanilla? ¿Nosotros?

10   Repitan.

Vuelvan Uds.
No vuelvan Uds.
Piensen Uds. en el vuelo.
No piensen Uds. en el vuelo.

11   Contesten según el modelo.

> ¿Volver otra vez? → Sí, vuelvan Uds. otra vez.
> No, no vuelvan Uds. otra vez.

1. ¿Servir las bebidas?   2. ¿Volver a casa?   3. ¿Abordar el avión? 4. ¿Pedir ayuda?   5. ¿Pensar en el vuelo?   6. ¿Dormir durante el viaje?

12   Repitan.

Digan Uds. la verdad.
No digan Uds. eso.
Produzcan Uds. más.
No produzcan Uds. nada.

13   Contesten según el modelo.

¿Decimos la verdad o no? → Sí, digan Uds. la verdad.
No, no digan Uds. la verdad.

1. ¿Ponemos una botella o no?   2. ¿Tenemos prisa o no?   3. ¿Salimos para Quito o no?   4. ¿Venimos corriendo o no?   5. ¿Hacemos el viaje o no?   6. ¿Aparecemos o no?   7. ¿Producimos los documentos o no?

EXPLICACIÓN GRAMATICAL

The third persons of the present subjunctive of a verb are used to express formal commands.

Hable Ud.	No hable Ud.	Hablen Uds.	No hablen Uds.
Coma Ud.	No coma Ud.	Coman Uds.	No coman Uds.
Escriba Ud.	No escriba Ud.	Escriban Uds.	No escriban Uds.
Vuelva Ud.	No vuelva Ud.	Vuelvan Uds.	No vuelvan Uds.
Pida Ud.	No pida Ud.	Pidan Uds.	No pidan Uds.
Salga Ud.	No salga Ud.	Salgan Uds.	No salgan Uds.

Los mandatos familiares regulares

Las formas afirmativas

14   Repitan.

¡Habla!
¡Come!
¡Escribe!
¡Vuelve!
¡Repite!
¡Trae algo!

15   Sustituyan.

Mira		Prepara	
Aprende		Toma	
Escribe	la lista.	Come	algo.
Trae		Sirve	
Pide		Abre	

16   Contesten según el modelo.

    ¿Preparar el pescado? → Sí, prepara el pescado.

1. ¿Anunciar el vuelo?   2. ¿Hablar con la señora?   3. ¿Abordar el avión?   4. ¿Llevar el equipaje?   5. ¿Comer los vegetales?   6. ¿Beber el agua?   7. ¿Correr?   8. ¿Vivir en la hacienda?   9. ¿Traer la silla? 10. ¿Pedir un préstamo?   11. ¿Repetir el anuncio?   12. ¿Oír la música?

Las formas negativas

17   Repitan.

¡No hables!
¡No comas!
¡No escribas!
¡No vuelvas!
¡No repitas!
¡No traigas nada!

18   Sustituyan.

| No | termines
prepares
comas
sirvas | la comida. |

19   Contesten según el modelo.

    ¿Quieres que yo termine? → No, no termines.

1. ¿Quieres que yo aborde el avión?   2. ¿Quieres que yo hable con ella?   3. ¿Quieres que yo beba agua?   4. ¿Quieres que yo coma el pescado?   5. ¿Quieres que yo traiga el horario?   6. ¿Quieres que yo sirva la comida?   7. ¿Quieres que yo vuelva al aeropuerto?   8. ¿Quieres que yo repita el anuncio?

Los mandatos familiares irregulares

Las formas afirmativas

20   Repitan.

Ten cuidado.
Pon la mesa.
Ven en seguida.
Sal ahora.
Haz la ensalada.
Di la verdad.
Sé bueno.
Ve a casa.

Interior del aeropuerto Jorge Chávez, Lima

21   Contesten según el modelo.

¿Tener cuidado? → Sí, ten cuidado.

1. ¿Tener prisa?   2. ¿Tener suerte?   3. ¿Poner la mesa?   4. ¿Poner la maleta aquí?   5. ¿Venir en seguida?   6. ¿Venir con el mozo?   7. ¿Salir?   8. ¿Salir montado a caballo?   9. ¿Hacer ruido?   10. ¿Hacer la comida?   11. ¿Decir la verdad?   12. ¿Decir eso?   13. ¿Ser bueno?   14. ¿Ser listo?   15. ¿Ir a la capital?   16. ¿Ir a la tienda?

22   Contesten según el modelo.

¿Debo ir ahora? → Sí, ve ahora.

1. ¿Debo salir de noche?   2. ¿Debo decir que sí?   3. ¿Debo hacer más trabajo?   4. ¿Debo ser generoso?   5. ¿Debo venir mañana?   6. ¿Debo poner la radio?   7. ¿Debo tener cuidado?

Las formas negativas

23   Repitan.

No tengas prisa.
No pongas la mesa.
No vengas ahora.
No salgas tan de prisa.
No seas malo.
No vayas en seguida.

24 Contesten según el modelo.

¿Debo salir? → No, no salgas.

1. ¿Debo ser cruel? 2. ¿Debo ir a la casa de él? 3. ¿Debo salir?
4. ¿Debo venir a pie? 5. ¿Debo hacer la comida? 6. ¿Debo poner
el billete aquí? 7. ¿Debo decir que no?

EXPLICACIÓN GRAMATICAL

The third person singular *(Ud.)* of the indicative serves as the familiar
(tú) affirmative command of regular and stem-changing verbs.

Mira.	Cierra.	Duerme.
Come.	Vuelve.	Pide.
Escribe.		

Several verbs have irregular forms for the affirmative familiar command.
They follow no consistent pattern.

tener	ten	**salir**	sal	**ser**	sé
poner	pon	**hacer**	haz	**ir**	ve
venir	ven	**decir**	di		

As with the formal commands, the subjunctive verb forms are used for
the negative singular familiar commands.

No hables.	No vuelvas.
No bebas.	No pidas.
No escribas.	No salgas.

The plural familiar command *(Uds.)* is the same as that used for the
formal commands. In Spain, however, the *vosotros* command is used.
The *r* of the infinitive changes to *d* in the affirmative command.

Hablad.	No habléis.
Comed.	No comáis.
Vivid.	No viváis.
Pedid.	No pidáis.
Salid.	No salgáis.

*El aeropuerto
internacional,
Jorge Chávez,
Lima*

 ## Temas de conversación

1 Prepare Ud. un diálogo entre Ud. y un agente de viajes en que Uds. discuten un vuelo que Ud. piensa hacer. No se olvide Ud. de las muchas preguntas que Ud. tiene en cuanto al vuelo.

2 Prepare Ud. un diálogo en que Ud. está explicando todo lo que pasa durante un vuelo.

3 Imagínese que es Ud. una azafata. Explique a un(a) amigo(a) la experiencia que Ud. ha tenido con un pasajero que estaba haciendo su primer viaje en avión.

LECCIÓN 23
HISTORIA
La España contemporánea

Vocabulario

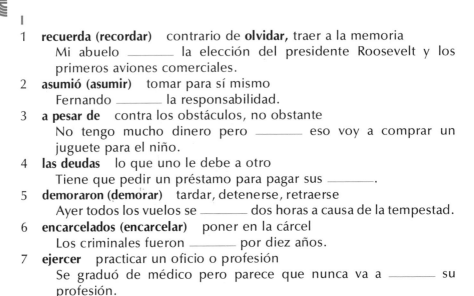

1 **recuerda (recordar)** contrario de **olvidar,** traer a la memoria
Mi abuelo ———— la elección del presidente Roosevelt y los primeros aviones comerciales.

2 **asumió (asumir)** tomar para sí mismo
Fernando ———— la responsabilidad.

3 **a pesar de** contra los obstáculos, no obstante
No tengo mucho dinero pero ———— eso voy a comprar un juguete para el niño.

4 **las deudas** lo que uno le debe a otro
Tiene que pedir un préstamo para pagar sus ————.

5 **demoraron (demorar)** tardar, detenerse, retraerse
Ayer todos los vuelos se ———— dos horas a causa de la tempestad.

6 **encarcelados (encarcelar)** poner en la cárcel
Los criminales fueron ———— por diez años.

7 **ejercer** practicar un oficio o profesión
Se graduó de médico pero parece que nunca va a ———— su profesión.

8 **el aislamiento** la incomunicación
El viejo no salió nunca de su casa; pasó una vida de ————.

*Apartamentos
modernos
de Madrid*

Completen las siguientes oraciones con una palabra apropiada.

1   Mi memoria es atroz; no puedo _____ nada.
2   Tenemos muchas _____ pero poco dinero con que pagarlas.
3   Los aviones _____ tres horas en llegar a causa de la tempestad.
4   _____ de todo lo malo que Uds. me dicen, todavía le tengo respeto.
5   A la muerte de su padre, Paco _____ las deudas de la familia.
6   Al terminar la feria, los jóvenes se encontraron _____ como unos criminales.
7   Él quiere ir a la capital para _____ su profesión de abogado.
8   Los Gómez siempre tienen amigos en casa; a ellos no les gusta una vida de _____.

II

1   **al contado**   con dinero en efectivo
    Aquí no aceptamos tarjetas de crédito ni cheques. Hay que pagar _____.

2   **estallara (estallar)**   explotar (como una bomba)
    Ellos tenían miedo de que la bomba _____ mientras había gente en el edificio.

3   **el temor**   el miedo, el susto
    Yo pasé todo el vuelo de Madrid a París temblando de _____. No me gusta viajar en avión.

4   **los pecados**   las transgresiones, los actos contra la ley divina
    El sacerdote les explicó a los criminales que habían cometido _____ contra la iglesia, y crímenes contra el estado.

5   **los acuerdos**   las resoluciones, los pactos
    Las tres naciones discutieron los problemas; los resolvieron, y por fin, firmaron los _____.

6   **los amantes**   los enamorados, los que aman o quieren algo o a alguien
    Las personas que viven en el Caribe tienen que ser _____ del calor.

7   **el provecho**   el beneficio
    Voy al banco a cambiar el dinero para recibir el mejor _____ del cambio.

Contesten a las siguientes preguntas según se indica.

1   ¿Qué firmaron los representantes del gobierno? *un acuerdo*
2   ¿Puedo pagar con una tarjeta de crédito? *no, sólo al contado*
3   ¿Por qué son Uds. amantes del sur? *nos gusta el sol*

4 ¿Por qué empezaron a correr los peatones? *a causa del temor que causó el ruido*

5 ¿Qué temían los habitantes? *estallara la bomba*

6 ¿Por qué fueron a la iglesia? *confesar sus pecados*

7 ¿Qué inversión me dará el mejor provecho? *la de la industria petrolera*

III

1 **de repente**   de pronto, sin preparación
   Él estaba de acuerdo con nosotros y _____ cambió de opinión.

2 **el velo**   una tela delgada que cubre la cara
   La viuda llevaba un _____ negro cuando salía de casa.

3 **la camiseta**   la camisa que forma parte de la ropa interior
   Hacía mucho calor y los trabajadores se quitaron la camisa y trabajaron en _____.

4 **estrechamente**   muy junto, con poquísima distancia entre los dos, íntimamente
   En algunos países la educación y la religión están _____ relacionadas.

5 **enfrentarse**   ponerse cara a cara, hacer frente a una cosa
   Él nunca puede _____ con un problema serio.

6 **contar con**   tener confianza en
   Si necesito algo, siempre puedo _____ mis padres.

7 **apenas**   casi no
   En esa reunión _____ había diez personas.

PRÁCTICA

Completen las siguientes oraciones con una expresión apropiada.

1 Yo estaba durmiendo cuando _____ me despertó el teléfono.

2 Cuando hace mucho calor no llevo _____ debajo de mi camisa.

3 Las dos opiniones están _____ relacionadas.

4 Después de la boda, el novio levantó el _____ de la novia y la besó.

5 En toda la catedral _____ había veinte personas. Parecía vacía.

6 Él nunca puede _____ con sus problemas y siempre _____ la ayuda de otros.

Circulación en la Avenida de José Antonio, Madrid

La España contemporánea

I

En noviembre de 1975 España se encontró a la entrada de una nueva época de su historia. Quererlo o no, cada español se vio obligado a pensar en el futuro, un futuro que no se dejaba ver con claridad.

En noviembre de 1975, murió Francisco Franco Bahamonde. Desde el fin de la Guerra Civil Española en 1939, hasta su muerte, Franco había sido el Jefe de Estado—«El Caudillo» de España.

La mayoría de los españoles ni recuerdan un gobierno anterior al de Franco. Cuando Franco asumió el poder en 1939, el presidente de los EE.UU. era Franklin Roosevelt. Cuando murió Franco, el presidente norteamericano era Gerald Ford. Entre esos dos presidentes habían gobernado Truman, Eisenhower, Kennedy, Johnson y Nixon. Mientras que los EE.UU. tuvieron siete presidentes, España tuvo sólo un Jefe de Estado—Franco. Para personas de menos de cuarenta años, los nombres de los contemporáneos de Franco suenan a historia antigua—Hitler, Mussolini, Churchill, Stalin, Roosevelt.

La Guerra Civil terminó en 1939. Franco había recibido favores del Eje, de Hitler y de Mussolini. Los alemanes enviaron la Legión Condor para proveer aviadores y aviones a los nacionalistas. Los italianos enviaron tropas y material. A pesar de estas deudas, Franco pudo evitar que España entrara en la Segunda Guerra Mundial aunque sus simpatías pro-Eje eran bien conocidas.

Franco no era un Abraham Lincoln. Las heridas de la Guerra Civil demoraron mucho en cicatrizarse. Durante muchos años, políticos y militares republicanos fueron encarcelados. A otros republicanos se les negaba ejercer sus profesiones u ocupar puestos gubernamentales.

La victoria de los aliados en 1945 señaló el comienzo de una época de aislamiento para España. En 1946 en las Naciones Unidas, un delegado norteamericano dijo que España no debería ser admitida a ese organismo a no ser que Franco renunciara como Jefe de Estado. Franco no renunció y España se quedó fuera.

Otros gobiernos recomendaban una invasión de España por parte de los victoriosos aliados para «acabar para siempre con el fascismo». Esto tampoco ocurrió.

II

La economía española se encontraba en muy malas condiciones en los años cuarenta y principios de los cincuenta. Los países occidentales no otorgaban crédito a España. Todo lo que España importaba tenía que pagarse al contado. Para España no había Plan Marshall ni *foreign aid*. Una mala cosecha en España significaba, literalmente, el hambre para muchos españoles. España estuvo económica, política y moralmente aislada de los EE.UU. y de la Europa Occidental.

---

suenan a parecen

pro-Eje, pro-Axis, países fascistas de la Segunda Guerra Mundial
cicatrizarse to heal

•**aliados** Allies, países antifascistas de la Segunda Guerra Mundial

a no ser que a menos que

•**occidentales** del oeste
otorgaban daban

Dos cosas ocurrieron en los años cincuenta que cambiaron radicalmente la situación de España. Una era la intensificación de la «Guerra Fría». La otra era el descubrimiento de España por los turistas.

Apenas había terminado la Segunda Guerra Mundial cuando los conflictos entre los aliados salían a la luz. La Unión Soviética y sus países satélites se alineaban en oposición a los EE.UU., Gran Bretaña y los otros países de la Europa occidental. Se temía que estallara una guerra termonuclear entre las grandes potencias. De este temor nació la O.T.A.N. (Organización del Tratado del Atlántico Norte—*NATO* en inglés) y otros pactos militares como el pacto de Varsovia de los países en favor de la política de la Unión Soviética.

Los pecados del regimen español disminuían en importancia a la par que aumentaba la importancia estratégica de la Península Ibérica.

A principios de los años cincuenta, los EE.UU. y España firmaron tres acuerdos económicos y militares y establecieron bases militares norteamericanas en tierra española. En 1956 España fue admitida a las Naciones Unidas.

Las bases norteamericanas tenían un impacto considerable en la economía. Programas de construcción dieron empleo a miles de trabajadores españoles. Miles de militares norteamericanos venían a España con sus familias. Había que albergarlos, alimentarlos, proveerles de recreo. Todo esto requería mano de obra española. Los dólares de los militares yanquis se convertían en pesetas que gastaban obreros españoles.

En esos mismos años el turismo internacional comenzaba su invasión de España. Anteriormente los amantes del sol que habitaban las tierras del norte de Europa buscaban el sol en Italia y el sur de Francia. Alguien descubrió que los marcos, kroner, guilder y libras daban mejor provecho convertidos en pesetas que en francos o liras. El sol brillaba tanto o más en las playas de la Costa del Sol que en las de la Costa Azul o Capri.

•**potencias** países de gran poder

a la par a un tiempo

albergarlos darles casa y hospedaje

marcos dinero de Alemania
kroner dinero de Suecia
guilder dinero de Holanda
libras dinero de Inglaterra
francos dinero de Francia
liras dinero de Italia

Una tienda moderna, Madrid

En 1955 el aerodromo de Málaga ostentaba una pista de aterrizaje sin pavimentar. Unos cuantos vuelos a la semana salían para Madrid y otras pocas ciudades españolas. Hoy llegan enormes aviones 747 procedentes de Nueva York y las grandes capitales europeas. Oleadas de turistas salen de los aviones para llenar los hoteles elegantes que dan al mar en toda la costa de Málaga a Gibraltar. El turismo es hoy una de las industrias españolas más importantes.

El impacto económico de estos dos acontecimientos es obvio. Lo que es menos obvio es el impacto político-social. Cuando el gobierno de la República Española cayó ante las tropas de Franco en 1939, las puertas de la nación se cerraron. Los alemanes e italianos que ayudaron a Franco volvieron a sus patrias. Los extranjeros de las Brigadas Internacionales que lucharon por la República también abandonaron España.

III

Las bases norteamericanas y los turistas eran como el Comodoro Perry que un siglo antes había abierto las puertas del imperio japonés a los ojos de los occidentales. España se había encontrado durante casi veinte años herméticamente cerrada a las influencias extranjeras. De repente el velo se levantó.

En 1950 en las playas españolas los hombres no se bañaban con las mujeres. Los varones llevaban camiseta con su traje de baño. Los trajes de baño de dos piezas para damas eran ilegales. Uno puede imaginar el *shock* cultural que sufrían los españoles cuando llegaban los turistas con sus *bikinis*.

El contacto con extranjeros daba origen al intercambio de ideas. El español ahora quería saber aún más del mundo más allá de las fronteras. Más que nunca el español se considera ahora europeo. Ve que su destino está estrechamente unido con el destino del continente.

En 1975, con la muerte de Franco, España volvió a ser una monarquía. El rey, Don Juan Carlos de Borbón y Borbón, asumió el trono de Fernando e Isabel. Asumió el trono que su abuelo don Alfonso XIII había abandonado en 1931 cuando se declaró la república. El joven rey tenía que enfrentarse con graves problemas económicos y políticos. Los de la izquierda esperaban cambios radicales después de la muerte del dictador. Los derechistas se dedicaban a mantener el *statu quo ante*.

Los problemas eran graves, pero el rey podía contar con la buena voluntad y la ayuda de las democracias europeas y americanas. Todos querían dar la bienvenida a España a la comunidad de naciones—cosa que muchos países no harían mientras gobernaba el dictador. El otro factor que auguraba bien para el monarca era el deseo de mantener la paz en la patria. Apenas hay español que no haya perdido un abuelo, padre o hermano en la terrible contienda fratricida de 1936 a 1939. La gran mayoría de los españoles harían cualquier cosa para que eso no se repitiera.

I

1   ¿Cuándo entró España en una nueva época?
2   ¿Cuándo murió Francisco Franco?
3   ¿Cómo llamaban al Jefe de Estado los españoles?
4   ¿Recuerdan la mayoría de los españoles otro gobierno?
5   ¿Quién era el presidente de los EE.UU. cuando asumió el poder Franco?
6   ¿Quién era el presidente cuando murió Franco?
7   ¿Cuántos presidentes habían tenido los EE.UU. durante la época de Franco?
8   ¿Quiénes eran unos contemporáneos de Franco?
9   ¿Qué enviaron a España los alemanes?
10   ¿Qué enviaron los italianos?
11   ¿Qué pudo evitar Franco?
12   ¿Quiénes fueron encarcelados?
13   ¿Qué se les negaba a otros republicanos?
14   ¿Qué señaló para España la victoria de los aliados?
15   ¿Se quedó España dentro o fuera de las Naciones Unidas?
16   ¿Qué recomendaban otros gobiernos en cuanto a España?

II

1   ¿Cómo se encontraba la economía española durante los años cuarenta?
2   ¿Cómo pagaba lo que importaba España?
3   ¿Qué significaba una mala cosecha?
4   ¿Cuáles eran las dos cosas que cambiaron la situación de España?
5   ¿Cuáles eran los países que se alineaban en oposición a los EE.UU. y sus aliados?
6   ¿Qué se temía?
7   ¿Qué nació de este temor?
8   ¿Qué firmaron los EE.UU. y España a principios de los años cincuenta?
9   ¿Cuándo fue admitida España a las Naciones Unidas?
10   ¿Cuál era el impacto de las bases norteamericanas en la economía española?
11   ¿En qué se convertían los dólares?
12   ¿Qué invasión tuvo lugar en esos mismos años?
13   Anteriormente, ¿adónde iban los habitantes del norte de Europa?
14   ¿Qué ostentaba Málaga en 1955?
15   ¿Qué llega a Málaga hoy?
16   ¿Cuál es una de las industrias más importantes hoy?
17   ¿Qué ocurrió cuando cayó el gobierno de la República Española?

III

1 ¿Cómo eran las bases norteamericanas?
2 ¿Cómo se había encontrado España durante unos veinte años?
3 Describa las playas de España en 1950.
4 ¿De qué quería saber más el español?
5 ¿Cómo se considera ahora el español?
6 ¿Quién asumió el trono de España en 1975?
7 ¿Con qué tenía que enfrentarse el rey?
8 ¿Qué esperaban los de la izquierda? ¿Y los derechistas?
9 ¿Con qué podía contar el rey?
10 ¿Qué otro factor auguraba bien para el monarca?
11 ¿Cómo era la contienda de 1936 a 1939?
12 ¿Querían la mayoría de los españoles que la guerra se repitiera?

EJERCICIOS DE VOCABULARIO

A Completen las siguientes oraciones con la forma apropiada de una palabra de la lista.

asumir	recordar	velo
ejercer	al contado	deuda
encarcelar	amante	aislamiento
pecado		

1 Tengo tantas _____ y no puedo pagar ninguna.
2 Franco _____ el poder en España en 1939.
3 Los republicanos se encontraron _____ como prisioneros políticos.
4 A causa de su _____ había poca influencia extranjera en el país.
5 Doña Carmen vivía en España durante la guerra y todavía _____ el sufrimiento.
6 Este restaurante insistió en que pagáramos _____. No aceptan tarjetas de crédito.
7 El señor es muy religioso; suele ir a la iglesia cada semana para confesar sus _____.
8 La viuda vestida de negro levantó _____ para ver mejor la pintura.

B Den la expresión cuya definición sigue.

1 atrasar
2 practicar una profesión
3 hacer una explosión
4 los pactos
5 los enamorados
6 casi no

7 la ropa interior
8 el contrario de *olvidar*
9 el miedo
10 poner en la cárcel

C Empleando una palabra del vocabulario, contesten a las preguntas que siguen.

1 Ella se olvidó completamente de la contienda.
¿Recuerda ella la contienda?
2 No podemos pagar con cheque.
¿Cómo vamos a pagar?
3 Pepe estudió leyes pero trabaja en una fábrica.
¿Ejerce su profesión Pepe?
4 El país no quiere tener contacto con influencias extranjeras.
¿Qué prefiere el país?
5 Sarita y Juan están enamorados.
¿Qué son Sarita y Juan?

D Completen las siguientes oraciones con una expresión apropiada.

1 _____ la tempestad, el barco salió del puerto rumbo a España.
2 Esta inversión nos dará mejor _____ que la otra.
3 Estábamos esperando la apariencia del caudillo cuando _____ oí un disparo.
4 Los aliados formaron un grupo de naciones _____ unidas. Estaban conformes en casi todo.
5 Mi hermano me ayudó y me explicó que yo siempre podía _____ él.
6 ¿Dos personas en una plaza tan grande? _____ hay nadie.
7 Los soldados levantaron la bomba con cuidado de manera que no
_____ .

Si Ud. no quiere _____ con él ahora, le va a causar más problemas más tarde.

Un padre con su hijo, Málaga

I

Los pronombres de complemento con mandatos

Colocación con el mandato negativo

1   Repitan.

No me hable Ud.
No se lo vendan Uds.
No me lo digas.

2   Sustituyan.

No nos lo	enseñe Ud. compre Ud. venda Ud. sirva Ud. diga Ud.	No me la	muestren Uds. lean Uds. escriban Uds. pidan Uds. traigan Uds.

No se lo	digas. traigas. enseñes. des. vendas.

3   Sigan el modelo.

¿Decírselo a él? → No, no se lo diga Ud. a él.

1. ¿Traérselo a ella?   2. ¿Dárselos a él?   3. ¿Vendérselas a ellos?
4. ¿Escribírsela a ellas?   5. ¿Servírselo a él?

4   Sigan el modelo.

¿Debemos dártelo? → No, por favor, no me lo den Uds.

1. ¿Debemos preparártelos?   2. ¿Debemos devolvértela?   3. ¿Debemos
comprártelas?   4. ¿Debemos escribírtelo?   5. ¿Debemos traértelos?

5   Sigan el modelo.

¿Quieres que yo se lo dé? → No, no nos lo des.

1. ¿Quieres que yo se lo pague?   2. ¿Quieres que yo se los devuelva?
3. ¿Quieres que yo se las compre?   4. ¿Quieres que yo se lo venda?
5. ¿Quieres que yo se la suba?

Colocación con el mandato afirmativo

6   Repitan.

Levántese Ud.
Devuélvanmelo Uds.
Mírame.

Interior de una tienda de departamentos, Barcelona

7　Sigan el modelo.

Escriba Ud. la carta. → Escríbala Ud.

1. Conteste Ud. a la señora.　2. Anuncia la salida.　3. Abran Uds. la puerta.　4. Llame Ud. a la azafata.　5. Levanta la bolsa.　6. Trae las botellas.　7. Sirva Ud. la merienda.　8. Pasen Uds. los vegetales. 9. Tráeme la botella.　10. Déme Ud. el periódico.　11. Sácame los billetes. 12. Páseme Ud. el pan. 13. Mándanos las noticias. 14. Pónganos Ud. la radio.　15. Cómprennos Uds. el carro.

EXPLICACIÓN GRAMATICAL

The object pronouns precede the negative command. They are, however, always added to the affirmative command. When a pronoun is added to the affirmative command, an accent is written over the next to last syllable of the actual command form of the verb to maintain the same stress.

No me lo diga Ud.
Dígamelo Ud.

No me hables.
Háblame.

Que

8 Repitan.

El libro que acabo de leer es interesante.
Los chicos que entraron son de España.
Las chicas que conocimos ayer son de Madrid.

9 Sustituyan.

Los | libros / refrescos / cuadros | que están en la mesa son fantásticos.

Las | señoras / chicas / niñas | que acaban de salir son mis hermanas.

El libro / El cuadro / La revista | que tienes en la mano es interesante.

El chico / El joven / La chica | que conocimos anoche es inteligente.

10 Contesten.

1. ¿Es grande la sala que está a la derecha?   2. ¿Es guapo el chico que vive en aquella casa?   3. ¿Es española la revista que lleva tantas fotos?   4. ¿Son del oriente las chicas que hablan ahora?   5. ¿Es difícil el baile que ellos acaban de bailar?   6. ¿Es inteligente el viejo que conocimos anoche?   7. ¿Son modernos los edificios que construyó Gómez?   8. ¿Es famoso el militar que vimos ayer?   9. ¿Es grande hoy día el aeropuerto que está en Málaga?

Destrucción y sufrimiento durante la Guerra Civil

11   Repitan.

Conozco el episodio de que habla Ud.
El barco en que vinimos a España es nuevo.

12   Transformen según el modelo.

El acuerdo es interesante. El señor habla de un acuerdo. →
El acuerdo de que habla el señor es interesante.

1. El tren era cómodo. Hicimos el viaje en el tren.   2. Esta pluma no tiene tinta. Escribo con la pluma.   3. La universidad es antigua. Asistimos a la universidad.   4. El curso es difícil. Hablan del curso.   5. El programa era aburrido. Él se quejó del programa.   6. El dinero no llegó. Contamos con el dinero.   7. Las bases están en España. Hablamos de las bases.

EXPLICACIÓN GRAMATICAL

The relative pronoun *que* can replace either a person or a thing. It can function as either the subject or object of a clause.

La señora que entró es española.
El libro que está allí es de gramática.
Los señores que conocimos anoche son españoles.
Los libros que él escribió son interesantes.

The relative pronoun *que* can also be used after a short preposition when it replaces a thing.

El libro de que tú hablas es interesante.
El dinero con que contamos no llegó.

Quien

13   Repitan.

La chica a quien vimos ayer es la hermana de Paco.
Las chicas a quienes conocimos en el baile eran mexicanas.

14   Transformen según el modelo.

El chico que conocimos ayer es de Cuba. →
El chico a quien conocimos ayer es de Cuba.

1. La persona que encontramos ayer me lo dijo.   2. Los estudiantes que vimos ayer son extranjeros.   3. Las chicas que invitamos a la fiesta eran de la universidad.   4. El médico que llamamos vino en seguida.   5. Los amantes que conocimos en la plaza se casaron.   6. El amigo que estoy esperando siempre llega tarde.

15   Repitan.

El chico a quien hablábamos era inteligente.
El amigo de quien recibí el paquete es de aquí.

16   Transformen según el modelo.

Mi amiga está enferma. Compré el regalo para mi amiga. →
Mi amiga para quien compré el regalo está enferma.

1. El señor era viejo. Discutí el problema con el señor.   2. El médico
llegó en seguida. Mandamos por el médico.   3. La joven baila bien.
Bailé con la joven anoche.   4. Los chicos están aquí ahora. Hablé de
los chicos.   5. El amigo me ayudó. Llamé al amigo.

EXPLICACIÓN GRAMATICAL

The expression *a quien* or *a quienes* can be used instead of the relative
pronoun *que* when it replaces a person and functions as the direct
object of a clause.

El señor que vimos anoche es actor.
El señor a quien vimos anoche es actor.

The pronoun *quien* or *quienes* must replace a person when the pronoun
functions as the object of a preposition.

El joven en quien estoy pensando habla español.
Las señoras con quienes hice el viaje eran abogadas.

El que, los que, la que, las que

17   Repitan.

El que llega ahora es Ramón.
La que llegó fue María.
Los que me lo dicen saben la verdad.
Las que me lo dijeron sabían la verdad.
El que hablará es el presidente.

18   Sigan el modelo.

Lo terminó mi hermano. → El que lo terminó fue mi hermano.

1. Lo recuerdan mis abuelos.   2. Irá a España mi madre.   3. Ahora
llegan mis amigos.   4. Habló ayer mi marido.   5. Sale ahora la madrileña.   6. Discutió el problema aquel señor viejo.

*Circulación
madrileña*

19   Contesten según el modelo.

¿Llegó tu esposa? → Sí, la que llegó fue mi esposa.

1. ¿Compraron la televisión tus padres?   2. ¿Vende el coche tu hermana?
3. ¿Estudiarán en esa universidad tus amigos?   4. ¿Hablan con aquel acento los franceses?   5. ¿Dio la conferencia tu amiga?

20   Repitan.

La casa alrededor de la que hay tantas flores es mía.
El patio dentro del que juegan los niños es grande.

21   Transformen según el modelo.

El edificio es alto. Vemos la universidad desde el edificio. →
El edificio desde el que vemos la universidad es alto.

1. La tienda es moderna. Estacionamos el coche delante de la tienda.
2. Aquella casa es mía. La iglesia está enfrente de la casa.   3. Las cuestiones eran ridículas. Discutían sobre las cuestiones.   4. El barrio es pobre. Pasamos por el barrio.   5. La causa tenía mérito. Lucharon por la causa.

EXPLICACIÓN GRAMATICAL

The relative pronouns *el que, la que, los que, las que* are used for emphasis. They are equivalent to "the one who" or "the ones who" in English. In the following examples, note also the tense agreement with the verb *ser*.

El que llega *es* mi hermano.
Los que llegarán *son* mis hermanos.
La que llegó *fue* mi hermana.

We have already learned that the pronoun *que* is used to replace a thing after the prepositions *a, de, en,* and *con.* However, with other prepositions it is necessary to use the long form of the relative pronoun.

> La iglesia enfrente de la que está mi casa es del siglo XVI.
> El almacén delante del que estacionamos el coche es de mis tíos.

El pronombre indefinido: **lo que**

22   Repitan.

¿Lo que dice Ud. es verdad?
Lo que él contó me sorprendió.
Lo que necesito son dos coches.

23   Sigan el modelo.

> Necesito un coche. → Lo que necesito es un coche.

1. Dice la verdad. 2. Quiero unos dulces. 3. Necesitamos más simpatía. 4. Quieren más libertad. 5. No me gustan las deudas. 6. Me sorprende su actitud. 7. Voy a vender mi coche. 8. Le hace falta un descanso.

Hoteles y residencias de la Costa del Sol

Un hotel moderno de Torremolinos

EXPLICACIÓN GRAMATICAL

The relative pronoun *lo que* is used to replace a general idea for which there is no specific antecedent. The English equivalent is "what."

Lo que necesito es dinero.
Lo que quieren es hacer un viaje.

 Temas de composición

1 Vuelva Ud. a leer esta breve historia de la España contemporánea.
¿Cómo ha cambiado España desde los años cuarenta?
¿Qué incidentes causaron estos cambios?
¿Cómo son los españoles de hoy?
¿Cuáles serán los problemas de España en el futuro?

2 Lea Ud. en un libro de consulta una biografía de uno de los siguientes personajes. Prepare un informe oral o escrito.
Francisco Franco Bahamonde
Alfonso XIII de España
Juan Carlos de Borbón y Borbón
Ernest Hemingway y la Brigida Lincoln

3 Sabemos que cualquier guerra es atroz. En un párrafo, discuta Ud. por qué es aún más atroz una guerra fratricida.

4 En un párrafo, discuta Ud. como la llegada de los turistas extranjeros cambió la vida de los españoles.

LECCIÓN 24
CONVERSACIÓN
Entrevista con el alcalde

Vocabulario

1 **sencillo**   no complicado, fácil
   El problema no es difícil; es muy _____.

2 **los ingresos**   el dinero recibido
   Don Pedro recibía _____ de sus varios negocios y podía vivir lujosamente.

3 **un cargo**   cantidad que cuesta algo
   Para usar el teléfono hay un _____ de diez centavos.

4 **se impondrá (imponer)**   poner un cargo u obligación sobre algo
   Entiendo que _____ un cargo sobre el uso de la copiadora.

5 **el desempleo**   la desocupación
   Casi nadie tiene un puesto; el _____ es muy severo.

6 **el alquiler**   el precio que se paga por el uso de algo
   ¿Cuánto te cuesta el _____ de este apartamento?

7 **contrarrestar**   resistir, oponerse a
   Él tiene que tomar estas pastillas para _____ la enfermedad.

8 **recurrir**   dirigirse a uno para obtener algo
   Si no tengo bastante para pagar el alquiler, tendré que _____ al banco para pedir un préstamo.

PRÁCTICA

Completen las siguientes oraciones con una expresión apropiada.

1 El problema es muy _____. No es nada serio.
2 La empresa no tenía suficientes _____. Por consiguiente tuvieron que declarar la bancarrota.
3 Según las noticias, el gobierno nos va a _____ otros impuestos.
4 Si las provincias no tienen otros recursos, tendrán que _____ al gobierno federal.
5 Hay un _____ de diez centavos para usar la copiadora.
6 Nos costará tanto el _____ que es mejor comprarnos una casa.
7 El _____ siempre tiene un efecto negativo en la economía del país.

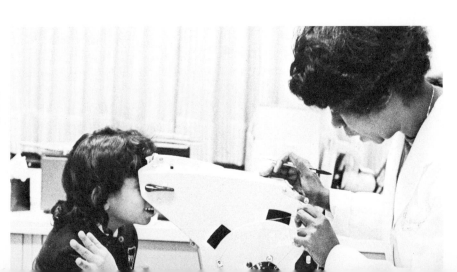

Una técnica examina los ojos

ENTREVISTA CON EL ALCALDE

se prestan se dan

Reportero: Sr. Alcalde, ¿por qué ha tenido la municipalidad que reducir los servicios que se prestan al público?

Alcalde: Muy sencillo. Como todos saben, esta ciudad, desde hace mucho tiempo, vive del turismo. Por varias razones ya no vienen aquí los turistas como antes y, por consiguiente, nuestros ingresos han sufrido una gran baja.

Reportero: ¿Cuáles son los servicios que más se reducirán?

Alcalde: Primero quiero asegurar de nuevo a todos nuestros conciudadanos que los cuerpos de seguridad, tanto la policía como el cuerpo de bomberos, se mantendrán al mismo nivel que actualmente.

•**sanidad e higiene** health and hygiene

Reportero: ¿Y los servicios de sanidad e higiene?

Alcalde: Desafortunadamente nos vemos obligados a tomar algunas medidas que resultarán en cierta disminución de servicio. Por ejemplo, hasta la fecha, todo ciudadano recibía atención médica en los hospitales municipales completamente gratis. De ahora en adelante habrá un cargo de ocho pesos por cualquier auxilio médico.

Reportero: ¿Este cargo se impondrá sólo sobre servicios prestados por un médico?

practicante practitioner
•**cirujano** médico que opera

Alcalde: No, señor. Sobre cualquier servicio prestado por personal del hospital sea enfermero, practicante, médico o cirujano.

Reportero: ¿Y si el paciente no puede pagar?

Alcalde: No hay intención de hacer sufrir a los necesitados. La municipalidad, como de costumbre, se encargará de tales casos.

•**aseo** acto de limpiar (como calles)

Reportero: ¿Qué va a pasar con los servicios de aseo?

•**basura** garbage

Alcalde: El municipio gasta millones en recoger diariamente la basura de la ciudad. Comenzando la semana que viene, la basura se recogerá sólo tres veces a la semana, lunes, miércoles y viernes. Así podemos reducir el cuerpo de basureros por un treinta por ciento además de reducir los gastos de camión y combustible.

basurero el que recoge la basura
•**combustible** fuel

Reportero: Existe gran preocupación en cuanto a las condiciones bajo las cuales están viviendo muchos residentes de la ciudad.

mano de obra adiestrada skilled labor

Alcalde: Esa preocupación es nuestra también. Como Ud. sabe, durante los últimos años millares de campesinos han venido a la ciudad en busca de trabajo. Durante los buenos tiempos del turismo trabajaban en los hoteles y restaurantes donde no requerían mano de obra adiestrada.

Una periodista le da una entrevista a un policía

Reportero:	Con el desempleo a los niveles que se encuentra ahora, ¿qué propone Ud. hacer para aliviar la miseria contra la que lucha esa gente?
Alcalde:	Nuestro programa de auxilio social se dedica a eso. Las familias que no tienen ingresos reciben del municipio una cuota para cubrir los gastos de vivienda y alimentación.
Reportero:	Es verdad, pero la queja es que las cuotas no cubren los verdaderos gastos de comida y alquiler.
Alcalde:	Lo sé. Lamentablemente, esas cuotas se establecieron hace ocho años y no se han ajustado para contrarrestar los efectos de la inflación.
Reportero:	¿Qué medios piensa Ud. tomar en este asunto?
Alcalde:	El ayuntamiento tiene que aprobar cualquier aumento en las cuotas del auxilio social. Hasta la fecha han rehusado hacerlo.
Reportero:	¿Por qué?
Alcalde:	Algunos por razones de principio aunque yo considero que esos principios son erróneos. Otros por razones políticas. Como Ud. sabe, los miembros del ayuntamiento son casi todos del otro partido.
Reportero:	Si el ayuntamiento llega a aprobar los aumentos, ¿cree Ud. que la ciudad podrá conseguir los fondos necesarios?
Alcalde:	Dudo que podamos hacerlo con nuestros propios recursos. Habrá que recurrir al gobierno nacional. El presidente de la república y los diputados tendrán que enfrentarse con este problema tarde o temprano.

•**auxilio** ayuda

•**ayuntamiento**
gobierno de un
pueblo

erróneos falsos

Reportero: Señor alcalde, ¿qué nos puede decir sobre las escuelas? ¿Se verán afectadas por esta crisis?

Alcalde: Algo sí. Pero no tanto como los otros servicios. Como el Ministerio de Educación se encarga de mantener las escuelas los gastos del municipio en esa área son mínimos. Lo único que hemos contribuido es el transporte de alumnos y maestros. Pensamos continuar prestando ese servicio.

Reportero: Muchas gracias, señor alcalde.

Alcalde: No hay de qué. Espero que la próxima vez que Ud. viene a darme una entrevista yo pueda ofrecerle noticias menos deprimentes.

CUESTIONARIO

1 ¿Con quién es la entrevista?
2 ¿Cómo habrá recibido esta ciudad sus ingresos antes?
3 ¿Por qué han sufrido los ingresos una gran baja?
4 ¿Qué servicios se mantendrán?
5 ¿Habrá una disminución en los servicios de sanidad e higiene?
6 ¿Cuál será el cargo por estos servicios?
7 ¿Pagarán los necesitados también?
8 ¿Cuánto gasta el municipio en recoger la basura?
9 ¿Cuántas veces a la semana se recogerá la basura?
10 ¿Dónde trabajaban los campesinos en la ciudad durante los días del turismo?

Los bomberos apagan el fuego

11 ¿Qué reciben las familias que no tienen ingresos?
12 ¿Cubren los gastos las cuotas?
13 ¿Cuándo se establecieron las cuotas?
14 ¿Qué ha rehusado hacer el ayuntamiento?
15 ¿Por qué ha rehusado el ayuntamiento aumentar las cuotas?
16 ¿Adónde habrá que recurrir el municipio en busca de ayuda?
17 ¿Se verán afectadas las escuelas?
18 ¿Qué organismo se encarga de mantener las escuelas?
19 ¿Qué espera el alcalde?

EJERCICIOS DE VOCABULARIO

A Contesten a las siguientes preguntas con oraciones completas.

1 ¿Quiénes apagan los fuegos?
2 ¿Cuál es el médico que hace operaciones?
3 ¿Cuál es el contrario de *complicado?*
4 Si no somos dueños de una casa en que vivimos, ¿qué tenemos que pagarle al dueño?
5 ¿Quién recoge la basura?

B Completen las siguientes oraciones con una expresión apropiada.

1 Tendremos que imponer un _____ mínimo sobre los servicios de sanidad. No podemos seguir ofreciéndolos gratis.
2 La municipalidad _____ muchos servicios al público.
3 En cuanto empezó el incendio, llegaron los _____.
4 Las familias que no tienen _____ reciben una cuota del gobierno.
5 Han ajustado las cuotas para _____ el efecto de la inflación.

El policía es el amigo de los niños

La voz pasiva

Con el pronombre reflexivo **se**

1 Repitan.

No se sabe la verdad.
Se impone un cargo.
Aquí se habla español.

2 Contesten.

1. ¿Cómo se dice *police* en español?   2. ¿Qué idioma se habla en Puerto Rico?   3. ¿Qué cargo se paga por el uso del teléfono?   4. ¿Cuál es el idioma que se oye en Roma?   5. ¿A qué hora se abre la escuela?   6. ¿A qué hora se cierra la escuela?

3 Repitan.

Desde allí, se ve el banco.
Se venden archivos en aquella tienda.

4 Contesten.

1. ¿Se ven las montañas desde allí?   2. ¿Se nota un acento distinto?   3. ¿Se vende carne en la carnicería?   4. ¿Se venden blusas en aquella tienda?   5. ¿Se percibe un ruido a lo lejos?   6. ¿Se usa cobre en estas monedas?   7. ¿Se emplean arados para cultivar la tierra?   8. ¿Se hacen aviones en aquella fábrica?

Con el verbo **ser**

5 Repitan.

El libro fue escrito por Cervantes.
El hombre es admirado de todos.

6 Transformen según el modelo.

La casa fue destruida por un incendio. →
Un incendio destruyó la casa.

1. El paquete fue mandado por el empleado.   2. La minuta fue entregada por el camarero.   3. El país fue invadido por los extranjeros.   4. La casa fue alquilada por la abogada.   5. El alcalde fue visto por el reportero.   6. Los policías son admirados de todos.   7. Aquel señor es respetado del municipio.   8. Los hijos son amados de los padres.

The passive voice in Spanish is most often expressed by the reflexive pronoun *se*.

> Aquí se habla español.
> Desde aquí se ven los monumentos históricos.
> Se discutirá el problema mañana.

The true passive, with the verb "to be" *(ser)*, is seldom used in spoken Spanish. Spanish speakers will employ the active rather than the passive voice.

Note, though, that in the true passive the agent is usually introduced by the preposition *por*. If the verb denotes love, admiration, or respect, *de* is used.

> Passive: El documento fue entregado por el juez.
> Active: El juez entregó el documento.
> Passive: El jefe es admirado de todos.
> Active: Todos admiran al jefe.

Temas de conversación

1   Imagínese que Ud. es un reportero y prepare Ud. las preguntas que Ud. quisiera hacerle al alcalde de su propio pueblo.
2   Imagínese que Ud. es el alcalde de su pueblo y conteste a estas preguntas.
3   Prepare Ud. una entrevista imaginaria entre un reportero y el alcalde de una gran ciudad.

 **VERBS**

REGULAR VERBS

Infinitive	**hablar**	**comer**	**vivir**
	to speak	*to eat*	*to live*
Present Participle	hablando	comiendo	viviendo
Past Participle	hablado	comido	vivido

SIMPLE TENSES

INDICATIVE

Present	hablo	como	vivo
	hablas	comes	vives
	habla	come	vive
	hablamos	comemos	vivimos
	habláis	coméis	vivís
	hablan	comen	viven
Imperfect	hablaba	comía	vivía
	hablabas	comías	vivías
	hablaba	comía	vivía
	hablábamos	comíamos	vivíamos
	hablabais	comíais	vivíais
	hablaban	comían	vivían
Preterite	hablé	comí	viví
	hablaste	comiste	viviste
	habló	comió	vivió
	hablamos	comimos	vivimos
	hablasteis	comisteis	vivisteis
	hablaron	comieron	vivieron
Future	hablaré	comeré	viviré
	hablarás	comerás	vivirás
	hablará	comerá	vivirá
	hablaremos	comeremos	viviremos
	hablaréis	comeréis	viviréis
	hablarán	comerán	vivirán
Conditional	hablaría	comería	viviría
	hablarías	comerías	vivirías
	hablaría	comería	viviría
	hablaríamos	comeríamos	viviríamos
	hablaríais	comeríais	viviríais
	hablarían	comerían	vivirían

Present	hable	coma	viva
	hables	comas	vivas
	hable	coma	viva
	hablemos	comamos	vivamos
	habléis	comáis	viváis
	hablen	coman	vivan
Past	hablara	comiera	viviera
	hablaras	comieras	vivieras
	hablara	comiera	viviera
	habláramos	comiéramos	viviéramos
	hablarais	comierais	vivierais
	hablaran	comieran	vivieran

COMPOUND TENSES

INDICATIVE

Present Perfect	he			
	has			
	ha	hablado	comido	vivido
	hemos			
	habéis			
	han			
Pluperfect	había			
	habías			
	había	hablado	comido	vivido
	habíamos			
	habíais			
	habían			
Future Perfect	habré			
	habrás			
	habrá	hablado	comido	vivido
	habremos			
	habréis			
	habrán			
Conditional Perfect	habría			
	habrías			
	habría	hablado	comido	vivido
	habríamos			
	habríais			
	habrían			

Present	haya			
Perfect	hayas			
	haya	hablado	comido	vivido
	hayamos			
	hayáis			
	hayan			
Pluperfect	hubiera			
	hubieras			
	hubiera	hablado	comido	vivido
	hubiéramos			
	hubierais			
	hubieran			

DIRECT COMMANDS

INFORMAL
(Tú and vosotros forms)

Affirmative	habla (tú)	come (tú)	vive (tú)
	hablad	comed	vivid
Negative	no hables	no comas	no vivas
	no habléis	no comáis	no viváis
FORMAL	hable Ud.	coma Ud.	viva Ud.
	hablen Uds.	coman Uds.	vivan Uds.

STEM-CHANGING VERBS

FIRST CLASS

	–ar verbs		–er verbs	
	e → ie	o → ue	e → ie	o → ue
Infinitive	**sentar**[1]	**contar**[2]	**perder**[3]	**soler**[4]
	to seat	*to tell*	*to lose*	*to be accustomed*
Present Participle	sentando	contando	perdiendo	soliendo
Past Participle	sentado	contado	perdido	solido

[1] *Cerrar, comenzar, despertar, empezar,* and *pensar* are similar.
[2] *Acordar, acostar, almorzar, apostar, colgar, costar, encontrar, jugar, mostrar, probar, recordar, rogar,* and *volar* are similar.
[3] *Defender* and *entender* are similar.
[4] *Disolver, doler, envolver, llover,* and *volver* are similar.

INDICATIVE

Present

siento	cuento	pierdo	suelo
sientas	cuentas	pierdes	sueles
sienta	cuenta	pierde	suele
sentamos	contamos	perdemos	solemos
sentáis	contáis	perdéis	soléis
sientan	cuentan	pierden	suelen

SUBJUNCTIVE

Present

siente	cuente	pierda	suela
sientes	cuentes	pierdas	suelas
siente	cuente	pierda	suela
sentemos	contemos	perdamos	solamos
sentéis	contéis	perdáis	soláis
sienten	cuenten	pierdan	suelan

SECOND AND THIRD CLASSES

	second class		third class
	e → ie, i	o → ue, u	e → i, i
Infinitive	**sentir**[5]	**morir**[6]	**pedir**[7]
	to regret	*to die*	*to ask for, request*
Present Participle	sintiendo	muriendo	pidiendo
Past Participle	sentido	muerto	pedido

INDICATIVE

Present

siento	muero	pido
sientes	mueres	pides
siente	muere	pide
sentimos	morimos	pedimos
sentís	morís	pedís
sienten	mueren	piden

Preterite

sentí	morí	pedí
sentiste	moriste	pediste
sintió	murió	pidió
sentimos	morimos	pedimos
sentisteis	moristeis	pedisteis
sintieron	murieron	pidieron

[5] *Mentir, preferir,* and *sugerir* are similar.
[6] *Dormir* is similar; however, the past participle is regular—*dormido.*
[7] *Conseguir, despedir, elegir, freír, perseguir, reír, sonreír, repetir,* and *seguir* are similar. Past participle of *freír* is *frito.*

Present	sienta	muera	pida
	sientas	mueras	pidas
	sienta	muera	pida
	sintamos	muramos	pidamos
	sintáis	muráis	pidáis
	sientan	mueran	pidan
Imperfect	sintiera	muriera	pidiera
	sintieras	murieras	pidieras
	sintiera	muriera	pidiera
	sintiéramos	muriéramos	pidiéramos
	sintierais	murierais	pidierais
	sintieran	murieran	pidieran

IRREGULAR VERBS

andar   *to walk, to go*

Preterite	anduve, anduviste, anduvo, anduvimos, anduvisteis, anduvieron

caber   *to fit*

Present	quepo, cabes, cabe, cabemos, cabéis, caben
Preterite	cupe, cupiste, cupo, cupimos, cupisteis, cupieron
Future	cabré, cabrás, cabrá, cabremos, cabréis, cabrán
Conditional	cabría, cabrías, cabría, cabríamos, cabríais, cabrían

caer[8]   *to fall*

Present	caigo, caes, cae, caemos, caéis, caen

conocer   *to know, to be acquainted with*

Present	conozco, conoces, conoce, conocemos, conocéis, conocen

dar   *to give*

Present	doy, das, da, damos, dais, dan
Present Subjunctive	dé, des, dé, demos, deis, den
Preterite	dí, diste, dio, dimos, disteis, dieron

decir   *to say, to tell*

Present Participle	diciendo
Past Participle	dicho
Present	digo, dices, dice, decimos, decís, dicen
Preterite	dije, dijiste, dijo, dijimos, dijisteis, dijeron
Future	diré, dirás, dirá, diremos, diréis, dirán
Conditional	diría, dirías, diría, diríamos, diríais, dirían
Direct Command (tú)	di

[8] Spelling changes are found in the present participle—*cayendo;* past participle—*caído;* and preterite—*caí, caíste, cayó, caímos, caísteis, cayeron.*

	estar *to be*
Present	estoy, estás, está, estamos, estáis, están
Present Subjunctive	esté, estés, esté, estemos, estéis, estén
Preterite	estuve, estuviste, estuvo, estuvimos, estuvisteis, estuvieron

	haber *to have*
Present	he, has, ha, hemos, habéis, han
Present Subjunctive	haya, hayas, haya, hayamos, hayáis, hayan
Preterite	hube, hubiste, hubo, hubimos, hubisteis, hubieron
Future	habré, habrás, habrá, habremos, habréis, habrán
Conditional	habría, habrías, habría, habríamos, habríais, habrían

	hacer *to do, to make*
Past Participle	hecho
Present	hago, haces, hace, hacemos, hacéis, hacen
Preterite	hice, hiciste, hizo, hicimos, hicisteis, hicieron
Future	haré, harás, hará, haremos, haréis, harán
Conditional	haría, harías, haría, haríamos, haríais, harían
Direct Command (tú)	haz

	incluir[9] *to include*
Present	incluyo, incluyes, incluye, incluimos, incluís, incluyen

	ir[10] *to go*
Present	voy, vas, va, vamos, vais, van
Present Subjunctive	vaya, vayas, vaya, vayamos, vayáis, vayan
Imperfect	iba, ibas, iba, íbamos, ibais, iban
Preterite	fui, fuiste, fue, fuimos, fuisteis, fueron
Direct Command (tú)	ve

	oír[11] *to hear*
Present	oigo, oyes, oye, oímos, oís, oyen

	poder *to be able*
Present Participle	pudiendo
Preterite	pude, pudiste, pudo, pudimos, pudisteis, pudieron
Future	podré, podrás, podrá, podremos, podréis, podrán
Conditional	podría, podrías, podría, podríamos, podríais, podrían

	poner *to put, to place*
Past Participle	puesto
Present	pongo, pones, pone, ponemos, ponéis, ponen
Preterite	puse, pusiste, puso, pusimos, pusisteis, pusieron
Future	pondré, pondrás, pondrá, pondremos, pondréis, pondrán
Conditional	pondría, pondrías, pondría, pondríamos, pondríais, pondrían
Direct Command (tú)	pon

[9] Spelling changes are found in the present participle—*incluyendo;* and preterite—*incluyó, incluyeron.* Similar are *atribuir, constituir, contribuir, distribuir, fluir, huir, influir,* and *sustituir.*
[10] A spelling change is found in the present participle—*yendo.*
[11] Spelling changes are found in the present participle—*oyendo;* past participle—*oído;* and preterite—*oí oíste, oyó, oímos, oísteis, oyeron.*

producir *to produce*

Present	produzco, produces, produce, producimos, producís, producen
Preterite	produje, produjiste, produjo, produjimos, produjisteis, produjeron

querer *to wish, to want*

Preterite	quise, quisiste, quiso, quisimos, quisisteis, quisieron
Future	querré, querrás, querrá, querremos, querréis, querrán
Conditional	querría, querrías, querría, querríamos, querríais, querrían

saber *to know*

Present	sé, sabes, sabe, sabemos, sabéis, saben
Present Subjunctive	sepa, sepas, sepa, sepamos, sepáis, sepan
Preterite	supe, supiste, supo, supimos, supisteis, supieron
Future	sabré, sabrás, sabrá, sabremos, sabréis, sabrán
Conditional	sabría, sabrías, sabría, sabríamos, sabríais, sabrían

salir *to leave, to go out*

Present	salgo, sales, sale, salimos, salís, salen
Future	saldré, saldrás, saldrá, saldremos, saldréis, saldrán
Conditional	saldría, saldrías, saldría, saldríamos, saldríais, saldrían
Direct Command (tú)	sal

ser *to be*

Present	soy, eres, es, somos, sois, son
Present Subjunctive	sea, seas, sea, seamos, seáis, sean
Imperfect	era, eras, era, éramos, erais, eran
Preterite	fui, fuiste, fue, fuimos, fuisteis, fueron
Direct Command (tú)	sé

tener *to have*

Present	tengo, tienes, tiene, tenemos, tenéis, tienen
Preterite	tuve, tuviste, tuvo, tuvimos, tuvisteis, tuvieron
Future	tendré, tendrás, tendrá, tendremos, tendréis, tendrán
Conditional	tendría, tendrías, tendría, tendríamos, tendríais, tendrían
Direct Command (tú)	ten

traer[12] *to bring*

Present	traigo, traes, trae, traemos, traéis, traen
Preterite	traje, trajiste, trajo, trajimos, trajisteis, trajeron

valer *to be worth*

Present	valgo, vales, vale, valemos, valéis, valen
Future	valdré, valdrás, valdrá, valdremos, valdréis, valdrán
Conditional	valdría, valdrías, valdría, valdríamos, valdríais, valdrían

venir *to come*

Present Participle	viniendo
Present	vengo, vienes, viene, venimos, venís, vienen

[12] Spelling changes are found in the present participle—*trayendo;* and the past participle—*traído.*

Preterite	vine, viniste, vino, vinimos, vinisteis, vinieron
Future	vendré, vendrás, vendrá, vendremos, vendréis, vendrán
Conditional	vendría, vendrías, vendría, vendríamos, vendríais, vendrían
Direct Command (tú)	ven

ver *to see*

Past Participle	visto
Present	veo, ves, ve, vemos, veis, ven
Imperfect	veía, veías, veía, veíamos, veíais, veían

VOCABULARIO

The number following each entry indicates the lesson in which the word was first presented.

A

a to, at, by, personal *a* (not translated) 1
  — través through, across
  al tiempo room temperature
abajo down, under, below 12
abandonar to abandon, to leave 1
abatido sad, dejected L2
abierto open 1
abogado lawyer 20
abolir to abolish 9
abono ticket (advance sale), fertilizer 15
abordar to board a ship, plane, etc. 22
abrazar to embrace, to hug L1
abrazo hug 7
abrigo overcoat 12
abrir to open 3
abrochar to fasten, to buckle 22
abuela grandmother 5
abuelo grandfather 1
  pl grandparents
aburrido boring 10
aburrir to bore 10
acabar to finish 1
  — de to have just
acaso by chance L6
acción *f* action, share of stock 2
aceite *m* olive oil, oil 10
aceituna olive L3
acento accent 23
acera sidewalk 16
acercar to approach, to bring near 3
acero steel 15

acertar (ie) to be right L2
acicate *m* goad, prod L6
aclamar to acclaim 9
acomodado rich, well-off 3
aconsejable advisable 17
aconsejar to advise 2
acontecer to happen, to occur L6
acontecimiento happening, event L4
acordar (ue) to remember, to agree 3
acostar (ue) to put to bed, to lay down 3
actitud *f* attitude 2
actual present, in the present time 5
actualmente presently 5
acudir to be present, to attend 1
acuerdo agreement 1
adelante ahead, farther on L4
además besides L4
adentro within, inside L6
adinerado rich, wealthy 2
adonde where 1
  ¿adónde? where?
adquerir (ie, i) to acquire, to obtain 1
advenimiento birth 15
advertir (ie, i) to warn L2
aeromozo flight attendant 22
aeropuerto airport 3
afecto love, affection 9
afeitar to shave 9
aficionado fan (of a sport), amateur 4
afortunado lucky, fortunate 11
africano African 4

afuera outside, out 3
  —s outskirts
agacharse to stoop over L1
agasajo party in honor of someone 20
aglomerar to gather, to reunite 9
agotado sold out 14
agotar to exhaust L4
agradable pleasant, agreeable 1
agradecer to be grateful, to be thankful for 16
agradecido grateful 4
agradecimiento gratitude 15
agrado pleasure, agreeableness L5
agrario agrarian, relating to agriculture 21
agravar to make worse, to aggravate L3
agregar to gather L2
agrícola agricultural 13
agua water 1
aguacate *m* avocado 11
aguacero shower (of rain) 15
aguantar to bear, to endure L1
águila eagle 2
ahí there 7
ahogado oppressed, smothered L1
ahogar to drown, to smother L1
ahora now 1
ahorrar to save 4
ahorro saving 4
aire *m* air 1
  al — libre outdoors
aislado isolated L2

aislamiento isolation 23
ala wing L4
álamo poplar L2
albergar to provide shelter 23
alcachofa artichoke 10
alcalde *m* mayor 11
alcance *m* reach L5
  al — within reach
alcantarilla sewer 3
alcanzar to reach, to be sufficient, to attain L4
alcoba bedroom 3
alegrarse to be happy 17
alegría joy L3
alejado outside of L4
alejarse to separate, to move a distance 3
alemán German 4
algo something, some 1
alguien someone 3
algún some 1
alguno some 1
aliado ally 23
alimentar to feed 23
alimento nourishment, food 1
alinear to line up 23
aliviar to alleviate, to relieve L2
alivio relief L2
alma soul, ghost 2
almacén *m* shop, store 15
almeja clam 1
almendra almond L3
almorzar (ue) to have lunch 3
almuerzo lunch 15
alojamiento lodging 15
alquilar to rent 3
alquiler *m* rent 3
alrededor de around 21
  —es *m pl* outskirts
alternativa the fight that makes a young bullfighter a matador 15
alto high, tall 3
aluminio aluminum 1
alumno student, pupil 12
alzar to raise L2

allá there 1
allí there 1
ama de casa lady of the house 1
amable kind, amiable 10
amanecer *m* dawn L1
  al — at dawn
amante *m or f* lover L5
amar to love L5
amargar to make bitter L6
amargo bitter L5
amarillo yellow 1
amarra line of a ship L4
ambicioso ambitious, greedy 21
ambos both L2
ambulante ambulatory 1
amigo friend 3
amistad *f* friendship 5
amistoso friendly 19
amor *m* love 5
andaluz Andalusian 1
andar to walk, to go 1
andén *m* track, platform 12
andino Andean 2
anfitrión *m* host 3
anglosajón Anglo-Saxon 5
anhelo strong desire L5
anoche last night 2
ansiar to want, to desire anxiously L5
ante before, in the presence of 2
antepasado ancestor L4
antes before 3
anticucho piquant meat on a skewer 11
antiguo old 2
antipático disagreeable 4
antojarse to judge, to guess, to have a notion L2
anunciar to announce 12
anuncio announcement 1
añadir to add L2
año year 2
apadrinar to support, to patronize 15
apagar to turn off, to put out L1

aparcamiento parking 7
aparcar to park 1
aparecer to appear 1
apartar to separate L2
aparte separate, apart 17
apellido family name 13
apenar to cause pain or grief L2
apenas hardly, scarcely 1
apetecer to appeal, to like 7
apio celery 10
aplaudir to applaud 5
aplomo self-possession L2
apoyar to help, to support, to defend 21
aprender to learn 1
aprendizaje *m* apprenticeship L2
apretar (ie) to squeeze, to tighten, to press down L1
apropiado appropriate 1
aprovechar to take advantage of, to avail oneself of 1
apuntar to point out, to aim, to mark 15
apurar to hurry 12
aquel that 1
aquél the former 19
aquí here 1
arado plow 21
árbol *m* tree 19
archivo file 20
ardiente ardent, passionate L6
arena sand 21
argentino Argentinean 4
arma weapon 11
armario cabinet, closet, wardrobe 15
arrancar to pull out, to root out L3
arrastrar to drag L1
arreglar to arrange 1
arriba above L3
arroz *m* rice 1
artesano artisan, skilled worker 17
asado roasted 19
asalto assault 15

ascendencia origin 13

ascensor *m* elevator 6

asegurar to assure, to fasten, to affirm L2

aseo cleaning 24

asesinato murder 15

así thus, so 1

asiento seat L2

asignar to assign 12

asilo asylum 19

asísmico earthquake resistant 15

asistir to attend 1

asomar to appear L6

asombro astonishment, amazement L6

asumir to assume 23

asunto subject, affair 11

asustar to frighten 14

atacar to attack 9

ataque *m* attack 17

atardecer *m* sunset L2

ataúd *m* coffin L3

atender (ie) to attend to, to take care of 8

atenuar to soften L2

aterrizaje *m* landing 23

aterrizar to land 13

atinado exact L2

atrás behind, back L1

atrasado backward 13

atrasar to fall behind, to delay 21

atravesar (ie) to cross L1

atreverse to dare L2

atribuir to attribute 7

atribulado sad, grieved L2

atroz horrible, cruel 12

augurar to foretell, to predict 23

aumentar to increase, to augment 21

aumento increase 3

aun even 1

aún still, yet L1

aunque although 2

auscultar to listen with a stethoscope 8

ausencia absence 1

ausenciar to be absent 5

autobús *m* bus 1

autóctono native 17

automóvil *m* car 1

autopista highway 15

autoridad *f* authority 17

auxilio help 24

avance *m* advance 9

avanzado advanced 17

ave *f* bird L4

aventurero adventurer 17

aviador *m* aviator 23

avión *m* airplane 3

avisar to advise, to inform, to warn 17

ayer yesterday 1

ayuda help 3

ayudar to help 3

ayuno fast, abstinence 19

ayuntamiento municipal government 24

azafata flight attendant 22

azteca Aztec 17

azúcar *m* sugar 13

azul blue 2

B

bacalao codfish 6

bailador *m* dancer 19

bailar to dance 5

baile *m* dance 6

baja drop in price 1

bajar to get off, to get down, to descend, to lower L2

bajo low, short, under 1

bala bullet 11

balcón *m* balcony 2

balsámico aromatic L2

bananal *m* banana plantation 21

bancarrota bankruptcy 24

banco bank 3

bandeja tray L3

bandera flag L2

bañado bathed 17

bañar to bathe, to wash 7

baño bath, bathroom 6

barato cheap, inexpensive 7

barba beard 9

barbero barber 9

barco boat, ship L2

barra stripe L2

barrio neighborhood, city district, section 3

barullo confusion, disorder 22

bastante enough 1

bastón *m* walking cane 9

basura garbage 24

basurero garbage collector 24

batalla battle 17

baúl *m* trunk (of a car) 1

bautizo baptism 3

beber to drink L1

bebida drink L1

bélico warlike L2

belleza beauty L2

bello beautiful L5

bendecir to bless 22

beneficio benefit 13

besar to kiss L2

bestia beast 4

betún *m* shoe polish 3

bien well, good, very 1

biftec *m* beefsteak 1

billete *m* ticket 15

bisabuelo great-grandfather L4

blanco white 1

blusa blouse 2

boca mouth 8

bocacalle *f* street intersection 16

boda wedding 5

bohemio Bohemian 5

boina beret 19

boleto ticket 12

bolsa bag, sack, purse 1
  Bolsa stock market

bombero fire fighter L3

bombilla light bulb 3

bombón *m* candy 3

bondadoso friendly, kind L2

bonito pretty 1

boquiabierto open-mouthed 13

bordear to border, to come close L2

borincano   from Puerto Rico   9

borracho   drunk   L1

borrar   to erase   L1

bosque m   forest   L2

bostezo   yawn   L4

bota   leather sac for wine, boot   19

botella   bottle   7

brasa   ash, live coal   19

brasileño   Brazilian   4

bravura   bravery, courage   9

brazalete m   maniple   L2

brazo   arm   5

brillar   to shine   5

brillo   shine   L1

bueno   good   1

bufete m   lawyer's office   20

burgués   bourgeois   9

burocrático   bureaucratic   17

buscar   to look for   1

búsqueda   search   5

butaca   theater seat   14

C

caballero   gentleman   7

caballo   horse   3

caber   to fit   1

cabestro   leading ox   19

cabeza   head   1

cabo   extreme, corporal   15
   al — de   after

cacique m   political leader of small town or village   17

cada   each   1

cadáver m   corpse   L2

caer   to fall   5
   —le mal a   to be considered bad

café m   coffee, café   1

caja   box, cashier, cashier's office   1

cajero   cashier   1

caldo   broth   1

calentar (ie)   to heat   3

calidad f   quality   2

caliente   hot   5

calmante m   tranquilizer   18

calor m   heat   4

caluroso   hot, very warm   9

callar   to be quiet, to stop talking   L3

calle f   street   1

cama   bed   3

camarero   waiter   7

camarón m   shrimp   1

cambiar   to change   1

cambio   change   3

camino   road   1

camión   truck   21

camisa   shirt   L1

camiseta   undershirt   8

campanilla   doorbell, small bell   L3

campero   from the country   1

campesino   farmer   1

campo   field, countryside   1

canasta   basket   1

canción f   song   2

cancha   field, court   15

canonizar   to canonize, to proclaim a saint   9

cansado   tired   L2

cansar   to tire   2

cantante m or f   singer   7

cantar   to sing   5

cante m   song   19

cantidad f   quantity   1

caña   cane   13
   — de azúcar   sugar cane

cañaveral m   sugar cane field   13

capacho   large basket   1

capilla   chapel   L2

capitanía general   captain generalship   17

capitolio   capitol   16

captar   to catch   12

cara   face   L1

carbón m   coal, charcoal   3

cárcel f   jail   L5

carecer   to lack   21

cargamento   load, cargo   9

cargo   burden, charge, cost   24

cariño   affection, love   5

caritativo   charitable   5

carne f   meat   1

carnicería   butcher shop   1

carnicero   butcher   1

caro   expensive   2

carpintero   carpenter   21

carrera   run, race, avenue   3
   — de caballos   horse race

carreta   horse-drawn carriage ox cart   12

carretera   highway   2

carrito   cart   1

carro   car   1

carta   letter   3

cartel m   list of matadors, poster   15

casa   house   1

casado   married   5

casamiento   marriage   11

casar   to marry   5

casi   almost   1

castellano   Castilian   L5

castigar   to punish   2

castizo   pure (customs and language)   7

casucha   shack, hut   3

catalán   Catalonian   11

catarro   cold   8

catedral f   cathedral   9

cauce m   ditch, river bed   L4

caudillo   leader   17

causar   to cause   1

cautivo   captive   L5

cebolla   onion   L1

ceder   to yield, to cede   13

celoso   jealous   L6

cena   dinner   3

cenar   to have dinner   2

censura   censorship   15

centavo   cent   18

cepillar   to brush   9

cepillo   brush   3

cerca   near   1

cercanías   outskirts   3

cerdo   pork, pig   2

cerebro   brain   L3

cerrar (ie)   to close   3

césped m   lawn   5

cesta   basket   1

cicatrizarse   to heal   23

cielo   sky   2

científico scientific 17
cierto certain 1
cifra number, figure 9
cigarrillo cigarette 1
cine *m* movie 11
cinturón *m* belt 22
  — de seguridad seat belt
circunstante *m or f* person who
  is present, bystander L3
cirujano surgeon 24
cita date, appointment 20
ciudad *f* city 1
ciudadanía citizenship 13
ciudadano citizen 11
clac *f* a paid audience 14
claridad *f* clarity 23
claro clear 1
clase *f* class 1
clausurar to close 15
clavel *m* carnation 10
clima *m* climate 2
cobrar to cash, to charge,
  to collect 4
cobre *m* copper 21
cocina kitchen 1
cocinar to cook 17
cocinero cook 1
coctel *m* cocktail 15
coche *m* car 1
  —–comedor dining car
cochinillo pig 5
cofre *m* trunk, box 1
coger to take, to grasp, to
  collect 1
cohete *m* rocket 19
colega *m or f* colleague 20
colina hill 1
colocar to put in place 1
colonia cologne, colony 18
combustible *m* fuel 24
comedor *m* dining room 3
comensal *m* table companion
  L3
comenzar (ie) to begin 3
comer to eat 1
comestibles *m pl* food 1
cometer to commit 7
comida meal, food, dinner 1
comitiva procession 15

como like, as 1
  ¿cómo? how?
  ¡cómo no! of course!
cómodo comfortable 3
compadecer to feel
  compassion for, to pity L6
compañero companion L2
comportamiento behavior 5
comportarse to behave 5
compra purchase 1
comprador *m* buyer 1
comprar to buy 1
comprender to understand 1
comunidad *f* community 23
con with 1
  — tal de que provided that
  15
concebir (i, i) to conceive L4
conciudadano fellow citizen 9
concurrente *m or f* one who is
  present L4
concha shell 1
condenar to condemn 17
conducir to conduct, to drive,
  to guide 1
confesar (ie) to confess 23
confianza confidence 11
conformar to agree, to
  conform 14
congelado frozen 1
conjunto band (musical) 20
conocer to know 1
conocido acquaintance 5
conocimiento knowledge 17
conquistador *m* conqueror 9
consabido already known L4
conseguir (i, i) to get, to
  succeed in, to attain 3
consejo advice, council 10
conserje *m* concierge 6
consigna checkroom 12
construir to construct 2
consuelo consolation,
  comfort, joy L2
contar (ue) to tell, to relate,
  to count 3
  — con to depend on
contemporáneo contemporary
  1

contener to contain 18
contento happy 3
contienda conflict, clash 23
contra against 3
contraparte *m or f* counterpart
  17
contrarrestar to resist, to
  oppose 24
contribuir to contribute 7
convencer to convince 9
convidado guest L3
copita drink 7
coraje *m* courage L4
corazón *m* heart L1
cordero lamb 2
coro chorus 5
corona crown 17
corredor *m* corridor 1
correo mail 16
  — aéreo air mail
correr to run 1
corrida bullfight 5
  — de toros bullfight
corriente common, everyday
  2
  al — ready, prepared
  cuenta — checking account
cortar to cut, to shut off 2
corte *f* court 20
corto short L1
cosa thing 1
cosecha harvest 1
costo cost 3
costar (ue) to cost · 1
costo *m* cost 3
costumbre *f* custom 1
cotidiano daily L4
crear to create L5
crecer to grow L1
creer to believe 1
crema cream 18
  — dental toothpaste
criada maid 1
criar to raise, to procreate L2
crimen *m* crime 23
criollo a Spanish person born
  in the New World 13
cristianismo Christianity 19
cristiano Christian 11

crueldad *f* cruelty L3

cruzar to cross, to pass across 21

cuadra block 16

cuadro picture, painting 4

cuadrado square 11

cuadrúpedo quadruped, four-footed animal 19

cuajar to succeed, to materialize L6

cual which 1

  ¿cuál? which? 1

cualquier any 1

cuando when

  de — en — from time to time

  de vez en — from time to time

  ¿cuándo? when?

cuanto as much as 1

  en — a as for, in regard to

  ¿cuánto? how much?

  ¿cuántos? how many?

cuaresma Lent 19

cuarto room 3

  — sencillo single room

cubano Cuban 4

cubrir to cover 3

cuchara spoon 6

cuchillo knife 3

cuenta account, bill 3

  — corriente checking account

  — de ahorros savings account

cuento short story L1

  — de hadas fairy tale

cuero leather 3

cuerpo body L1

  Cuerpo de Paz Peace Corps

cuidado care, attention, caution 1

cuidar to take care of, to look after 5

culpa fault, blame L1

culpable guilty 5

cumpleaños *m* birthday 5

cumplir con to fulfill, to accomplish 5

cuota quota 3

cura *m* priest 7

curar to cure, to preserve 3

cureña caisson L2

cuyo whose, of which 1

CH

chaqueta jacket L2

charlar to talk, to chat L4

cheque *m* check 13

  — de viajero traveler's check

chica girl 1

chico boy 1

chiflado crazy 7

chillón loud 19

chino Chinese 4

chisme *m* gossip L4

chiste *m* joke, witty saying 4

choclo corn (Chile) 11

chofer *m* chauffeur 3

chorizo pork sausage 2

chuleta chop 2

chupar to suck, to lick 3

churrasco grilled meat 11

D

dama lady 15

  — de honor bridesmaid

dañar to harm, to damage 21

daño damage, harm, hurt 3

dar to give 1

  — a to face

  — a luz to give birth

  — media vuelta to turn around

  —se cuenta de to realize

  —se prisa to hurry

de of, from 1

  — manera que so that

  — retraso late

debajo de underneath, beneath 19

deber to owe, to ought to 1

  m task, duty, obligation

débil weak 15

década decade 17

decir to say, to tell 1

dedo finger, toe 3

defender (ie) to defend 17

degollar (üe) to behead, to decapitate 3

dejar to leave, to let go 1

delante in front, before, ahead 4

delantera front, front seat 14

delgado thin L2

delicioso delicious 1

demás rest, other 3

demasiado too much 3

demonio devil L6

demora delay 12

demorar to delay 23

dentro within, inside 1

deparar to offer, to present L5

dependiente *m* clerk 13

deporte *m* sport 5

deprimente depressing 3

derecho right L1

derivado derivative 18

derogar (ue) to abolish, to defeat 9

desacuerdo disagreement 19

desafiar to oppose, to challenge 19

desafinado discordant 19

desagradable unpleasant, disagreeable 1

desaparecer to disappear 1

desarrollar to develop 3

desarrollo development 3

desastre *m* disaster 14

desayuno breakfast 1

desazón *f* uneasiness L2

descalzo barefoot L5

descansar to rest 8

descanso rest 15

descargar to unload 21

desconocido unknown 5

descortés discourteous, impolite L3

descubrir to discover 13

descuento discount 14

desde from, since 1

desdeñar to disdain, to scorn L5

desdichado unhappy, unfortunate 9

desear to wish, to desire 3
desembarcar to disembark, to land 13
desempeñar to play (a part), to perform (a duty) L2
  — **un papel** to play a role
desempleo unemployment 24
desenlace m conclusion, solution, outcome L1
deseo desire, wish 3
desfilar to parade L2
desfile m parade L2
desierto desert 21
desinteresado unselfish, impartial L5
desocupación m unemployment 3
despacio slowly 8
despachar to dispatch, to sell 1
despacho office 4
despedir (i, i) to discharge, to dismiss 3
  —**se de** to say goodbye, to take leave
despegar (ie) to take off (airplane) 13
desperdicio waste 1
despertar (ie) to wake up 3
desposeer to dispossess 20
después after 1
desterrar (ie) to exile, to banish L5
destierro exile L5
desvanecer to vanish, to remove, to get dizzy, to fall L2
desviación f deviation L4
detalle m detail 11
detener to stop, to detain 1
  —**se** to pause
deteriorar to deteriorate 21
detrás behind, after 3
deuda debt 23
devenir m future L4
devolver (ue) to return, to refund 3
día m day 1
diario daily 1

dictadura dictatorship L4
diente m tooth 3
diestro matador 15
difícil difficult 1
dignidad f dignity 5
digno worthy 9
dinero money 1
Dios m God 4
diputado deputy 24
dirigir to direct, to lead 1
disco record 12
discurso discourse, lecture, speech 11
discutir to discuss 5
disfrutar to enjoy 1
disminuir to diminish 1
disparo shot, explosion, discharge L4
disperso scattered 15
disponible available 12
dispuesto ready, available 15
distinto different, distinct 1
distribuir to distribute 7
divertirse (ie, i) to have a good time 2
divisa foreign currency 4
doblar to turn, to fold 16
docena dozen 2
dólar m dollar 4
doler (ue) to feel pain 18
dolor m pain L2
doloroso painful L2
domicilio domicile, residence 8
dominical relating to Sunday 13
don m talent, gift, title for a man 9
doncella maid, maiden, lass L2
donde where 1
  ¿dónde? where?
  —**quiera** anywhere
  doquier (dondequiera) anywhere
doña title given to a woman, Miss, Ms., Mrs. 3
dormir (ue, u) to sleep 3
dotar to endow, to adorn L5

droga drug 13
duda doubt 15
dudar to doubt 15
dudoso doubtful 4
dueño owner, proprietor 1
dulce sweet, pleasant 3
  m candy
durante during 1
durar to last, to endure 7
duro hard, firm 2
  m coin of five pesetas (Spain)

E

e and (before words beginning with i or hi not followed by e) 4
echar to throw 1
  — **de menos** to miss
  — **una siesta** to take a nap
edad f age L2
  Edad Media f Middle Ages
edificio building 1
eficiencia efficiency 21
ejemplo example 5
ejercer to practice, to perform 23
elogio praise, eulogy L6
embate m fight, attack L4
emborracharse to get drunk L1
emisora broadcasting station 13
empeorar to make worse 3
empezar (ie) to begin 1
empinado steep L1
empleado employee 1
emplear to use, to employ 3
empleo job, employment 3
emprender to begin, to undertake 21
empresa enterprise, undertaking 15
empujar to push 1
en in, at, by 1
  — **cuanto** as soon as
  — **cuanto a** in regard to
  — **lugar de** instead of
  — **seguida** immediately

enamorado in love L3
encadenar to bind, to chain L4
encaminar to go toward L2
encantar to delight, to enchant 14
encarar to face L4
encarcelar to put in jail 23
encargar to entrust, to order 1
encender (ie) to light, to turn on L1
encierro roundup of bulls, act of locking up 15
encima on top, above L1
encomendar (ie) to recommend, to entrust L5
encontrar (ue) to find, to meet 1
endosar to endorse 4
enemigo enemy L1
enfadado mad, angry 6
enfermedad *f* sickness 21
enfermero nurse 6
enfermo sick 3
enfocarse to focus L4
enfrentar to confront, to face 23
enjaezado harnessed 19
enlace *m* union, marriage 15
enojar to annoy, to make angry 13
enriquecerse to become rich 19
ensalada salad 1
ensayo essay L4
enseñar to teach, to show L2
ente *m* entity L4
entender (ie) to understand 3
enterar to find out, to inform L3
entero whole 7
entonces then L1
entrada admission ticket, entrance 5
entraña internal organ, entrail L6
entrar to enter 1
entre between, among 1

entrecortadamente intermittently L1
entregar to deliver, to give up 4
entremés *m* hors d'oeuvre L3
entresuelo mezzanine, floor below the main floor L3
entretener to entertain L3
entrevista interview 13
enviar to send L3
envidia envy L6
envidiar to envy L6
envolver (ue) to wrap 1
época time, era, epoch 3
equipaje *m* baggage L2
equipo team, equipment 5
equivocación *f* mistake 7
equivocarse to err L2
erguido upright L2
errabundo wandering L5
errante wandering L6
erróneo false 24
esbelto tall and thin L2
escalafón *m* list 9
escalera staircase 6
escalofriante frightening L1
escaparate *m* display window 15
escasez *f* lack 7
escaso limited 7
escenario stage 14
esclavitud *f* slavery 2
esclavo slave 8
escoger to choose, to select 3
escoltar to escort L2
esconder to hide 22
escondido hidden L4
escribiente *m or f* secretary, clerk L3
escribir to write 1
escritor *m* writer 3
escuchar to listen 5
escuela school 1
escupir to spit 7
— doblones to put on airs
esfuerzo effort, courage 15
esmeralda emerald 7
eso that 1
espalda back, shoulder L1

espantoso horrible, frightful 1
español Spanish 1
espejo mirror L1
esperanza hope 3
esperar to expect, to wait for, to hope 1
espesura thickness, density, closeness L2
esponsalicio matrimonial 15
esposa wife L2
esposo husband L3
esquiar to ski 7
esquina corner 5
esquivo stubborn, reserved, elusive L5
establecer to establish 1
estacionar to park 1
estadista *m or f* politician, statesperson 9
estado state 3
estadounidense of or from the United States 1
estallar to explode, to burst L1
estampa stamp, seal, image 19
estancia farm, stay 21
estaño tin 21
estar to be 1
este this 1
  m east 15
éste this one, the latter
estilizado interpretive 19
estorbo bother, hindrance 13
estrado podium 15
estrecho narrow, close, tight L1
estrella star L2
estudiante *m or f* student 1
estudiar to study 3
etapa stage L2
evitar to avoid 20
exigir to demand, to need, to require 11
éxito success 3
tener — to be successful
explicar to explain 3
explotación *f* exploitation 17

exponer to expose, to explain 15

exportador *m* exporter 21

expropiar to take property away 20

expuesto exposed 15

extensionista *m or f* expert 21

extraer to extract 21

extranjero abroad, foreigner, foreign country 3

extrañeza surprise, wonderment L3

extremo end 19

F

fábrica factory 13

fácil easy 1

facturar to check 12

faena task, job 13

faja sash 19

falda skirt 9

falta lack 3

  hacer — to need

faltar to need, to be lacking 1

fallecer to die, to run out 15

fallecimiento death 15

familiares *m pl* friends, relatives 3

fango mud L6

farmacéutico pharmacist 8

farmacia pharmacy 18

fe *f* faith 19

fecundo fertile L4

fecha date 11

felicidad *f* happiness 9

felicitar to congratulate 3

feliz happy 4

feo ugly 2

féretro coffin L2

feria fair, public celebration in honor of a saint 19

feriado without work, "off" 19

ferrocarril *m* railroad L2

ferroviario railroad worker L2

fértil fertile 2

festejar to entertain, to feast 19

festejo feast 10

festividad *f* festivity 19

fiebre *f* fever L3

fiel loyal 15

fiero fierce, cruel, terrible L5

fiesta party, festival 1

fijar to fix, to stabilize 1

  —se to note, to notice

fila row, line 14

filete *m* fillet 2

fin *m* end, ending 7

finca farm, ranch 2

firmar to sign 7

flamenco Flemish 9

  m a song or dance from southern Spain

flechita little arrow L5

flojo weak 15

flor *f* flower 10

florecimiento flourishing 5

fomentar to encourage, to incite 21

fondo background, bottom 4

  pl funds

forastero stranger L1

forjar to forge 17

fornido robust L2

frac *m* dress coat 11

fraile *m* brother (religious), monk 9

francés French 4

franco monetary unit of France 23

fratricida *m or f* murderer of one's brother or sister L6

frecuencia frequency 1

  con — frequently

freír (i, i) to fry 3

frente in front 3

  — a facing

frijol *m* bean 1

frío cold 3

fruta fruit 1

frutería fruit store 1

frutero one who sells fruit 1

fuego fire 3

  — sagrado hearth

  —s artificiales fireworks

fuente *f* fountain, source L1

fuera out, outside 1

fuerte strong 2

fuerza force, strength 1

función *f* performance, function 14

fundador *m* founder 19

fundar to found L5

fúnebre sad, mournful L2

furgón *m* baggage car L2

furtivamente secretly L1

fútbol *m* soccer 1

G

galeón *m* galleon, ship 21

gallego Galician 11

gallina hen 1

ganadería cattle ranch, cattle breeding 19

ganado cattle, livestock 19

ganador *m* winner L1

ganar to earn, to gain, to win 1

ganga bargain, sale 2

garantizar to guarantee 21

garganta throat 8

garrafa caraf 7

gastar to spend, to waste 3

gasto expense L4

gato cat 9

gemido sigh, moan L3

general general 1

genovés Genoese 17

gente *f* people 1

geografía geography 4

germinar to germinate 21

gira tour 3

girar to revolve 5

giratorio revolving 5

giro money order 4

gitano gypsy 4

glosar to explain text L4

gobernante *m or f* a person who assumes management 11

gobernar (ie) to govern 17

gobierno government 1

gordo fat 3

gota drop 18

gotear to drip L6

gozar to enjoy 1
gracia grace, humor 2
  pl thanks
gramo gram 1
gran, grande great, large 1
granja farm L2
gratis free 1
griego Greek 4
gritar to shout L1
grito shout, cry L3
gruñir to grunt L2
guachinango red snapper L3
guagua bus (Caribbean) 11
guante *m* glove 3
guapo good-looking 2
guardar to keep, to watch over 3
guatemalteco Guatemalan 11
gubernamental governmental 13
guerra war 3
guerrero martial, warlike 17
  m soldier, warrior
guerrillero one who serves in guerrilla warfare 13
guiar to guide, to lead 17
guilder *m* monetary unit of Holland 23
guisante *m* pea 1
guitarra guitar 5
gustar to like 1
gusto taste, pleasure 15

H
haber to have 1
hábil capable, skillful 20
habilidad *f* ability 19
habitante *m or f* inhabitant 3
habitar to live 13
hablar to speak, to talk 3
hacendado one who owns much property 21
hacer to do, to make 1
  — **buen tiempo** to be good weather
  — **calor** to be warm (weather)
  — **caso** to pay attention to

  — **escala** to make a stop
  — **falta** to need
  — **mal tiempo** to be bad (weather)
  — **un papel** to play a role
  — **viento** to be windy
hacia toward 3
hacha axe 2
hada fairy 2
hallar to find L2
hambre *f* hunger 4
hartarse to get one's fill 19
hasta until, to, as far as 1
hay there is, there are 1
hazaña heroic deed, feat L5
hecho made 1
  m event, fact 17
helado frozen 1
  m ice cream
heredar to inherit 17
herido wounded 9
herir (ie, i) to wound, to hurt L3
hermana sister 3
hermano brother 3
hermoso beautiful, handsome L2
herramienta tool 21
hervir (ie, i) to boil 22
hidalgo noble, illustrious 17
hielo ice, coolness, indifference 21
hierro iron 15
hígado liver 2
hija daughter 15
hijo son, child 3
  — **natural** illegitimate child
hincar to thrust, to plant L3
hipoteca mortgage 4
hispanohablante Spanish-speaking 1
hogar *m* home 1
hogareño domestic L4
hoja blade 18
  — **de afeitar** razor blade
hojalata tin 1
hombre *m* man L1
hombro shoulder L1
hondureño from Honduras 11

hora hour 1
horario schedule 12
horno *m* oven 19
hoy today 1
  — **día** nowadays
huelga strike 15
huella track, footprint L1
huerta orchard, vegetable garden 1
huevo egg 1
huir to flee, to escape 7
humilde humble 2
huracán *m* hurricane 21

I
idioma *m* language 5
iglesia church 3
igual equal 1
igualdad *f* equality L4
ileso unharmed 19
impedir (i, i) to prevent, to impede 3
imperar to dominate 21
imperio empire 17
ímpetu *m* impetus 17
imponer to impose 19
impresionante impressive 2
impreso printed 4
impuesto imposed 9
  m tax
incendio fire 24
increíble unbelievable, incredible 17
indígena native 9
indio Indian 1
individualismo individualism 5
individuo individual 5
índole *f* peculiar genius, idiosyncrasy, nature, disposition 19
infierno hell L2
ingeniero engineer 4
inglés English 4
ingresar to enter 9
ingreso dividend, income, entry, entrance 24
inoxidable rustproof 18

inquietar to trouble, to excite 18

inscribir to register 6

insigne famous 9

instalar to install, to situate 7

insurgente *m or f* rebel 9

interés *m* interest 17

intermedio intermission 14

intérprete *m or f* interpreter 5

interrumpir to interrupt 9

intervenir to intervene 17

invadir to invade 17

inversión *f* investment 21

invertebrado without a backbone 1

invierno winter 1

invitar to invite 1

ir to go 1

irlandés Irish 4

isla island 2

italiano Italian 4

izquierda left 16

J

jabón *m* soap 18

jadear to pant L1

jamás never, ever L1

jamón *m* ham 3

japonés Japanese 4

jarabe *m* liquid medicine 18

jardín *m* garden 8

jefe *m* chief, boss, leader 1

jerárquico hierarchal 17

jesuita *m* Jesuit 19

jibarito farmer from Puerto Rico, hillbilly 9

jinete *m* equestrian, one who rides horses 19

jornada the hours of the day, working day L5

jorobar to hunch over 15

joven young 1
    m or f youth, young person

juego game 7

juez *m or f* judge, justice 20

jugar (ue) to play L2

jugo juice 1

jugoso juicy 1

juguete *m* toy 21

juicio judgment L4

junta reunion, military ruling group 17

juntarse to join, to gather 9

junto together 3

juzgar to judge 5

K

kroner *m* monetary unit of Sweden 23

L

labor *f* work, task, labor 1

labrador *m* farm worker, farmer 17

lado side 1

ladrar to bark 7

ladrón *m* thief 17

lago lake 3

lágrima tear L6

lamento lament, cry 9

largo long L2

lástima pity, compassion L5

lata can 1

latinoamericano Latin American 3

lavar to wash 9

lealtad *f* loyalty 9

lectura reading 15

leche *f* milk 1

lechería dairy store 1

lechón *m* pig 19

lechuga lettuce 2

leer to read 1´

legumbre *f* vegetable 1

lejano far, distant 5

lema *m* motto 11

lengua language 7

lenguado sole, flounder 1

lenguaje language L5

lento slow 3

letrero sign 4

levantar to rise L1
    —se to get up

leve light, slight L1

ley *f* law 9

leyenda legend L4

libertad *f* liberty 2

libertador *m* liberator 9

libra pound, monetary unit of England 2

libre free 1

libreta bankbook 4

libro book 2

ligero light, fast 1

limeño of or from Lima 9

limosna alms, charity 5

limpiabotas *m* one who shines shoes 3

limpiar to clean 1

limpio clean 2

lío pack, bundle L1

líquido liquid 1

lira monetary unit of Italy 23

listo clever, ready, quick 4

litro liter 1

loco crazy, insane 7

locura madness, insanity 19

lograr to achieve, to succeed in, to obtain 9

lucha fight, struggle 3

luchar to struggle 3

luego then, afterwards 1

lugar *m* place, spot 1

lujo luxury 12

lujoso luxurious 2

luna moon 5

lustre *m* shine, shoe polish 3

luz *f* light, electricity 3

LL

llama flame 19

llamada call 8

llamar to call 1
    —se to be named

llanto weeping L1

llanura plain L2

llave *f* key 6

llegada arrival 5

llegar to arrive 1

llenar to fill L1

lleno full 5

llevar to carry 1

llorar to cry L2

llover (ue) to rain 3
lluvia rain L1

M

madera wood 3
madre *f* mother 3
madrugada dawn 19
madrugar to get up early 12
maíz *m* corn 11
mal *m* evil 3
maleta suitcase 6
malicia malice L3
malo bad 3
mancha spot, stain, glimmer L1
mandar to send, to order 2
mando command 9
manejar to drive, to manage 1
manga sleeve L2
manicomio *m* insane asylum 19
mano *f* hand 1
— de obra manual labor
mantener to maintain, to support 1
manto covering L2
manzana block 16
mañana morning 1
m tomorrow
máquina machine 16
— copiadora copying machine
— de escribir typewriter
mar *m* sea 1
marca brand, name, mark 7
marco Mark, monetary unit of Germany 4
marchar to leave, to go 6
marea tide 15
marearse to get airsick, seasick 22
marido husband 5
marisco shellfish 1
marisquería fish market 1
mas but L5
más more 1
máscara mask 22
matar to kill 9

materia prima raw material 21
matrícula registration fee, matriculation 3
matrimonio married couple, marriage 5
maya Mayan 17
mayólica porcelain tile 15
mayor greater, larger, elder 1
al por — wholesale
mayoría majority 1
mayorista *m or f* wholesaler 1
mayúscula capital letter L4
mecer to rock L5
medianía mediocrity L6
medicina medicine 18
médico doctor 1
medio middle, half 1
mediodía *m* noon 3
medir (i, i) to measure 13
mejillón *m* mussel 1
mejor better 1
mejoramiento betterment, improvement 5
mejorar to make better, to improve 3
mendigar to beg 5
mendigo beggar 5
menor younger, smaller 5
menos less, least 1
menospreciar to underrate, to scorn L5
mensaje *m* message L1
mente *f* mind 7
mentir (ie, i) to lie 3
mentira lie 11
menudo small, insignificant 1
a — often, frequently
mercado market 1
mercancía merchandise 1
merecer to merit L1
merienda picnic, snack 19
merluza hake 1
mes *m* month 3
mesa table 1
mesero waiter 5
meta goal L1
meter to put in, to insert 1
mexicano Mexican 1

mezclar to mix, to blend 1
miedo fear 1
miembro member 5
mientras while 1
Miércoles de Cenizas Ash Wednesday 19
mil one thousand 17
milla mile 11
millar *m* thousand 13
pl great number
minero miner 21
minoría minority 5
minucioso exact, cautious 15
minúscula small letter L4
minuta menu 10
mirada look, glance L2
mirar to look 1
misa mass 13
mismo same, self 1
misticismo mysticism L5
mitad *f* half, middle 17
mito myth L4
moderno modern 1
mojar to moisten, to wet L1
molestar to bother, to disturb L1
molino mill L4
momento moment 1
monarca *m or f* monarch 17
monarquía monarchy 23
moneda coin, money 4
monja nun L5
monolito monolith 21
montaña mountain L2
montar to mount 19
morcilla blood sausage 2
morfinómano morphine addict 18
moribundo dying L3
morir (ue, u) to die 3
moro Arab, Moor 11
mortadela bologna 2
mosaico mosaic 13
mosca fly L1
mostrador *m* counter L1
mostrar (ue) to show 3
mover (ue) to move 1
movimiento movement 17
mozo youth 6

muchacha girl 1
muchacho boy 1
muchedumbre *f* crowd, multitude 2
mucho much, many 1
mudar to move, to change 9
mueble *m* furniture 3
mueca grimace, grin L2
muerte *f* death L2
muerto dead L2
mujer *f* woman, wife 1
mundano worldly, mundane L5
mundo world 1
muralla wall 3
músico musician 5
musulmán Arab 11
muy very 1

N

nacer to be born L2
nacimiento birth 15
nada nothing, anything 1
nadar to swim 1
nadie no one 1
naranja orange 1
narcótico narcotic 18
nata cream 9
navegante *m or f* navigator 17
navegar to navigate 17
Navidad *f* Christmas L3
necesitado person in need 3
negar (ie) to refuse, to deny 1
negocio business, transaction 5
negro black 1
netamente genuinely 5
nevar (ie) to snow 12
ni neither, nor 1
  — siquiera not even
nieve *f* snow 12
ninguno no, none, any, not one 3
niño child, baby 1
nivel *m* grade, level 9
no no 1
noche *f* night 1
Nochebuena Christmas Eve L3

nodriza wetnurse L6
nombrar to name 11
nombre *m* name 4
norte *m* north 13
norteamericano North American 1
novia bride, fiancée 8
novillada bullfight with young bulls 19
novillero bullfighter in a novillada 15
novio fiancé, suitor 8
nube *f* cloud 5
nubosidad *f* cloudiness 15
nuevo new 3
  de — again
nunca never 3

O

o or 1
obedecer to obey L2
obispo bishop 9
obra work 9
obrero worker, laborer 15
occidental western 23
ocuparse to deal with, to occupy oneself 4
odiar to hate 12
oeste *m* west 15
ofender to offend 5
ofensa offense 5
oferta offer 1
oficial official 1
oficina office 2
ofrecer to offer 1
oftalmólogo eye doctor 18
oír to hear L1
ojalá would that 18
ojeada glance, glimpse 15
ojo eye 3
ola wave L5
oleada wave, crowd L1
oler to smell L1
olor *m* odor L1
olvidar to forget 3
ondulante rolling L2
opalescente dark L2
oponer to oppose 19
oración *f* sentence 2

orador *m* speaker, orator 7
orgullo pride 7
oro gold 7
oscuro dark 2
ostentar to show 23
ostra oyster 1
otorgar to give, to consent, to grant L4
otro another, other 1
oveja sheep L6
oxígeno oxygen 22

P

padecer to suffer, to feel deeply L5
padre *m* father 3
  pl parents
  —s políticos in-laws
pagar to pay 1
página page 15
pago payment 4
país *m* country 1
paisaje *m* countryside, landscape L2
pajarito bird 12
palabra word L1
palco box seat 15
palta avocado (Peru) 11
pamplonica from Pamplona 19
pan *m* bread 1
panadería bakery 1
panameño of or from Panama 4
papel *m* paper, role 1
  — carbón carbon paper
paquete *m* package 1
par *m* pair, two 1
para in order to, for 1
parar to stop 1
parcela plot 21
parcelita small plot of land 1
pardo brown L2
parecer to seem, to look like 3
parecido similar 11
pared *f* wall L4
pareja couple, pair 5
pariente *m or f* relative 3

paro strike 15

parpadear to blink L1

parroquiano parishioner, customer L3

particular private 6

partido party, game, match 5

partir to leave, to split 11

pasa raisin L3

pasado past 17
   — mañana day after tomorrow

pasajero passenger L2

pasar to pass, to spend time, to happen 1

pasear to take a walk 19

pasillo hallway, corridor 1

paso step L1

pastilla pill 6

pastor *m* shepherd L6

pata foot (of an animal) 1

patio orchestra section of a theater 14

patria native country 3

patrocinar to officiate, to patronize, to protect 15

patrón *m* pattern, patron, landlord 17

patronal relating to a patron saint 19

pavimentar to pave 23

paz *f* peace L2

peatón *m or f* pedestrian 7

pecado sin 23

pedazo piece L1

pedir (i, i) to ask for 1

peinar to comb 9

peligro danger 18

peligroso dangerous 2

pelo hair 3
   al — perfectly, to the point

pellejo rawhide, animal skin 3

penoso hard, painful 7

pensamiento thought, mind 9

pensar (ie) to think 1

peor worse, worst 5

pepinillo pickle L3

pequeñez *f* triviality 20

pequeño small 1

pera pear 2

perder (ie) to lose 3

pérdida loss 7

perdonar to forgive 5

periódico newspaper 1

periodismo journalism 13

perjudicar to prejudice, to hurt L4

permanecer to remain, to stay 8

pernil *m* fresh ham 2

pero but 1

perpetuar to perpetuate 17

perra coin of little value 19

perro dog L1

perseguir (i, i) to pursue, to persecute 3

persona person 1

personal *m* personnel 20

pertenecer to belong 3

peruano Peruvian 4

pesado heavy L5

pesadumbre *f* sorrow 2

pesar *m* sadness L2
   a — de in spite of

pescado fish (caught) 1

pescador *m* one who fishes 21

peseta monetary unit of Spain 4

pésimo very bad 9

peso monetary unit of Mexico and several Latin American countries 1

petróleo oil 6

petrolero pertaining to oil 21

pez *m* fish (in the water) 1

piadoso pious 19

picador *m* horseman armed with a lance in the bull-fight 19

picante spicy, stinging 2

picar to sting, to stab 2

pie *m* foot 1

piedra stone 7

piel *f* skin, fur L1

pieza room, piece L3

píldora pill 8

pillo thief (slang) 16

pimienta pepper 9

pinta appearance, aspect 1

pintar to paint 18

pintor *m* painter 7

pintoresco picturesque 2

pintura painting 23

piñata suspended container filled with candy, toys, sweets, etc. 19

pisada footstep L3

piso apartment, floor 3
   — principal main floor

pista runway 13

pizca pinch, small quantity 9

placer *m* pleasure 15

planta floor 15

plantío plantation, nursery 21

plata silver, money 7

plátano banana L1

playa beach 5

plaza plaza, square 1
   — de toros bullring

pleito suit, case (legal) 20

pluma pen 23

población *f* population 3

pobre poor 1

pobreza poverty 3

poco little, few 1

poder (ue) to be able 1
   m power

pollo chicken 1

poner to put, to place, to set (table) 1

populacho mob, crowd L4

por for, by, through, along 1
   — adelantado in advance
   — ciento percent, percentage
   — consiguiente therefore
   ¿— qué? why?
   porque because 1

porcentaje *m* percentage 3

porteño from Buenos Aires 9

portero porter 1

portón *m* large door 9

portugués Portuguese 17

porvenir *m* future L4

postre *m* dessert 1
potencia power, ability 21
pozo well L1
practicante *m or f* practitioner 24
precio price 1
precipitación *f* haste 17
preciso necessary 13
predicar to preach 5
preferir (ie, i) to prefer 1
pregonero town crier 15
pregunta question 1
preguntar to ask 1
prejuicio prejudice 13
premio prize 13
prender to seize, to grasp, to catch L1
  — **fuego** to set fire
prensa press 13
preocupación *f* concern, worry 24
preocupar to preoccupy 1
  —**se** to worry
preparar to prepare 1
preponderante important L4
presenciar to be present, to witness 17
presentir (ie, i) to have a premonition, to predict 9
préstamo loan 4
prestar to lend, to aid, to pay (attention) 4
presupuesto estimate, budget L4
primavera spring 16
primero first 4
primera plana front page (newspaper) 15
primo cousin 5
probar (ue) to try 3
procedente coming from 23
procurar to try, to obtain L2
producir to produce 1
producto product 1
prohombre *m* great person 9
prometer to promise 1
pronto soon, quick, fast, ready 3
propiedad *f* property 20

propietario owner 3
propina tip 1
propio one's own, proper, correct 1
proponer to propose 7
proporcionar to furnish, to afford 21
propósito purpose 7
proteger to protect 5
provecho benefit, advantage, profit 23
proveer to provide 1
próximo next 11
prueba test, try L2
publicar to publish 13
puchero cooking pot L4
pudrirse to corrupt, to become rotten, to decay, to spoil 21
pueblo town 1
puerta door, gate 3
puerto port 15
puertorriqueño Puerto Rican 4
pues because, for, as, since, so 1
puesto stand, store 1
pulgada inch 15
pulmón *m* lung 15
puntería marksmanship, aim L5
puñado fistful, handful 1
putrefacción *f* rot 21

Q

que that, which, who 1
¿qué? what?
quedar to stay, to keep, to remain 1
queja complaint L4
quejarse to complain 9
quemar to burn 17
querer (ie) to wish, to want, to love 1
queso cheese 5
quien who 1
¿quién? who?
quiosco newspaper stand, booth 15

quitar to take off, to remove, to take away 1
quizá, quizás perhaps 11

R

rabiar to rage L3
ración *f* portion 1
ráfaga windstorm 15
raíz *f* root 5
rapidez *f* rapidity 19
rápido fast 20
rato short time 1
ratón *m* mouse 9
razón *f* reason L1
  tener — to be correct
real *m* fairground, camp 19
realizar to accomplish, to carry out 1
rebaja reduction 14
rebajar to lower, to reduce 1
rebelar to rebel 17
rebelde *m or f* rebel 9
recado message L3
receta prescription 8
recetar to prescribe 8
recibir to receive 1
recoger to pick up 6
recolección *f* collection 1
reconocer to recognize 1
reconocimiento recognition L4
reconstruir to reconstruct 19
recordar (ue) to remember 3
recorrido space or route traveled 3
recuerdo memory 4
recurrir to turn to 24
recurso resource 21
rechazar to reject 17
redacción *f* editing 15
reemplazar to replace, to substitute 9
referir (ie, i) to refer 3
reflejar to reflect 9
refrán *m* refrain, saying 19
refresco refreshment, drink 3
regalar to give a gift, to present 14

regalo gift 1

regar (ie) to soak, to water 7

regatear to bargain 1

regateo act of bargaining 1

regla rule 14

regocijar to cheer 19

—**se** to be merry

regresar to return 9

regreso return L2

rehusar to refuse, to deny 9

reír (i, i) to laugh 3

— **a carcajadas** to burst out laughing

reloj *m* watch, clock 16

rendir (i, i) to offer, to pay (respect) 13

renglón *m* written line 15

renombre *m* fame, renown 15

renovar to renovate 17

renunciar to renounce, to give up 17

reparar to fix, to repair 20

reparto division, distribution 21

repetir (i, i) to repeat 7

repleto full 21

repollo white cabbage 10

reportaje *m* reporting 15

reportero reporter 24

reposar to lie, to rest L2

res *f* head of cattle 19

responsabilidad *f* responsibility 5

respuesta answer 1

restar to subtract, to remain L2

restaurante *m* restaurant 1

retardar to delay, to obstruct 21

retraerse to flee, to retire 23

retrato picture, image L5

reunirse to meet, to gather 9

revista magazine 6

revolucionario revolutionary 17

revuelto rough, turbulent, restless 5

rey *m* king 7

rezar to pray L5

rico rich 1

riego irrigation 21

riel *m* rail 12

riesgo risk L4

río river 1

riqueza wealth 11

ritmo rhythm 5

robar to steal 1

robo robbery 15

rodeado surrounded 1

rogar (ue) to ask, to beg 3

rojo red L1

romper to break L4

rondar to go around, to hover L2

ropa clothes 3

roto broken L2

rubio blond 5

ruido noise L1

ruidoso noisy L1

rumbo course, direction 21

— **a** in the direction of, heading for

ruso Russian 4

ruta route 21

S

saber to know 1

— **a** to taste like

sabio wise L5

sabor *m* taste, flavor 2

sabroso tasty 2

sacar to take out, to pull out 1

sacerdote *m* priest 13

saciarse to satiate oneself L1

sacudir to shake L2

sal *f* salt 9

sala living room 2

salchicha sausage 2

salchichón *m* large sausage 2

salida departure, exit 12

salir to leave, to go or come out 1

salud *f* health 10

saludar to greet 7

salva firing of arms, salute, explosion 15

salvadoreño from San Salvador 1

salvedad *f* exception L4

sangre *f* blood 3

sangriento bloody 17

sanidad *f* sanitation, health 3

santo saint 19

sartén *f* frying pan 19

sastre *m or f* tailor L3

satisfecho satisfied 17

seco dry 1

seda silk 4

sede *f* headquarters, seat 15

seguir (i, i) to follow 3

según according to 2

seguro sure 4

selva jungle L2

semáforo traffic light 16

semana week 1

sembrar (ie) to sow, to seed 21

semejante similar, such 2

semental *m* breeder L4

semilla seed 21

sencillo simple, single 1

senda path 3

sensibilidad *f* sensitivity L4

sentado seated 1

sentar (ie) to sit 3

sentir (ie, i) to feel, to regret, to perceive 3

señal *f* signal, sign 5

señalar to signal, to point out 7

señor *m* Mr., sir 1

señora woman, Mrs., Ms. 1

señorita Ms., Miss, young woman 1

sepelio burial 15

sequía drought L1

séquito nupcial wedding party 15

ser to be 1

m existence, being L4

servidumbre *f* servitude, servants 2

servilleta napkin 6
servir (i, i) to serve 1
si if, whether 1
sí yes 1
siempre always 1
siesta nap 19
siglo century 9
siguiente following 1
silla seat 3
simpatía sympathy 23
simpático nice, agreeable 3
sin without 1
— **embargo** nevertheless
— **par** unparalleled
sindicato union 13
sinfonía symphony 5
sino but rather 1
sinpar *m* superior being, person without equal L5
sirvienta servant 3
siseo hiss L6
sitio place, spot 1
sobrar to be extra 3
sobre on, above, about 1
— **todo** especially
sobrecarga flight attendant 22
sobremesa after-dinner chat 7
sobresalir to do well, to stand out, to surpass 9
sobrina niece 5
sobrino nephew 5
sociedad *f* society 2
socorrer to help 9
socorro help 9
sol *m* sun L1
solamente only 17
soldado soldier L2
solemnidad *f* solemnity 19
soler (ue) to be accustomed to, to be used to 3
solo alone 3
sólo only 1
soltar to let loose L4
sollozar to sob L1
sombra shade, shadow L1
sombrero hat L2
sonar (ue) to sound L1

sonreír (i, i) to smile 3
soñoliento sleepy 19
sopa soup 1
sopera soup tureen L3
soportar to bear, to support L2
sordo deaf, soft, muffled L6
sorprender to surprise 1
sospechar to suspect 11
soto forest, grove L2
suave soft, smooth L2
subdesarrollado under-developed 21
subir to raise, to rise, to climb 1
subrayar to emphasize, to underline 15
subsuelo subsoil 21
subyugado dominated, subdued 9
suceso event 15
sucio dirty 3
sudar to sweat 12
sueldo salary 13
suelo floor, ground 1
sueño dream 4
  tener — to be sleepy
suerte *f* luck L1
sufragar to defray L4
sufrimiento suffering 19
sufrir to suffer 1
sugerir (ie, i) to suggest 3
suministrar to furnish, to supply 21
superar to overcome 11
suplicar to beg, to implore L3
sur *m* south 13
surco furrow, hollow track
sureste *m* southeast 15
surgir to appear 17
suroeste *m* southwest 13
surtido assortment 1
susto fright 19

T

taco filled tortilla 11
tal such, so, as 1
talco talcum powder 18

talón *m* ticket stub, baggage check 12
talonario checkbook 4
tamal *m* kind of dumpling made of corn meal and stuffed 11
también also 1
tampoco neither, either 5
tan as, so 1
tanto so much, as much 1
taquilla box office 14
taquillero box office attendant 14
tardar to delay, to be late 7
tarde late 1
  f afternoon
tarea task, job 1
tarjeta card L3
tartamudeante stammering L6
tatarabuelo great-great-grandfather L4
taurino pertaining to bulls 15
taza cup 6
teatro theater 3
techo roof, ceiling 3
tejado roof 3
tela cloth 14
telón *m* curtain 14
temblar (ie) to tremble 3
temer to fear 7
temor *m* fear 23
tempestad *f* storm 10
temporada season, period of time 15
temprano early 1
tenedor *m* fork 6
tender (ie) to extend 3
tener to have 1
— **ganas de** to desire
— **lugar** to take place
— **que** to have to
— **razón** to be correct
teniente *m or f* lieutenant 9
— **general** lieutenant general
tensión *f* tension 2
— **arterial** blood pressure

terminar to end, to finish 1
ternera veal 2
ternura tenderness L2
terrateniente *m or f* landowner 17
terraza outdoor café, terrace 7
terreno land 20
terrestre of the land, terrestrial 12
tesoro treasure 21
tertulia conference, party 6
tía aunt 12
tiempo time, weather 1
  al — room temperature
tienda store, tent 1
tierra land, ground, earth 1
timón *m* rudder L4
tinta ink 23
tinto red (wine) 7
tío uncle L3
  pl aunts and uncles
tirada printing run 15
tirar to shoot, to pull, to throw 11
tiritar to shiver 12
titubear to stutter, to stammer, to hesitate L2
titular *m* headline 15
título title 15
tocar to touch, to play (an instrument) 1
  le — a to be up to
todavía yet, still 3
todo all 1
tomar to take, to drink, to eat 1
  — el pelo to kid, to make fun of
tomate *m* tomato 1
tomo volume 4
tonalidad *f* color tone L2
tontería stupidity, foolish thing 4
torero bullfighter 15
toro bull 15
trabajar to work 1
trabajo work, labor 3
traducción *f* translation 5

traducir to translate 5
traer to bring, to wear, to carry 1
tragar to swallow, to gulp, to devour 18
trago gulp L1
traicionar to betray, to commit treason 9
traje *m* suit L3
  — de baño bathing suit
transandino that crosses the Andes 21
tras after 3
trasladar to move, to transfer 9
trastorno upset L4
tratar to treat, to deal with, to try 1
trato treatment 9
trayecto trip L2
trecho a distance L1
tren *m* train 1
tribu *f* tribe 17
trigo wheat L5
tripulación *f* crew 22
triste sad 2
tristeza sadness 9
tronada thunderstorm 15
trono throne 17
tropa troop 9
trozo verse, piece 4
tumbar to throw down, to fall down L1
turismo tourism 20
turrón *m* almond candy L3
tutearse to use the *tú* form 5

U

u or (before words beginning with *o* or *ho*) 1
ujier *m* usher 15
último last 1
umbrío somber L2
único unique, only 1
unificar to unify 11
unir to unite 1
universidad *f* university 1
uña fingernail L5

útil useful L4
utilizar to use 19
uva grape 1

V

vaca cow 19
vacío empty L1
vagón *m* wagon, train car L2
valentía courage, valor, bravery 9
valer to be worth, to cost 1
valija suitcase 6
valor *m* value, bravery 5
vara wand 2
variedad *f* variety 11
varios various, several 17
varón *m* male, man 15
vasco Basque 11
vaso glass L1
vecino neighbor 3
vegetal *m* vegetable 1
vejez *f* old age L6
vela candle L3
velatorio wake room L2
velo veil 23
velocidad *f* speed, velocity 12
vena vein 3
vencer to conquer L1
vencido conquered 9
vendedor *m* seller 1
vender to sell 1
venir to come, to arrive 1
venta sale 1
ventaja advantage L3
ventana window 9
ventanilla window of a ticket office, bankteller's window, etc. 4
ver to see 1
verano summer 1
verdad *f* truth, true 2
verde green 1
verdura vegetable, greens 1
verificarse to take place 15
vergüenza shame 15
vestido dress 14
vestir (i, i) to dress 3
vetusto old 15

vez *f* time 1
  a veces at times
  de — en cuando from time to
   time
  tal — perhaps
vía road, way 3
viaje *m* trip 3
viajero traveler 5
vida life 1
vidrio glass 15
viejo old 1
viento wind L1
vinculado linked, bound 9
vino wine 2
violar to violate 9

virreinato viceroyship 11
virrey *m* viceroy 17
virtud *f* virtue L4
vislumbrar to glimpse, to see
  imperfectly L6
vistazo glance 15
vitrina display window 15
viuda widow L3
viudo widower 5
víveres *m pl* provisions 1
vivir to live 1
vocablo word 9
volar (ue) to fly 3
voluntad *f* will L6
volver (ue) to return 1

voz *f* voice 5
vuelo flight 3
vuelta change, turn 18
vuelto turned L1

Y
y and 1
ya already 1
yacer to lie, to be located L2
yegua mare 9

Z
zaguán *m* vestibule L1
zanahoria carrot 10
zapato shoe 3

ÍNDICE